GENTIANA

Enziane und verwandte Gattungen

Enziane und verwandte Gattungen

GENTIANA

Jürgen Matschke

GdS

Gesellschaft der
Staudenfreunde e.V.

Inhalt

Vorwort

Die beliebten und artenreichen Enziangewächse zählen zu den nicht immer einfach zu kultivierenden, zu züchtenden und zu vermehrenden Pflanzenarten. Trotz der recht umfangreichen Literatur zu dieser Pflanzenfamilie spürte ich bei meiner Tätigkeit im Gartenbauzentrum Münster-Wolbeck immer wieder, dass das Interesse der gartenbaulichen Praxis und zahlreicher Liebhaber an der Züchtung und Kultivierung einiger dieser Arten recht groß war. Das veranlasste mich zur Zusammenfassung meiner über Jahre zusammengetragenen Resultate aus der Züchtungs- und Vermehrungsarbeit vieler Enzianarten. Für die Kulturführung der Enzianarten können keine allgemeingültigen Rezepte gegeben werden, da Versuchsresultate und Erfahrungen für viele Arten immer noch ausstehen und man sich vorteilhaft an ihren Standortbedingungen orientieren sollte. Erschwert wird dieser Umstand durch das Vorhandensein zahlreicher hybridisierter Arten und Sorten mit unterschiedlichen Ansprüchen. So habe ich hierzu in den zurückliegenden Jahren zahlreiche Erkenntnisse gewinnen können. In den zurückliegenden Jahren meines Berufslebens konnte ich zahlreiche, natürliche Herkunftsgebiete von Tannenarten auf der Welt in Augenschein nehmen und kam somit zwangsläufig mit den häufig benachbart stehenden Enzianarten in Kontakt. So konnte ich mein stetes Interesse an dieser umfangreichen Familie der Gentianaceae zusätzlich befriedigen.

Spezialliteratur über Systematik und Morphologie der Enziane liegt seit längerer Zeit vor. Unzureichend erschien mir Literatur aus züchterischer, kultur- und vermehrungstechnischer Sicht, um viele der prächtigen Arten auch der Praxis und vor allem Liebhabern leichter zugänglich zu machen. Dieses deshalb, da sich die Strom- und Ölpreise seit einiger Zeit zunehmend erhöhten und mit vielen Enzianarten weniger Energie bedürftige, interessante Kalthauskulturen für den Gartenbau zur Verfügung stehen. Für Stauden- und Schnittblumengärtner werden einige Arten eine wertvolle Alternative an Stelle wärmebedürftiger Kulturen sein, wodurch sich die Energieeffizienz erhöht. Die unbedingte Erhaltung natürlicher Arten, die Selektion und Vermehrung geeigneter Klonsorten aber auch die Schaffung neuer Hybrid-Sorten ist immer wieder geprägt von notwendiger Forschungsarbeit einerseits und Umsetzung neuer Resultate in die Praxis andererseits. Oftmals sind die Wege dabei langwierig, da züchterisch und physiologisch ausgerichtete Versuchsansätze, Anpassungen an bestehende Praktiken sowie Einführung der Versuchsergebnisse in die Praxis viel Verständnis, Geduld und Bereitschaft von der Praxis voraussetzen.

So sei besonders den vielen befreundeten Praktikern gedankt, die mich hilfreich und bereitwillig in den Versuchs- und Forschungsarbeiten unterstützten. Beispielgebend für viele seien besonders die Gartenbaubetriebe Dominik, Hörstel; Heuger, Glandorf sowie Hortilab-Knafla, Münster genannt, welche erkannten, welches züchterische Potential gerade in der Familie der Enziane steckt.

So würde ich mich freuen, wenn diese Auflage entsprechend Anstoß gibt, künftig neue und rationelle Wege zu beschreiten, um somit dem Berufsstand und auch Liebhaber mit dieser umfangreichen Pflanzenfamilie zu erfreuen. Nicht nur die wirtschaftliche Seite der Enziankultur stand im Interesse der Untersuchungen, sondern vor allem der besondere Zierwert vieler Arten. Die Beeinflussung und Beurteilung der zu erzielenden Qualitäten, die Widerstandfähigkeit der Arten unter extremen Standortbedingungen, die Haltbarkeit bei Verbrauchern sowie die zu vermeidende Alterung bereits ab Stadium der In-vitro-Kultur waren Ziele umfangreicher Untersuchungen.

Das vorliegende Werk bildet ein Grundgerüst, auf dessen Basis Versuchsansteller und Praktiker betriebs- und marktwirtschaftliche Fragestellungen weiter ausbauen können. Ich stützte mich als Pflanzenphysiologe bewusst auf naturwissenschaftliche Erkenntnisse, die mitunter immer noch nicht vollends bestätigt werden konnten, aber dennoch wertvolle Erklärungen zu vielen unbeachteten Zusammenhänge liefern. Verwiesen sei auf die zusammengestellten, umfangreichen Literaturhinweise, welche eine gezielte Recherche zu weiteren Themen ermöglichen.

Die umfangreichen Forschungs- und Versuchsergebnisse konnten nur zusammengetragen werden, weil sich engagierte Praktiker und Liebhaber des In- und Auslandes kooperativ und auskunftsbereit zeigten, Mitarbeiter des ehemaligen Gartenbauzentrums Münster-Wolbeck sowie Fachkollegen von Partnerinstituten gemeinsam mit mir zahlreiche aktuelle Resultate erarbeiteten. Ihnen allen sei für die unterstützende und erfolgreiche Zusammenarbeit herzlich gedankt. Zusätzlich muss vielen hilfreichen Wissenschaftlern, Alpinisten und aufgeschlossenen Praktikern für kritische Bemerkungen sowie für die Bereitstellung von Saat- und Pflanzgut sowie aussagekräftiger Fotos (D. Desbrow, J. Eschmann, H. Jans, R. Flogaus-Faust, D. Hale, H. Kindlund, G. Thachenko Kiril, J. Lemmens, M. Mylemans, J. Peters, R. Rolfe, I. Sirotuk, G. Stopp, J. Tarasov, Y.-M. Yuan, L. Zeltner und insbesondere D. Zschummel) herzlich gedankt werden. Stellvertretend für viele engagierte Helfer danke ich ganz besonders dem Gartenbaubetrieben Dominik, Hörstel; Heuger, Glandorf; Peters, Uetersen sowie Edrom Nurserie, Coldingham. Diese Betriebe unterstützten mich besonders und haben einen erheblichen Anteil an den zusammengetragenen Ergebnissen. Ohne die kontinuierlichen, umfangreichen Hilfeleistungen des In-vitro-Labors Hortilab, Münster, der Bereitstellung von Saatgut und Pflanzenmaterial durch Saatgutfirmen und Liebhaber aus Chile, China, Deutschland, Georgien, Russland, Slowakei, Tschechische Republik, USA und vor allem England sowie der Mitarbeit interessierter Studenten hätte die umfangreiche Aufarbeitung des Materials keinesfalls realisiert werden können.

Ich hoffe, dass sich für eine weitere Bearbeitung künftiger Auflagen engagierte Koautoren für die Thematik finden, um die Kapitel weiter auszubauen und zu aktualisieren. Dazu möchte ich zahlreiche Leser, auch mit kritischen Hinweisen, ermutigen.

Für die sich in den Text eingeschlichenen Fehler kann kein Schadenersatz erstattet werden. Die Erwähnung und Bewertung von Pflanzenschutzmitteln oder vitalisierender Hilfsstoffe berechtigen nicht zu deren Einsatz, wenn diese nicht ausdrücklich durch die BBA gesetzlich zugelassen sind. Grundsätzlich sind die aktuellen Zulassungsbestimmungen des Pflanzenschutzdienstes zu beachten.

Waldsieversdorf den 03. 09. 2008

Jürgen Matschke

Enziane und verwandte Gattungen

Die systematische Botanik ordnet die Familie der krautigen, zweikeimblättrigen Enziangewächse (Gentianaceae) in die Subklasse der Asteridae (Asternähnliche) mit den Überordnungen, den Asteranae und Lamianae, ein. In letztere Überordnung befinden sich die Gentianales mit den Gentianaceae. Die Enziangewächse mit über 85 Gattungen zeichnen sich als artenreichste Gruppe mit mehr als 1500 Arten aus, wovon alleine über 250 in China vorkommen sollen. Interessante stammesgeschichtliche Betrachtungen der *Gentianaceae* wurden von der Gruppe Kadereit der Gutenberg-Universität in Mainz vorgenommen. Dazu wurden für die Systematik und stammesgeschichtliche Betrachtungen morphologische Merkmale sowie DNS-Sequenzdaten ermittelt (DFG-Projekt 1995 bis 2000).

In zurückliegenden Zeiten ordnete man die Gattungen der Kranzenziane (*Gentianella*), Fransenenziane *(Gentianopsis)*, Prärieenziane *(Eustoma)* sowie Haarschlundenziane *(Comastoma)* ebenfalls zu den Enziangewächsen. Für den praktischen Gartenbau haben diese kaum Bedeutung, sie werden jedoch von Liebhabern vereinzelt kultiviert.

Die Artenfülle der Enziane mag wohl ein Grund dafür gewesen sein, dass bereits Goethe (1831) bemerkte, dass „die Enziane wohl das erste Geschlecht seien, welches ihn magisch angezogen hätten". Bemerkenswert ist ihre weltweite Verbreitung über alle Kontingente der Erde. So sind die Arten der Enzianfamilie über Nordafrika (vor allem Marokko), Nord- und Südamerika (*Gentianella magellanica* bis hin zu den Falkland-Inseln), Malaysia, Ostaustralien, Neuseeland, Neuguinea, Asien über die europäische Alpenkette, die Karpaten, das südliche Dinarische Gebirge und den Pyrenäen verbreitet. Selbst auf Neuseeland sind bisher 24 Enzianarten bekannt geworden, auch auf Neuguinea und in Malaysia (leider sind diese Vertreter der Gattung bei uns nicht winterhart) sowie auf der Insel Honshu, Japan, sind endemische Arten gefunden worden. Interessante Gebiete mit vielen Arten des südlichen Amerikas sind die Gebiete zwischen Bolivien und Argentinien. In den Anden sind insbesondere *Gentianella* zufinden. Im östlichen Nordamerika u. a. in der kalifornischen Sierra Nevada sind vor allem Arten (über 14) der Sektion Pneumonanthe beheimatet. Die größten Vorkommen befinden sich jedoch in Asien: die Kette des Altaigebirges, dem Tianschan, Kulun, Karakum, Pakistan, dem Himalaja bis zum Tiefland von Hindustan, dem Faltenland des Tibets und den Regionen in Süd- und Südwest-China, den Sichuan- und Yunnan-Provinzen. Enziane wachsen in diesen Bergregionen zumeist in den Bergausläufern, auf Wiesen, in anmoorigen, vor allem luftführenden, feuchten Senken und Schneetälchen.

Das Auffinden verschiedener Enzianarten ist in Bergregionen, wie der Schweiz (links) oder den Dolomiten (unten) weitaus unkomplizierter, als beispielsweise in Bergregionen des Himalaja, des Tibet, Sichuan, Yunnan oder innerhalb des Kaukasus.

Gentiana – Enziane und verwandte Gattungen

Die ökologische Streubreite und Differenzierung der ein-, zwei und mehrjährigen Arten, stellt sich besonders im Wuchs dar. Zumeist besitzen die Arten ganzrandige und glatte Blätter- und Stängelausprägungen. Sie besitzen einzelne oder in kleinen Gruppen stehende, zumeist fünfzipflige (selten auch vierzipfelige) überwiegend blaue, violette (außer auf Neuseeland), weiße, gelbe oder rosa, trichter-, teller- oder glockenförmige Blüten mit einfächrigem Fruchtknoten sowie mit individueller Calyx-, Frucht- und Samengestalt. Auffallend ist für die Arten die zumeist gedrehte Knospenausprägung der Blütenblätter.

Über die Vorkommen, die mögliche Entstehung und Manifestierung endemischer Arten auf den Kontingenten in Abhängigkeit der Evolution äußerte sich Halbmayr (1988), Halda (1996) sowie Ting-Nong und Shang-Wu (2001) ausführlich. Nach Struwe und Albers (2002) sind in den genannten Regionen 15 Sektionen mit 22 Serien vertreten. Pseudoartige Enziane beschrieb Grubov (1994) mit dem auf Neuguinea beheimateten *G. subpolytrichoides* und *G. tischkovii*.

Ökologisch-taxonomische Betrachtungen der Familien und Vergleiche, von Arten aus unterschiedlichen Bergregionen, wie dem Kaukasus im Vergleich zu denen aus den Schweizer Alpen ergaben Ähnlichkeiten der Standortbedingungen dieser Gebirge und eine parallele Entwicklung der Taxa (Dyrenkov und Zhemadukova 1987). Analoges konnte für *Swertia anscherica* vom Standort Zinubani innerhalb des Kleinen Kaukasus vergleichsweise zu *Swertia kilimandscharica* aus den östlichen Zonen des Mt. Kenia selber beobachtet werden.

Die Namensgebungen der Enziane durch Einheimische, z.B. in Regionen des Tibets sind mit der Systematik westlicher Länder nur wenig vergleichbar. Mitunter werden Enziane durch Einheimische als Heilpflanzen genutzt und danach entsprechend die Namen vergeben, wie „Geheimnis des Magens" ähnlich wie für die tibetanische Aster, welche als „Augen der Göttin" bezeichnet wird.

Bereits seit 1610 (Reneaulmes „Species" historiae plantarum") waren Systematiker bemüht Biogeographien, Monografien und morphologisch orientierte Studien für Enziane zu erstellen. Dabei orientierten sich die Autoren zumeist an Stängeln, axilliaren und terminalen Infloreszenzen, mit ihren unterschiedlich aufgebauten Korollen, Plicaes, Kelchzähnen, mit ihren basisfixierten, frei- oder angrenzenden Staubgefässen, den individuell sich darstellenden Samenstrukturen, den unterschiedlich ausgeprägten Wurzeln und Wurzelstöcken sowie neuerdings auf Erkenntnisse aus der molekularen Phylogenetik, der biochemischen Genetik, auf karyologische Studien sowie auch auf Resultate aus der Phytochemie. Dabei gehörte wohl *Gentiana lutea* mit zu der ersten und am meisten beschriebenen Art, die Linné (1753), Necker (1790), Froelichs (1796), Bunge (1829) und Kusnezow (1894) ausführlich beleuchteten. Einer Erweiterung der Systematik und Taxa von Enzianen nahmen sich besonders Linné (1753), Moench (1794), Schmidt (1796), Froelich (1796), Grisebach (1837, 1883, 1845), Turczaninow (1860), Clarke (1875, 1883), Kuznezow (1894 bis 1898), Gilg (1895), Franchet (1884, 1896, 1899), Marquand (1931, 1937), Wilkie (1950), Großheim (1952), Gillet (1963), Toyokuni (1957, 1961) Smith (1967), Pitchard (1978), Mahesswari Devi (1962 bis 1977), Burtt (1965), Hara (1966, 1971), Holub (1967), Pringle (1967, 1977, 1978, 1979), Tutin (1972) und Bartlett (1975), Köhlein (1986), Halbmayr (1988), Huxley (1988), Ho (1985, 1988, 1990, 1995, 1996, 2001), Ho und Liu (1990, 1993, 1995, 1996, 2001, 2006), Halda (1996), Favarger (1995, 1997, 1998), Lang Kaiyong et al. (1997), Ting-Nong Shang-Wu (2001) sowie Karrer und Davitashvili (2005, 2006) an.

Köhlein (1986) resümierte allerdings, dass „die Einteilung durch Kusnezow (1891, 1894) zu wünschen übrig ließe". Dieses ist angesichts der bisher als sicher nachgewiesenen Spezies der eingeteilten 15 Sektionen und 22 Serien (Ting-Nong und Shang-Wu, 2001) und der vielen natürlichen und

Unter anderem in Gebieten von Yulong Shan, Beima Shan und den Big Snow Mountains nördlich der Stadt Zhongdian (Zhongdian hat man kürzlich in Shangri La umbenannt) sind heute immer noch nicht sicher zugeordnete Spezies aufzufinden (Foto: Zschummel 2007).

erstellten Hybriden aus gelenkten und frei abgeblühten Kreuzungen nicht anders zu erwarten. Zu den über 1500 beschriebenen Arten kommen jährlich neue Spezies, Sorten und sogar Hybriden hinzu. Immer wieder wurden in jüngster Zeit Spezies aufgefunden und versucht den Sektionen zuzuordnen. So sind die Leistungen von Kusnezow (1891, 1894, 1895, 1898), Smith (1970), Pringle (1967, 1971, 1977, 1978, 1979), Ho und Pringle (1995) sowie Ho und Liu (1990, 1993, 1995, 1996, 2001) mit ihren Monografien, einschließlich der Klassifizierungen besonders zu würdigen, da diese die Grundlagen für die heutigen, sich immer noch verändernde Systematiken und Taxa, darstellen. Die ersten Selektionen nahm Forrest im Jahre 1904 in der Provinz Sichuan vor.

Die häufigsten Arten und und abgeleitete Hybriden auf welche sich der Gartenbau orientierte sind vornehmlich *G. acaulis*, *G. clusii*, *G. dinarica*, *G. sino-ornata*, *G. paradoxa*, *G. septemfida*, *G. scabra*, *G. triflora* var. *japonica* und *G. verna*.

Von den beschriebenen Enzianarten sind keinesfalls alle hinreichend klassifiziert worden. Zum Beispiel betrifft das den im Himalaja beheimateten *G. falcata* (Nicolson, wissenschaftliche Sendung auf Arte, 2005). Neuerdings wird diese Art auch als *Comastoma falcata* (pers. Mittlg. Sirotuk 2004) geführt. Diese angeblich auch in Norwegen gefundene Art sollte anspruchslos wie *G. tibetica* sein und gut durchlüftete Standorte bei mäßiger Feuchtigkeit bei einem pH-Wert von 5,8 bis 6,2 und Vollbesonnung bevorzugen. Die Arten Westnepals und des östlichen Hindukusch werden nur mit wenig Regen des Monsuns versorgt, deshalb sind in den Gebieten von Pakistan (Omer und Qaiser 1992) und Regionen des Himalajas die anpassungsfähigsten Arten in feuchten aber auch in trockenen Regionen anzutreffen, so *G. albicalyx*, *G. algida*, *G. argentea*, *G. bryoides*, *G. capitata*, *G. coronata*, *G. crassuloides*, *G. decemfida*, *G. depressa*, *G. emodii*, *G. froelichii*, *G. huxleyi*, *G. infelix*, *G. ornata*, *G. pedicullata*, *G. phyllocalyx*, *G. prolata*, *G. radicans*, *G. recurvata*, *G. stellata*, *G. stipitata*, *G. stylophora*, *G. tibetica*, *G. tubiflora*, *G. urnula* und *G. venusta* (Nicolson (1975), Garg (1997), Jeremyn (2001), Hinkley (2002), Yoshida (2002).

Für Praktiker des Gartenbaus, Alpinenfreunde und Gartenliebhaber sind die alphabetischen Abfolgen der Enzian-Arten wie sie Köhlein (1986) und vor allem Halbmayr (1988) vornahmen, wegweisend. Systematiker und Botaniker werden sich den Werken und Schlüsseln zur Taxa und Systematik der Enziane den Monografien von Halda (1996), Ting-Nong und Shang-Wu (2001) sowie Struwe und Albert (2002) anlehnen. Besonders die Zusammenstellungen der Harvard University Herbaria, von Halbmayr (1988) sowie die Darstellung 'The Genus Gentiana' von Halda (1996) wurden zu interessanten Nachschlagewerken für Wissenschaftler und Steingarten-Liebhabern, weniger für Praktiker des Gartenbaus. Den Autoren gelang mit diesen Werken eine zusammenfassende Darstellung der umfangreichen Forschungsergebnisse über Enziane, die sie über viele Jahre in ihrem Berufsleben zusammentragen konnten.

Immer wieder werden neue Arten von Liebhabern insbesondere in Gebieten um Beisha, Can Shan, Dhumpha, Gongga Shan, Nepal, Tsomgo Lake, Sikkim, Tibet, etc. aufgefunden. So der weißlich bis rosa blühende *G. spec.* aus Huanlong (2365 m) (1), der blaublühende *G. spec.* aus der Nähe von Wanganda (O-Tibet) (2) sowie die auf dem Plateau von Zhongdian (3215 m) in Yunnan gefundene hellblau blühende Art (3); (Fotos: 1, 3: Jans 2008, 2: Lemmens 2005), welche den Sektionen zugeordnet werden müssen.

Dieses ist nicht jedem Liebhaber, Praktiker und kaum Wissenschaftlern über einen derart langen Zeitraum vergönnt.

Besonders Ting-Nong und Shang-Wu (2001) haben die Enziane vieler alpiner und subalpiner Regionen berücksichtigt und in 15 Sektionen sowie 22 Serien gegliedert, so in die Sektionen Otophora, Cruciata, Monopodiae, Kudoa, Frigidae, Phyllocalyx, Isomeria, Microsperma, Gentiana, Calathianae, Ciminalis, Pneumonanthe, Dolichocarpa, Chondrophyllae und Fimbricorona. Es fehlen hierbei die Zuordnungen die Halda (1996) als Stenogyne und Stylophora als Sektionen beschrieb. Halda (1996) ordnete hingegen in seine Beschreibungen nicht die Sektionen Kudoa und Fimbricorona mit ein. Ho und Liu (1996, 2001, 2006) erwähnten hingegen die Sektionen Otophora und Kudoa in der Flora von China.

Viele Kultivateure und Liebhaber – beispielgebend seien die deutschen und österreichischen Autoren Köhlein, Jelitto, Schacht, Simon, die englischen Autoren Wilkie, Bartlett und Berry sowie vor allem Eschmann (sen. und jun.) in Emmen, Schweiz erwähnt – lehnten sich in ihren Beschreibungen denen von Halda (1996) an, welche allerdings von der Unterteilung der Flora Europaea in einigen Fällen abweicht.

Natürlich sind neben Taxa und Systematik der Arten, ihre beobachteten Standortbedingungen und ableitend von diesen die Kulturbedingungen für die Liebhaber von besonderem Interesse. Einordnungen der Arten nach Clusteranalysen in Anlehnung an blütenmorphologische, samen-

Die Regionen um Guamka, Mesmai, Otdalonie, Tubü bis Guseripl im 113 044 Hektar großen Forstbereich von Apsheronsk im nordwestlichen, russischen Kaukasus sei als ein beispielhaftes Gebiet genannt, welches sich durch schöne Bestände der Nordmannstanne auszeichnet. Die ihnen vorgelagerten, offenen alpinen Wiesenlandschaften sowie die Baumtraufen sind ideale Standorte für einige Enzianarten wie *Gentiana asclepiadea*, *Gentiana septemfida* und *Gentiana cruciata*.

anatomischen oder phytochemischen Merkmalen, wie diese Struwe und Albert (2002) vornahmen, ermöglichen weitere Einblicke und Zuordnungen für die *Gentianales*, vor allem im Zusammenhang mit ihrer evolutionären Entstehung. Diese Daten bestätigen frühere molekular-polygenetische Studien von Doyle und Doyle (1987), Sytsma und Schaal (1990), Chase und Hills (1991), Baldwin (1992, 1993), Küpfer (1993, 1994, 1996, 1998), Hung und Kadereit (1998), Paroz und Duckert-Henriod (1998), Yuan et al. (1996, 2001, 2003, 2004, 2005) sowie Diadema et al. (2005). Für systematische Abgrenzungen ist es deshalb angeraten ökologische und phytocoenologische Merkmale in die Betrachtungen mit einzubeziehen. Erschwert werden die Vorgehensweisen zur Bestimmung des Taxons (Endemismus), wenn für die Analysen keine endemischen Materialien aus den entsprechenden Herkunftsarealen vorlagen.

Die umfangreichen Sammlungen der Botanischen Gärten, insbesondere in Peking, Dehradun, Duschanbe, Edinburgh, Kiew, Kunming, Moskau, Neuchatel, Paris, St. Petersburg, Taschkent und Wien, Sammlungen verschiedener Liebhaber und die Selektionen von Kultivateuren verdeutlichen, dass epigenetisch bedingte Merkmale die Aussagen zur Einordnung der Arten komplizieren. Die Variationen der Spezies bei unterschiedlichen Wachstumsbedingungen erschweren die Bestimmungen und Zuordnungen weiterhin. Für Spezialisten und Liebhaber sind die ausführlichen Beschreibungen der Arten, wie sie Halbmayr, die Flora of China in Anlehnung an umfangreiche Literaturrecherchen sowie Botanische Gärten wie z. B. des Kitzbühler

Horns in Österreich oder der Royal Botanical Garden in Kew vorgenommen haben, beispielgebend. Vorliegendes Werk erhebt aus dieser Sicht keinen Anspruch auf wissenschaftliche Vollständigkeit. Die vorgenommenen Beschreibungen erfolgten in Anlehnung an Funde und Beobachtungen an selbst kultivierten Arten und Sorten sowie derer befreundeter Liebhaber und Praktiker. Dabei können nicht für alle Arten vollständige Angaben gemacht werden, wobei sich Bewertungen, z. B. die von Blühzeitpunkten auch auf den Anzuchtraum in Deutschland beschränken.

Interessenten, denen an vollständigen botanischen Beschreibungen gelegen ist, sollten sich an Botanische Gärten wenden. Als Beispiel, wie diese Botanische Gärten vornehmen, für *Swertia anscherica* zeigt der nebenstehende Kasten dies.

Vorliegende Dokumentation sollte keinesfalls als allumfassendes, wissenschaftliches Werk verstanden werden, sondern sich für Praktiker und Enzianliebhaber als Leitfaden verstehen, welcher auf wesentliche Literatur verweist und Einblicke in die Problematik des Auffindens, vor allem des Züchtens, Vermehrens und Kultivierens der Enziane gestattet.

Die oftmals erschwerten Exkursionen zu vielen natürlichen Standorten in alpine und subalpine Regionen von Abchasien, Amerika, Afrika, NO-Asien, NO-China, Europa, Georgien, Indien, Japan, Korea, Russland, Indochina und Vietnam gestatten nicht nur Einblicke in vielfältige, schöne Landschaftsregionen, sondern die Kenntnisnahme der erschütternden Armut vieler Menschen und dieses bei immer noch unzureichender Zivilisation in vielen dieser Länder.

Wer erst einmal sein Herz für diese artenreiche Gattungsgruppe entdeckt hat, kommt von dem Fieber nicht mehr los, die natürlichen Standorte der entsprechenden Regionen aufzusuchen, egal, welche Strapazen und Entbehrungen bei diesen Touren auf sich genommen werden. Doch letztlich entschädigt die Natur dafür immer wieder und nur

Familie: Gentianaceae
Deutscher Name: Moor-Tarant, Sumpfstern
Heimatregionen: Mittel- und Südeuropa
Herkunft: Bakuriani-Zinubani, Kleiner Kaukasus, Georgien
Sortimentart: Liebhabersortiment
Pflanzengruppe: Staude, geschützte Pflanze
Pflanzenhöhe Blätter: 15 cm
Pflanzenhöhe Blüte: bis 50 cm
Wuchsform: aufrecht, locker aufrecht bis bogig
Wuchsverhalten: horstig, horstbildend, lockerhorstig
Blütenfarbe: hell-weiß
Blütezeit: Ende Juli bis August
Blütenstand: rispig, doldenrispig
Blütenform: sternförmig, strahlenförmig
Einzelblüte/Blume: einfach
Blattphase: sommergrün
Blattfarbe: grün
Blattform: oval, eiförmig, verkehrt eiförmig
Blattrand: ganzrandig
vorwiegende Lebensbereiche: M3, Matten, feucht und sonnig
zusätzliche Lebensbereiche: sonnige Freiflächen mit ausreichender Feuchtigkeit
Standort: Quell- und Flachmoore, Fließgewässer, sorgfältige Standortwahl, moorige, sickernasse Stellen, langsamwachsend
Bodenart: durchlässige, anlehmige Standorte
Humusgehalt: humusreich, auch torfig, modrig
Bodenreaktion: schwach sauer bis schwach alkalisch
Nährstoffbedarf: hoch, nährstoffreich
Klima: anpassungsfähig
Sichtungswerte: Liebhaberstaude
Jahr der Sichtung: 2000 (Autor)
Geselligkeit: einzeln oder in kleinen Tuffs
Pflanzabstand: 25 cm
Abbildungen: s. Seite 140

selten ist man „umsonst aufgebrochen", um fündig zu werden. Häufig musste ich im Zusammenhang mit meinen jährlichen Reisevorbereitungen erneut die Frage von Arbeitskollegen und Freunden beantworten, warum ich eigentlich diese Strapazen „nur für diese Pflanzen" auf mich nehmen würde? Einerseits trieb mich dazu die Neugierde in die für mich unbekannten Regionen, andererseits interessierte mich der Zusammenhang zwischen Standorten und Pflanzengesellschaften und insbesondere zu Herkunftsgebieten der Tannenarten im Zusammenhang mit dem Vorkommen nahegelegener verschiedener Enzianarten.

der Enzianarten sich weit über die europäischen alpinen und subalpinen Regionen ziehen. Diese gehen bis in die Apenninen, den Balkan, die Karpaten, die Pyrenäen, ja sogar mit 15 Spezies und 11 Genera bis nach Nord- und Südamerika, nach Ost-Afrika, China (vornehmlich Sichuan und Yunnan), dem Tibet, bis zur Grenzregion in N-Vietnam dem Fan xi Pang Mt. Lao Cai Provinz in der Nähe zu Yunnan (Hul 1999, 2002) sowie den Regionen zu Thailand, Indien und weit bis in die südsibirischen und mongolischen Wiesensteppen. So wird der in den mongolischen Steppen vorkommende *G. barbata* bevorzugt in der traditionellen mongolischen

Ideale Standorte für eine Vielzahl von Enzianen sind die alpinen Regionen des Himalaja, Tibets, Sichuan, Yunnan (links: Whit Water Valley bei Yulong Shan, Zschummel, 2008). So sind sogar in abgelegenen Bergregionen von NW-Vietnams (rechts) Enziane zu finden, wie der *G. cephalantha* (Sapa Provinz Lao Cai), *G. hasseliana, G. loureirii, G. langbianensis* (Da Lat), *G. melandrifolia* sowie *G. rigescens* (Pham Hoang Ho 1993, pers. Mittlg. Ngo Van De 2007).

So reizten mich die Enziane als stark variierende Gattung mit den spezifischen Ansprüchen einerseits als Pflanzenliebhaber und andererseits auch aus beruflichen Gründen. Dabei musste ich mich immer wieder wundern, wie die Natur nahe verwandte, d.h. pseudo-vikariierende Paare auf unterschiedlichen Standorten wachsen ließ. Dazu zählen beispielhaft *G. clusii*, als Bodenanzeiger für humose Kalkstandorte und *G. acaulis* als überwiegende Anzeiger für Silikatböden. Erschwerend ist zudem die Tatsache, dass die Verbreitungsareale

Medizin eingesetzt (Blundell 1987, 1992, 1994). Einerseits gibt es Sektionen wie Gentiana, Calathianae und Ciminalis, welche nur in Europa endemisch sind und andererseits die Art *G. bavarica*, welche sich nur ausschließlich auf das natürliche Areal der Alpen begrenzt.

Klima- und Standortfaktoren sind wichtige Einflussgrößen für den Erhalt und die Verbreitung der z. T. empfindlich reagierenden Enzianarten. Zunehmend ist in vielen erwähnten Verbreitungsgebieten ein Rückgang der Arten zu beobachten, was mit der drastischen Umweltverschmutzung, wie in weiten Arealen Sibiriens (Böhm und Maitre 2005), mit der zunehmenden Verbreitung von Dünge- und vor allem von Pflanzenschutzmitteln durch die industriemäßige Landwirtschaft, mit der Biotopveränderung infolge „Gewässerregulierung" und den sich anzeigenden Klimaveränderungen bei zunehmender Trockenheit wie in Gebieten des Trans-Himalaja, verbunden ist. Ein erschütterndes Beispiel für den zunehmenden Klimawechsel ist die immer extremer werdende Trockenheit in Gebieten des Ladakh, am ehemaligen Tsokar-See in Indien. Der dort früher weit verbreitete *Gentiana hugelii* wird bereits stark zurück gedrängt und ist in größeren Arealen bereits verschwunden.

Kenner der Flora des Kaukasus bezweifeln das Vorkommen von Arten der Ciminalis-Sektion, den-noch konnte im Jahre 1997 die schöne Art auf dem Kalkstandort des Großen Kaukasus in der Region von Meshketi gefunden werden. Normalerweise gibt es in Georgien in dem Gebiet von Meshketi 15 Enzianarten, davon sind nur vier kaukasische Endeme, wie *G. cruciata*, *G. gelida*, *G. pyrenaica* und *G. septemfida* bekannt geworden.

Viele Menschen kennen den in ihren Regionen wachsenden Enzian nicht. So ist es mir unter anderem auf dem Markt von Apscheronsk (Russland) ergangen, dass man „Goreschafka-Samen" (russisch: Enzian) zwar verkaufte, doch dieses war kein Samen von Enzianen, sondern Saatgut von Glockenblumen *(Campanulla)* aus Holland, obgleich verschiedene und reichlich Samen tragende Enziane unmittelbar vor der „Haustür" des Marktes standen.

Klima- und Standortfaktoren spielen für Enzianarten eine besondere Rolle. Typisch dafür sind die Bodenanzeiger, wie die nahe verwandten Arten *Gentiana clusii* (links, Kalkböden) und *Gentiana acaulis* (rechts, Silikatböden). (Fotos: Wikimedia)

Aufbau der Enziane

Bei allen Enzianen sind die morphologischen Merkmale der Grundorgane wesentliche Unterscheidungsmerkmale, so die Ausbildung sympodialer oder monopodiaeler Verzweigungen, von Rosetten, Trieben, Stängellängen, Blattformen sowie die Ausprägung von Infloreszenzen mit Schlund- und Außenzeichnungen, dem zwischen den Kronenblättern gelegenen Saum (Plicae) sowie den Kelchblättern (Calyx-Typen).

Sprossachse

Die Sprossachse stellt sich bei mehr oder weniger Enzianen stabförmig dar. Dieses Achsensystem mit seinen Verzweigungen trägt die Blätter derart, dass immer eine optimale Stellung zum Licht erreicht wird. Das Achsensystem stellt die Verbindung zwischen Wurzeln, Blättern und Blüten dar und ermöglicht den akropetalen Transport von Wasser, Nährstoffen und einigen Phytohormonen sowie den basipetalen Assimilate- und Hormontransport innerhalb der Pflanzen zu den Wurzeln. Erster Teil des Achsensystems ist der Abschnitt zwischen Keimwurzeln und Keimblättern, das

Potenzieller Langtrieb vor der Streckung des *Gentiana triflora* var. *japonica* im Gegensatz zu den Rosetten bildenden Arten, wie *Gentiana dahurica*, *Gentiana kurroo*, *Gentiana kaufmanniana* oder *Gentiana straminea*. Die Arten besitzen zumeist ungeteilte, gegenständige Blätter.

Hypokotyl, im folgt das Epikotyl mit dem Abschnitt der Keimblätter bis zum folgenden Blatt. Das Blatt befindet sich an einem Knoten, dem Nodus, die Strecke zwischen zwei Knoten wird als Internodium bezeichnet. Mit beginnendem Streckungswachstum entfernen sich die vorgeprägten Nodi voneinander, so dass die Achse der Pflanze entsteht. Die Achse kann ungestaucht, wie bei *G. lutea* oder aber gestaucht sein, wie bei *G. clusii* oder *G. gracilipes*, bei welchem die Blätter bereits an der Basis zur vollen Größe auswachsen. Wachsen die Sprosse waagerecht als beblätterte Kriechtriebe auf dem Boden, so spricht man, wie im Falle von *G. sino-ornata* von einem plagiotropen Wachstum. Meist bewurzeln sich sprossbürtigen Kriechtriebe unter optimalen Wachstumsbedingungen gut.

Die Grundtypen der Verzweigung:

» Monopodial, wie bei *G. decorata*, *G. ihassica* oder *G. straminea*, bei der monopodialen Verzweigung dominiert stets die terminale Endknospe, gleiches gilt für die Unterordnung der Seitenknospen und -achsen.

» Sympodial, wie bei *G. chinensis* bei der sympodialen Verzweigung dominiert nicht die Terminalknospe, sondern eine oder verschiedenen Seitenknospen, d. h. es setzt immer ein Seitentrieb das Längenwachstum fort. Bei diesem Verzweigungstyp stirbt zumeist die Hauptachse nach der Seitentriebbildung nach Ausbildung der Blütenstände ab, die Seitentriebe übernehmen dann das weitere Wachstum.

» Rhizomartige, sympodiale Verzweigung wie bei *G. algida* var. *purdomii* oder *G. scabra*.

Aufbau der Wurzeln

Wurzeln dienen der Wasser- und Nährstoffaufnahme, der Synthese von Phytohormonen (Cytokinine) und deren Umwandlung (Gibberelline) sowie der Verankerung der Pflanzen im Boden. Sie bauen sich auf aus der Zellteilungszone mit vorgelagerter Wurzelhaube, der Zellstreckungszone und der Wurzelhaarzone. Die Wurzelhaube, die den Vegetationspunkt umgibt, schützt diesen bei der Eindringung der Spitze in das Erdreich. Die Lebensdauer der Wurzelhaarzone ist recht kurz. Nach Absterben der Zellen der Rhizodermis übernimmt die Exodermis die Aufgabe eines Abschlussgewebes, womit die Zone der Wurzelverzweigung beginnt. Durch Teilung in Kambium ähnliche Schichten und Teilung in der Endodermis beginnt die Bildung der Seitenwurzeln. Diese durchbrechen dann die Wurzelrinde. Die Wurzelrinde ist ein Ring von dünnwandigen Zellen, die den Zentralzylinder mit Leitelementen darstellen.

Inhaltsstoffe

Typisch für Enziane ist ihr Gehalt an Bitterstoffen (Gentiopikrosid, Gentiogenin, Gentianin, Gentisin/Gentianinsäure, Isogentisin) Flavonoiden, Glukosiden und Gentianaalkaloiden, welche an zuckerhaltige Verbindungen (Gentianose, Gentiobiose) gebunden sind. Hieraus resultiert wohl auch der ursprüngliche Name Bitterwurz, welcher auf den König Genthio von Illyrien (Skodra, Nord-Albanien) 180–68 v. Chr.) zurückgehen soll. Er soll bereits frühzeitig die Heilwirkung der Bitterstoffe einiger Enzianarten, insbesondere von *G. lutea*, entdeckt haben. Vor allem sollen Raklmatullaev und Yunusov (1974, 1975) die Alkaloide Gentiotibetine, Gentiananine, Gentianine, Gentioflavine sowie Oliverine nach den Inhaltsstoffen des *G. olivieri* synthetisiert haben.

Die Inhaltsstoffe der Enzianwurzeln, insbesondere des *G. lutea* und *G. pannonica* haben in der Medizin eine lange Tradition, die von der schweizerischen Enziangesellschaft aufrecht erhalten und aktuell vermittelt wird. Die Inhaltsstoffe der genannten Enzianarten werden einerseits für die Vergärung des Zuckers zum Alkohol (100 kg Wurzeln ergeben ca. 13 l Alkohol) und andererseits für die

Aperitivherstellung nach Mazerierung der zerkleinerten Wurzeln in Alkohol genutzt, um die Bitterstoffe zu extrahieren. Dazu reichen die natürlichen Vorkommen in der Natur, z. B. unterhalb des Watzmann nicht aus, so dass man ertragreiche Felder, wie in der Ramsau dafür anlegte und diese auch intensiv beerntet. Zum Beispiel hat die althergebrachte Brennerei Grassl im Bergtesgardener Land eigene Rechte im National Park, um nach ökologisch vertretbaren Regeln die Enzianwurzeln für die Brennerei zu sammeln. Diese alte Familientradition ist bereits in die europäische Kulturgeschichte eingegangen. Produkte aus der Vergärung der Zucker von den auf den Vulkanböden gestandenen Enzianwurzeln sowie aus der Mazeration der Wurzeln in Alkohol am Rückflusskühler ergeben die willkommenen Aperitivs wie „Anvergne" oder „Avezee". Diese gelten als willkommene Medizin für dankbare Abnehmer, da die Bitterstoffe zu einer reflektorisch auslösenden Steigerung der Magensaft- und Speichelsekretion beitragen und somit die Verdauung fördern sollen.

Bau und Funktion der Blüten

Enziane zeichnen sich durch einfache und zusammengesetzte Blütenständen aus. Für Beschreibungen und Vergleiche von Sorten ist es notwendig, die gebräulichen Bezeichnungen der Blütenorgane des Enzians vor allem für Anmeldungen von Sorten im Sortenamt zu kennen:

Androeceum	Staubblätter mit Antheren und Filament
Antheren	Staubbeutel
Calyx	Kelchblätter
Corolla	Kelch und Kronenblätter
Filament	Stiel des Staubblattes, der Antheren
Gynoeceum	Fruchtblätter als Gesamtheit
Karpelle	Fruchtblätter
Loculi	Pollensäcke
Megaspore	Embryosack
Megasporophylle	Fruchtblätter
Mikrophylle	Staubblätter
Ovarien	Eiapparat
Perianth	Blütenhülle
Perigon	Hüllblätter
Petalen	Kronblätter
Petiole	Blattstiel
Pistill	Stempel
Plicae	zwischen Kronblättern gelegener Saum
Sepalen	Kelchblätter
Stamen	Staubblatt
Stigma	Narbe
Stipula	Nebenblatt
Tepalen	Perigon- od. Blütenblätter, wenn Kelch und Krone nicht unterscheidbar sind.

Die Wurzeln des Gelben Enzians werden wegen ihres hohen Gehalts an sekundären Pflanzenstoffen gesammelt. (Foto: Wikimedia)

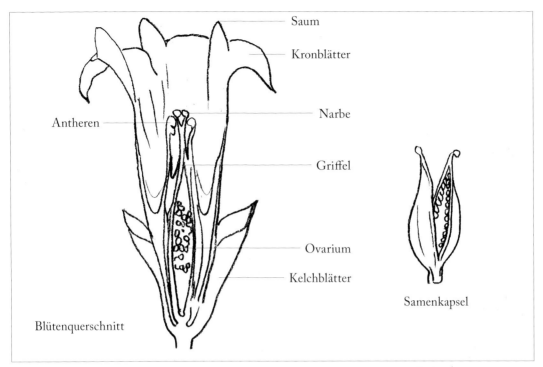

Schematische Darstellung einer Enzianblüte sowie einer aufgeplatzen Samenkapsel (Illustration: Kullmann)

Wichtig für die Verwandtschaftsforschung ist der Vergleich der Blütenmerkmale der Arten, wofür man vorteilhaft schematische Darstellungen des Blütendiagramms wählen kann. Damit wird die Symmetrie der Blüte, die Anzahl der Blütenorgane, die Fruchtknotenstellung und eventuelle Verwachsungen dargestellt.

Enzianblüten besitzen bis zu fünf Kelchblätter (Sepalen), bis zu acht Corollen (Kronenblätter), Staubblätter (Androeceum) sowie zumeist zwei Fruchtblätter (Gynoeceum). Die Knospenlage der Kronblätter (Petalen) ist zumeist gedreht. Der zwischen den Kronblättern gelegene Saum (Plicae) gestattet, die Enzianarten in 12 Typen zu untergliedern (Ting-Nong und Shang-Wu 2001), wie bei *G. lutea* ohne Plicae, mit einem ohrenförmigen Saum *(G. decorata)*, mit verkürzten, schief ablaufenden Saum *(G. algida var. purdomii)*, horizontal verkürztem Saum *(G. sceptrum)*, als stark verkürztes Dreieck *(G. rigescens)*, als schmalen, gepunkteten Saum *(G. andrewsii)*, Ohrläppchen ähnlich ausgerichtet, jedoch zugespitzt *(G. pyrenaica)*, gespalteten Saum *(G. austromontana, G. saponaria)*, als kringelnde Fäden auslaufend *(G. setigena)*, als eigenständige Fädchen *(G. oligophylla)*, als feine Fädchen *(G. panthaica)* sowie in Gruppen stehende Fädchen *(G. exquisita)*. Enziane besitzen nicht nur blaue Blüten, wie *G. alpina, G. clusii, G. ciliata, G. nivalis* oder *G. triflora*, sondern es gibt gelbe Blüten wie bei *G. clusii, G. frigide, G. robusta, G. punctata* oder *G. tinctoria*, rote, rosa bzw. pink gefärbte Blüten wie bei *G. clusii, G. rupicola, G. praecox* oder *G. rigescens* sondern auch weiße bis cremefarbige Blüten wie bei *G. amabilis, G. asclepiadea, G. corymbifera, G. divisa, G. scabra, G. serotina, G. triflora, G. straminea, G. stipitata* oder *G. polymorpha*.

Das Verständnis des Befruchtungsvorganges setzt die Kenntnis des Baus und der Funktion der Blüten- und Samenanlagen der mehrgeschlechtigen Enzianarten voraus.

Die Blüten des *Gentiana dina-rica* (oben) besitzen das typische Enzianblau, welches Pflanzenliebhaber immer wieder in ihren Bann zieht. Im Gegensatz dazu *Gentiana robusta* (links, Yuan 2005) mit gelben Blüten.

Blüten sind Kurzsprosse mit begrenztem Wachstum, deren Blätter Metamorphosen unterworfen sind, sie stehen im Dienste der geschlechtlichen Fortpflanzung. Man unterteilt in nacktsamige Pflanzen (Gymnospermen) und bedecktsamige Pflanzen (Angiospermen) wozu auch die *Gentianaceae* gehören. Der Unterschied der nackt- zu den bedecktsamigen Pflanzen besteht darin, dass bei letzteren die Fruchtblätter um die Samenanlage wachsen, was zur Entstehung der Frucht führt. Bei den Gymnospermen ist also die Samenanlage, wie bei den Koniferen, nicht in den Fruchtknoten eingeschlossen, sondern frei zugänglich.

Die männlichen Sporophylle entsprechen Staubblättern, die mit Filament und Stiel über das Konnektiv mit den Thekae verbunden sind. Jede Theka umfasst zwei Pollensäcke, hier entstehen unter meiotischer Zellteilung die haploiden einkernigen Mikrosporen. In den Pollensäcken entwickeln sich diese weiter zu den Pollenkörnern mit zweizelligen Strukturen mit je einer generativen und vegetativen Zelle. Die weiblichen Megasporophylle entsprechen den Fruchtblättern (Karpelle). Zusammen mit den Samenanlagen bilden sie die Fruchtblätter (Gynoeceum). Der Fruchtknoten der Enziane ist oberständig, es entstehen daraus die Kapselfrüchte. Die Samenanlagen sitzen mit einem Stiel (Funiculus) den Fruchtblättern an. Die äußeren Zellen der Samenanlagen entwickeln sich zu Hüllschichten, die an der Spitze eine kleine Öffnung, die Mikrophyle, für das Eindringen des Pollenschlauches freilassen. Im Innern der Samenanlage befindet sich der Gewebekern (Nucellus). Hier bildet sich aus einer haploiden Makrosporenmutterzelle eine haploide Makrospore aus. Nach einer Serie von mitotischen Kernteilungen vergrößert sich dieser zu einem mehrzelligen Embryosack mit der Eizelle, zweikernigen Endosporenmutterzelle und dem Eiapparat (Synergiden-Zellen) sowie den Antipoden-Zellen.

Die Blüten öffnen sich bei den Arten recht unterschiedlich. Bei den Frühjahrsblühern wie *G. bavarica*, *G. clussii* und *G. verna* öffnen sie bereits ab einer Temperatur von über 10°C, während *G. pneumonanthe* und *G. cruciata* erst ab 20°C ihre Blüten öffnen. Zwischen diesen Bereichen liegen die anderen Arten. Das schnelle Schließen der Blüten in wenigen Sekunden bei vielen Enzianarten resultiert zumeist aus Erschütterungen (*G. bavarica*), Temperaturschwankungen (Thermonastie wie bei *G. cruciata* und *G. nivalis*) sowie Intensitätsschwankungen des Lichtes wie bei *G. clusii* (Sorten bedingt), *G. verna*, *G. palludosa*, *G. bzybica*, *G. prolata*, *G. pneumonanthe* × *G. septemfida* var. *lagodechiana* sowie *G. sedifolia*. Häufig sind die zuletzt genannten Reaktionen im Herbst zu beobachten (Hybriden des *G. triflora* × *G. scabra*). Für Schnittenziane wie *G. triflora* var. *japonica*, *G. asclepiadea*, *G. cruciata*, *G. scabra* und bedingt auch *G. rochellii* kann man diese Eigenschaft durch Einstellen der Stiele in warmes Wasser etwas umgehen. Bei den wenigen selbst- vor allem jedoch fremdbefruchtenden Enziangewächsen wird in der Natur die Selbstbefruchtung umgangen. Bei den Fremdbefruchtern wird eine Selbstung durch sporophytische oder gametophytische Selbstunverträglichkeit zwischen den Individuen erschwert. Trotzdem versucht man in der Linien- und Inzucht-Züchtung die künstlich herbeigeführte Selbstbefruchtung vorteilhaft auch bei einigen Arten zu nutzen.

Eine genaue Übersicht über die generative und vegetative Fortpflanzung, Vererbungsregeln, Form und Ursachen der Variabilität, Zuchtmethoden und Sortenschutzrecht findet der geneigte Leser auf der Internetseite der Gesellschaft der Staudenfreunde e.V. unter www.gds-staudenfreunde.de/artikel.html?id=314

Systematik der Enziane

Köhlein resümierte 1986, dass „die Einteilung der Enziane durch Kusnezow (1891, 1892, 1893, 1894, 1895, 1896) zu wünschen übrig ließe". Dies ist jedoch angesichts der bisher als sicher nachgewiesenen Spezies in den 15 Sektionen und 22 Serien (Ting-Nong und Shang-Wu, 2001) und den vielen Hybriden aus gelenkten und frei abgeblühten Kreuzungen überhaupt nicht anders zu erwarten. So sind die Leistungen von Kusnezow (1894, 1895), Smith (1970), Pringel (1978), Ho (1985), Halbmayr (1988), Ho und Liu (1990) und Halda (1996) mit ihren Monografien und Klassifikationen besonders zu würdigen, da diese wesentliche Grundlage für die heutigen, allerdings immer weiter zu ergänzenden Systematiken, darstellen.

Für Praktiker, Alpinenfreunde und Gartenliebhaber sind jedoch die alphabetischen Darstellungen und Abfolgen der Enzianarten, wie sie Köhlein (1986) und Halbmayr (1988) ausführlich darstellten, wegweisend. Systematiker und Botaniker werden sich sicherlich den Werken und Schlüsseln zur Taxa und Systematik von Enzianen den Monografien von Ting-Nong und Shang-Wu (2001), Struwe und Albert (2002) anlehnen.

Deshalb sei vorliegendes Buch keinesfalls als ein vollständiges Werk zu werten, sondern für den Praktiker und Enzianliebhaber als ein kleiner Leitfaden zu verstehen, der auf Literatur verweist und einen Einblick in die Problematik des Auffindens von Enzianen bei den oft erschwerten Exkursionen zu autochthonen Standorten in alpine Regionen von Abchasien, Amerika, NO-Asien, NO-China, Georgien, Japan, Korea und Russland gestattet. Natürlich sind neben Taxa und Systematik, die aufgefundenen Standortbedingungen und ableitend von diesen die Kulturbedingungen für den Praktiker und Liebhaber von Interesse. Einordnungen nach Clusteranalysen in Anlehnung an blütenmorphologische, samenanatomische und phytochemische Merkmale, wie diese Struwe und Albert (2002) vornahmen, ermöglichen einen Einblick und Zuordnung für die Gentianaceae und Gentianales im Zusammenhang mit ihrer evolutionären Entstehung. Zunehmend werden derartige Daten durch genetische Analysen komplettiert. Die genetischen Analysen bei einigen Arten und Hybriden mit Iso-Enzymen aus dem pflanzlichen Primärstoffwechsel der Enziane verdeutlichen allerdings, dass derartige Analysen erschwert sind, wenn dafür kein Material aus autochthonen Herkunftsgebieten einbezogen werden kann. Material aus botanischen Gärten, von Liebhabern oder aus Kreuzungsexperimenten verdeutlichen immer wieder, dass epigenetische Merkmale die Aussagen erschweren.

Die Sektionen, die von Thing-Nong und Shang-Wu (2001) berücksichtigt und in 15 Sektionen und 22 Serien gegliedert wurden, sind: Otophora, Cruciata, Monopodiae, Kudoa, Frigidae, Phyllocalyx, Isomeria, Microsperma, Gentiana, Calathianae, Ciminalis, Pneumonanthe, Dolichocarpa, Chondrophyllae und Fimbricorona.

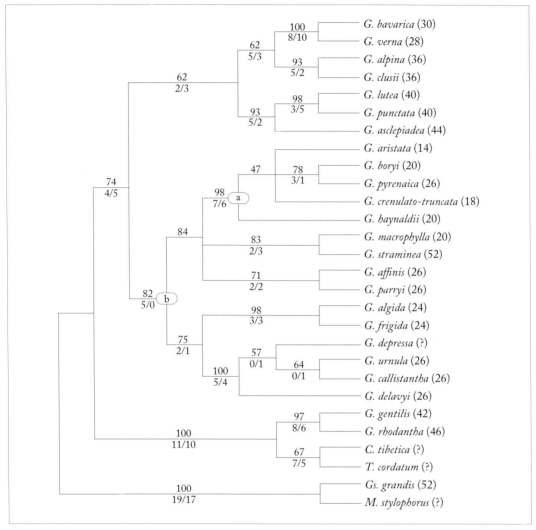

Zymogramm als ein Beispiel einer sektionalen Klassifikation von Enzianarten nach ribosomaler DNS-Sequenzierung (nach Yuan et. al. 1996, Yuan et al. 2003).

Es fehlen dieser Zuordnung die von Halda (1996) beschriebenen Sektionen Stenogyne *(G. rhodantha)* und Stylophora *(G. stylophora),* wahrscheinlich, weil man diese in der Flora von China nicht den Enzianen zuordnete. Bei Stylophora handelt es sich um *Megacodon* (Ge et al. 2005, pers. Mittlg. Yuan 2006). Bei Halda (1996) wurden hingegen die von Ting-Nong und Shang-Wu (2001) beschriebenen Sektionen Kudoa und Fimbricorona vermisst.

Viele Züchter von Enzianen, beispielgebend sei Eschmann (sen.) in Emmen erwähnt, lehnten sich in ihren Beschreibungen denen von Halda (1996) an, welche allerdings von denen der Einteilung der Flora Europaea (Tutin, 1972) und der Flora Republicae Popularis Sinicae (Ho, 1985, 1988, 1990) abweichen. Seit der Eröffnung der Gärtnerei Eschmann im Jahre 1947 wurde der Kultur und Züchtung von Enzianen besondere Aufmerksamkeit gewidmet. Eschmann hat wohl eine der reichhaltigsten Enziansammlungen auf der Welt, wobei er auf mehr als 40 Eigenzüchtungen blicken kann. In nachfolgenden Beschreibungen einiger Arten, Hybriden und Kultivare konnte auf den Fundus von Eschmann (Emmen, Schweiz) sowie Peters (Uelzen, Deutschland) zurückgegriffen werden.

Für Praktiker ist es wesentlich zu wissen, wie er Zuordnungen für die vielen Arten, Unterarten und Sorten der verschiedenen Enziane vornehmen kann. Außer den üblichen botanischen Bezeichnungen mit dem **Gattungsnamen** *(Gentiana),* der **Art**bezeichnung *(asclepiadea oder clusii)* ergeben sich die **Unterarten, Varietäten** (ssp. und var.) wie *Gentiana otophora* var. *otophora* oder *Gentiana cruciata* ssp. *cruciata* oder ssp. *phlogifolia* sowie die aus der Kreuzungszüchtung entstandenen Hybridisierungen, welche man mit *G. × makinoi* oder *G. × carolii* sowie mit den **Sorten**namen 'Elisabeth Brandt' aus der Selektion *G. veitchiorum × G. macaulayi*, bezeichnet. Arten- oder Sortenbezeichnungen, wie etwa *G. clusii* oder 'Elisabeth Brandt', ergeben sich mitunter aus Namensbezeichnungen, wie die Benennung nach dem niederländischen Leiter des Hortus Academicus Charles l'Ecluse bzw. seinem latinisierten Namen -Carolos Clusius- (1526-1609) oder der zu verehrenden Dame -Elisabeth Brandt-. So zeichnete sich z. B. Carolos Clusius durch seine Verdienste als Hofgärtner in Wien und als Botaniker an der Universität in Leiden aus.

In nachfolgenden Einordnungen und Beschreibungen wurde sich der Systematik von Ho Ting-Nong und Liu Shang-Wu (2001) weitestgehend angelehnt.

Gentiana rhodantha (1) wird gemeinsam mit der einjährigen Art *Gentiana primulaeflora, Gentiana expansa* (3), *Gentiana gentilis, Gentiana leptoclada, Gentiana pterocalyx, Gentiana serra, Gentiana souliei* (2), *Gentiana striata* und *Gentiana villifera* nach Halda (1996) dem Subgenus *Stenogyne* zugeordnet. (Fotos: 1: Zschummel 2007, 2 und 3: Yuan 2005).

Gentiana

Die Gattung *Gentiana* umfasst zwischen 300 und 400 Arten, die meist in den Gebirgsregionen der nördlichen Hemisphäre verbreitet sind. Sie kommen auf fast allen Kontinenten, außer in Afrika, vor. In Europa kommen etwa 35 Arten, die meisten in Gebirgsregionen, vor.

Alle einheimischen Enzianarten stehen unter Naturschutz und dürfen in der Natur weder gepflückt oder ausgegraben werden. Auch eine Entnahme von Samen ist nicht gestattet. Steingarten- und Alpinengärtnereien sowie Samentauschbörsen bieten Pflanzen und Saatgut an.

Nachkomme aus gelenkten Kreuzungen von *Gentiana triflora* var. *japonica* und *Gentiana asclepiadea*.

Sektion Otophora Kusnezow (1894)

Die alten Arten dieser Sektion mit aufrecht wachsenden und basal geschuppten Trieben waren zumeist in kleinen Arealen von Sichuan und Yunnan, China vertreten. Sie besitzen glockenförmige Blüten mit rudimentären Plicaes und mit zumeist eingeschnittenen Zipfeln.

SERIE DECORATAE MARQUAND

Gentiana caryophyllea Smith
Vorkommen: NO-Myanmar, NW-Yunnan (bis zu 4800 m).
Beschreibung: rasenbildende Art mit starken Wurzeln, ledrigen Blättern und verzweigten Trieben die bis zu 8 cm lang werden können.
Blüte: endständige, glockige, tiefblaue und aufrecht stehende Blüten, die bis zu 2 cm groß werden, Zipfel elliptisch, Plicaes sind gezähnt.
Blütezeit: Juni bis Juli.
Ansprüche: mäßig bis feuchte, humose, vor allem aber steinige und damit durchlässige Substrate.

Gentiana decorata Diels
Vorkommen: SO-Tibet, Sichuan, Yunnan (bis zu 5000 m).
Beschreibung: Polster ausbildende, nicht einfach zu kultivierende Art mit bis zu 5 cm langen, kleinen Trieben, dicht an den Stielen liegenden, fleischigen Blättchen.
Blüte: endständige, bis zu 2 cm große, sternförmige, hellblaue, blaue bis violette Blüten mit leicht bläulichen bis violett gefärbten Antheren.
Blütezeit: Juli bis September.
Ansprüche: auf feuchten bis halbfeuchten, humosen, durchlässigen und sonnigen Standorten, wächst die Art gemeinsam mit *G. wardii* und *G. emergens* (ca. 4600 m) auf saurem Granit-Gestein in Vertiefungen und Schneetälchen.
Unterart: ssp. *leucantha* Smith.

Gentiana infelix Clarke
Synonym: *G. microtophora* Marquand
Vorkommen: Bhutan, Himalaja, Jeumtong, Kankola, Nepal, Sikkim, S-Tibet (bis zu 5000 m).
Beschreibung: mehrjährige Art mit kurzen, niederliegenden bis aufsteigenden, wenig verzweigten, aber dicht beblätterten Trieben, bis zu 4 cm lang.
Blüte: röhrige, blaue oder weiße, beinahe aufsitzende Blüten, bis zu 1,2 cm groß werdend, mit eingerollten Plicaes.
Blütezeit: August bis September.
Ansprüche: feuchte bis mäßig feuchte, humose, durchlässige, halbschattige bis sonnige Standorte, vor Feuchtigkeit im Winter unbedingt schützen.

SERIE OTOPHORAE MARQUAND

Gentiana damyonensis Marquand
Vorkommen: NO-Myanmar, SW-Sichuan, Tibet (bis zu 5200 m).
Beschreibung: Ausbreitung der Art erfolgt rasenartig, mit Trieben, die bis zu 10 cm lang werden und mit basalen, lanzettlichen Blättern versehen sind.
Blüte: solitäre, endständige, dunkelblau bis violette, kurz gestielte Blüten die sich innen weißlich, leicht violett gepunktet, darstellen, die Krone hat lanzettliche Zipfel und ist bis zur Basis geteilt.
Blütezeit: August bis September.

Gentiana decorata vom Standort Beima Shan (3001 m) mit endständigen, bis zu 2 cm großen, sternförmigen, blauen bis violetten Blüten mitunter mit leicht bläulichen bis violetten Antheren. Die Blüten sind innen und außen zumeist mit dunkelblauen Streifen versehen (Foto: Zschummel 2007).

Ansprüche: durchlässige, steinige, leicht humose Böden mit pH 5,5, absonnig kultivieren.

Gentiana otophora Franchet

Synonym: *G. irorata* Franchet
Vorkommen: NO-Myanmar, SO-Tibet, Yunnan (bis zu 4200 m).
Beschreibung: Art mit aufrecht wachsenden Trieben bis zu 20 cm lang, sowie lang gestielten, lanzettlichen Blättern.
Blüte: endständige, gestielte, hellgelbe Blüten, außen grünlich bis violett gezeichnet sowie leicht braun gefleckt, in Büscheln stehend.
Blütezeit: August bis September.
Ansprüche: feuchte, durchlässige, steinige, moorige bis humose Standorte
Unterarten: ssp. *otophora;* ssp. *ovatisepala* Marquand; ssp. *sichitoensis* Marquand.

Gentiana otophoroides Smith

Vorkommen: NW-Yunnan (bis zu 4300 m).
Beschreibung: Art mit kurzen kräftigen Rhizomen und niederliegenden Trieben bis zu 10 cm lang, mit lanzettlichen Basalblättern.
Blüte: solitäre, endständige, ganz kurz gestielte, weiße Blüten bis zu 3 cm groß mit bläulichen Streifen versehen.
Blütezeit: August.
Ansprüche: feuchte, humose, durchlässige Standorte, verträgt Vollbesonnung.

Gentiana sichitoensis Marquand

Vorkommen: SO-Tibet (bis zu 4200 m).
Beschreibung: aufsteigende Triebe bis 12 cm lang, mit kurzen, beinahe runden Basal- und Stängelblättern.
Blüte: trichterförmige, solitäre, endständige, kurzgestielte, grüngelbe bis weiße Blüten, bis zu 2 cm groß, außen mit rötlichen Streifen und innen mit kleinen Flecken versehen.
Blütezeit: September bis Oktober.
Ansprüche: feuchte, durchlässige Moorstandorte.

Sektion Cruciata Gaudin

Die Blattrosetten bildende Sektion mit Stielen entstand im zentralasiatischen Raum. Sie verträgt jedoch gut kontinentales Klima. Die Arten besitzen end- und achselständige, glockige Blüten, zumeist in Büscheln angeordnet.

Gentiana dahurica Fischer

Synonym: *G. kurroo* var. *brevidens*, *G. gracilipes*
Vorkommen: Zentralasien, Mongolei, O-Sibirien bis in die Region Baikalsees/Sajan, v.a. in Gansu und Maniganggo im Sichuan (3500 bis 4400 m).
Beschreibung: aus Büscheln entspringen grundständige Blätter mit zumeist niederliegenden Stielen, grundständig und lanzettlich, stängelumfassend, Stängel nur locker beblättert, bis zu 35 cm lang, Blätter paarweise in einer Zentralrosette angeordnet. Starker Wurzelstock.
Blüte: Blüten entspringen aus den Achseln, die Blütenkrone ist meist purpurblau, der Kelch gespalten, endständige, bis zu 4 cm große Blüten, vierzipfelig in Büscheln in den Blattachseln sitzend.
Blütezeit: Juli bis August.
Ansprüche: an sich unproblematisch sonnig kultivieren, in dränierten, steinigen bis sandigen Böden bei mäßiger Feuchtigkeit, pH-Wert 5,5 bis 5,8.
Bemerkung: diese Enzianart sowie abgeleitete Hybriden, wie *G. × bicolor* mit leuchtenden, hellblauen Blüten werden leider von Liebhabern nur wenig beachtet.
Chromosomen 2n: 26
Varietäten: var. *campanulata* Ho; var. *dahurica;* var. *lowndesii* Ho.

Gentiana kurroo Royle

Vorkommen: Himalaja, Kaschmir, Pakistan, Sichuan (bis zu 3300 m).
Beschreibung: Blätter lanzettlich aus Rosette kommend, bis zu 10 cm lang, mit aufsteigenden bis zu 25 cm langen, rötlichen Stielen, die Inhaltsstoffe der Rhizome der Art wie Glycyrrhizin,

Gentiana dahurica aus der Mongolei und Shanxi (rechts, Yuan 2005), im Vergleich zu Gentiana gracilipes (links) aus Gansu. Letzterer zeichnet sich durch seine Zentralrosette mit einem bis zu 25 cm langen Blütenstiel mit blau bis violett leuchtenden Blüten in der Blütenkrone aus.

Gentiopikrin, Gentiamarin und Gentiin werden zunehmend in der Medizin genutzt.

Blüte: schöne hellblaue, glockige, endständige Blüten die bis zu 4 cm groß werden, mit grünen Flecken und fünf Zipfeln, im Schlund mit weißlichen Flecken versehen, zumeist einzeln, aber auch achselständig an kleinen Stielen, dann nur bis zu 3 cm groß werdend, ähnlich den Blüten des *G. dahurica* jedoch etwas größer.

Blütezeit: August bis September.

Ansprüche: die leider nicht so langlebige Art liebt humose, feuchte, durchlässige Standorte (möglichst von unten wässern) wächst bevorzugt auf Silikatgestein bei einem pH-Wert von 5,5, verträgt dann volle Sonne, Winterschutz ist angeraten!

Varietäten: var. *kurroo;* var. *brevidens* Maximowicz und. Kusnezow, Synonym.

Gentiana kaufmanniana
Regel und Schmalhausen

Vorkommen: in alpinen Regionen des Altai, Badachstan/Kundus, Kirgisien, Tadjikistan, Tundra, Turkestan, Pamir (bis über 4200 m).

Beschreibung: Art bildet Rosetten mit kurzen und langtriebigen Blättern, diese sind bis zu 2 cm breit und bis zu 12 cm lang.

Blüte: glänzende, blaue, hellblaue oder weiße Einzel-, selten Traubenblüten, die Korollen werden bis zu 4,5 cm groß und befinden sich an Stängeln, die bis zu 30 cm lang werden können.

Blütezeit: August bis September.

Ansprüche: liebt humose, mäßig feuchte, aber vor allem durchlässige Standorte auf Silikatgestein bei einem pH-Wert von 5,5 bis 5,8

Varietäten: var. *afghanica* (Kusnezow, Schumann-Czeika); var. *kaufmanniana.*

Gentiana lhassica Burkill

Vorkommen: SO-Tibet (bis zu 4800 m).

Beschreibung: Art mit Rosetten, die bis zu 20 cm lange Triebe mit schmalen Blättern ausbildet.

Blüte: solitär und endständige, bis zu 2 cm große blaue Blüten, welche außen dunkelviolett gestreift sind, sie sind von oberen Blättern umgeben.

Blütezeit: August bis September.

Ansprüche: mäßig feuchte, durchlässige, steinige Standorte, bevorzugt hohe Luftfeuchte, Winterschutz unbedingt notwendig.

Gentiana cruciata L.

Synonym: Kreuz-Enzian

Vorkommen: verbreitet in den Gebirgen Europas,

insbesondere in Griechenland, der Slowakei bis in den Kaukasus, Kleinasien und Westsibirien (1000 bis 2000 m).

Beschreibung: Grundblätter entspringen einer Rosette, Blätter werden kreuzständig angeordnet, sie sind breit und lanzettlich ausgebildet, Stängelblätter sind länglicher als die Grundblätter an bis zu 35 cm langen Stielen.

Blüte: klein, kolbenförmig, glockig, himmelblau, mit vier Kronblattzipfeln, sie sitzen end- oder achselständig in Büscheln, die Art schließt nachts die Blüten, diese öffnen sich erst wieder bei Sonnenschein und entsprechend höheren Temperaturen. Damit sich die Blüten von Schnittblumen öffnen, kann man sich etwas höhere Temperatur zu nutze machen und die Stiele in warmes Wasser aufstellen.

Blütezeit: Juli bis September.

Ansprüche: die gut wüchsige, wenig anspruchsvolle Art gehört zu den kalkliebenden Enzianarten, sie bevorzugt Mergel, d. h. Lehm in Verbindung mit kohlensaurem Kalk bei einem pH-Wert von 5,8 bis 6,2, wächst aber auch ab pH 4,8. Die anspruchslose Art ist zudem resistent gegenüber Viren, bakteriellen und pilzlichen Schaderregern, sie ist deshalb zu einer beliebten Trendpflanze im Gartenbau geworden, wünschenswert wären jedoch Sorten mit größeren Blüten.

Chromosomen 2n: 52

Unterarten: ssp. *cruciata*

ssp. *phlogifolia* (Schott und Kotschy), Tutin

  Vorkommen: Karpaten.

  Beschreibung: längere Blätter als die Art, wird als Symbolpflanze für die Erlösung von Jesu Christi verwendet, da die Blätter und Blütenzipfel kreuzartig angeordnet sind.

  Blüte: größere Blüten als die Art, haben offene, hellblaue Blüten an bis zu 40 cm langen Stielen.

  Blütezeit: Juni bis August.

  Ansprüche: wie die Art .

  Chromosomen 2n: 16, 52

Gentiana kaufmanniana aus dem Altai blüht weiss sowie blau (Foto unten: Art aus Xinjiang von Yuan 2005). Obgleich *Gentiana kurroo* aus dem Kula Valley in Indien (2600 m) stammt und unproblematisch zu kultivieren ist, trifft man die Art in Europa nur wenig an, hier ein Klon, welcher als somatischer Embryoid aufgezogen werden konnte (oben).

Gentiana cruciata ssp. caucasica steht auf trocknen, kalkführenden Standorten (Mesmai, NW-Kaukasus).

Typischer Kalk-Standort, u.a. von *Gentiana cruciata*, in der Region Tlugi-Ambrolauri im Großen Kaukasus.

Gentiana crassicaulis Duthie und Burkhill

Synonym: *G. tibetica*

Vorkommen: W-Nepal, Tibet, Shen Shan im W-Sichuan, Hengduan im Yunnan (bis zu 3800 m).

Beschreibung: stark wachsende Art mit mehreren bis zu 30 cm langen Trieben und gestielten basalen, bis zu 15 cm langen Blättern.

Blüte: endständig in Büscheln, hellblaue bis grünlich-weißliche Blüten mit weißlichen Punkten.

Blütezeit: Juli bis August.

Ansprüche: recht anspruchslose Art mit tief gehenden Wurzeln, bevorzugt feuchte und mäßig humose Böden bei voller Sonne.

Chromosomen 2n: 26

Gentiana decumbens L.

Synonym: *G. tianschanica, G. sibirica*

Vorkommen: NO- und M-Asien, Mongolei, in Sibirien bis in die Gebiete des Baikalsee.

Beschreibung: grundständige, lanzettliche Blätter, die eine Länge von bis zu 10 cm erreichen können, bis zu 30 cm lange, meiste liegende Triebe, rosettig wachsend.

Blüte: tiefblaue Korolla, geschlitzte, ungestielte Blüten, die end- und achselständig angeordnet sind und bis zu 3 cm groß werden können.

Blütezeit: August.

Ansprüche: feuchte, humos bis lehmige aber gut durchlässige Standorte bei pH-Wert von 5,8 bis 6,2, Art verträgt volle Sonne.

Chromosomen 2n: 26, 52

Varietäten: var. *pallasii;* var. *gebleri;* var. *mongolica.*

Gentiana macrophylla Pallas

Vorkommen: Altai, Baikal, Dsungistan, Gansu, Kashgirien, Korea, Mongolei, W-Sichuan und Sibirien (bis zu 3600 m).

Beschreibung: robust, mit bis zu 40 cm gestreckten Trieben und bis zu 30 cm langen, breiten Basalblättern.

Blüte: end- und achselständig, dunkelblau bis blassblau blühend, röhrige Blüten bis zu 2,5 cm groß, bis zu 10 Blütchen sind in der Dolde angeordnet.

Blütezeit: Juli bis Ende August.

Ansprüche: humose, nährstoffreiche, mäßig feuchte Standorte im Halbschatten.

Chromosomenanzahl 2n: 24, 26, 42

Varietäten: var. *macrophylla*

var. *fetisowii* (Regel und Winkler) Ma und Hsia

> **Vorkommen:** Gansu, N-Sichuan, W-Sibirien, Turkestan (bis zu 2500 m).

Gentiana crassicaulis aus dem Herkunftsgebiet Hengduan, Yunnan, Art bevorzugt sonnige bis halbsonnige Plätze auf mäßig feuchte Weiden- und Rasenflächen mit geringem Humusanteil auf Sand- und Kalkgestein bei einem pH-Wert von 5,6 bis 6,0 (Foto: Yuan 2005).

> **Beschreibung:** Stängel werden bis zu 40 cm lang, die aus einer lockeren Rosette entspringen, besitzen etwa 20 cm lange, lanzettliche Blätter, welche am Stängel kreuzständig stehen.

> **Blüte:** endständige, ungestielte, glockige, blaue bis violette Blüten in Büscheln in den oberen Blattachseln stehend, innen sind die Blüten weißlich mit bräunlichen Flecken gezeichnet, Krone mit abgebogenen Zipfeln, auffallend die violette, kleine Plicae.

> **Blütezeit:** August bis September.

> **Ansprüche:** bevorzugt humose, mäßig feuchte und durchlässige Standorte auf Silikatgestein bei wenig Kalkzusatz bei einem pH-Wert von 5,5–5,8, verträgt volle Sonne.

> **Chromosomen 2n:** 32 bis 36.

Gentiana olivieri Grisebach

Vorkommen: Badachstan, Himalaja, Irak, Iran, Kasachstan, Kirgisien, Pamir, Persien, Tadjikistan, Türkei (Kulp), Uzbekistan (Zamin) (2500 bis über 3900 m).

Beschreibung: Stängel meist solitär bis zu 20 cm lang werdend, mit bis zu 12 cm langen, lanzettlichen Basalblättern, auf starkem Wurzelstock.

Blüte: glockige, violette, blaue bis hellblaue mit bis zu fünf Blüten, bis zu 3 cm groß, in Trugdolden angeordnet, Plicaes spitz zulaufend, geschlitzt.

Blütezeit: Mai bis Juli.

Ansprüche: Die Art gehört zu den kalkliebenden Enzianen, bevorzugt deshalb Mergel, d.h. Lehm in Verbindung mit kohlensaurem Kalk, verträgt volle Sonne bei ausreichender Feuchtigkeit bei einem pH-Wert von 5,8 bis 6,2, Winterschutz angeraten, verträgt halbtrockene, absonnige Standorte.

Bemerkung: Art, welche die Alkaloide Gentiotibetin, Gentiananin, Gentianine, Gentioflavine und Oliverin synthetisiert

Varietät: var. *aucheri*

Gentiana olgae Regel und Schmalhausen

Synonym: *G. tianschanica* var. *pallidiflora*

Vorkommen: Altai, O-Asien, Badachstan/Kundus, Pamir, Tadjikistan und Turkestan (bis 4100 m) wächst auf steppenartigen Gebirgswiesen, Grashängen sowie in lichten Waldregionen.

Beschreibung: linear-lanzettliche Basalblätter, aufrecht wachsend und bis zu 20 cm lang sowie bis zu 2 cm breit werdend, bis 30 cm Wuchshöhe.

Blüte: tubenförmige, ungestielte, creme- oder bläulichfarbige Blüten bis zu sieben Stück in dichten Köpfen stehend.

Blütezeit: Juli bis September.

Ansprüche: bevorzugt mergelhaltige Kalkstandorte, mäßige Feuchtigkeit, pH-Wert: 5,8 bis 6,2 .

Chromosomen 2n: 26.

Gentiana olivieri mit schönen, leuchtend blauen bis hellblauen glockigen Blüten (Shiraz, Iran 1.700 m) Dieser aus dem Pamir stammende Enzian ist keineswegs mit dem im Handel angebotenen, im August blühenden „*Gentiana olivieri*" identisch (Fotos: Zschummel 2007).

Gentiana officinalis Smith

Vorkommen: W-Gansu, Labrang, Sichuan, (bis zu 3900 m).

Beschreibung: die Triebe der rosettig wachsenden Art werden bis zu 40 cm lang, sie besitzen achselständige Triebe auf starken Wurzeln.

Blüte: in dichten Köpfen mit bis zu 10 endständigen, gelblichen Blüten, sie scheinen äußerlich mitunter bläulich.

Blütezeit: August.

Ansprüche: mäßig bis feuchte humose Standorte, werden durch die lange Wurzeln gut erschlossen. Diese werden in China bevorzugt für medizinische Zwecke genutzt.

Chromosomen 2n: 26.

Gentiana siphonantha
Maximowicz und Kusnezow

Vorkommen: Gansu, Huashixia-Qinghai im Sichuan, NO-Tibet (bis über 4300 m).

Beschreibung: recht ausdauernde, aufrechtwach-

sende und bis zu 30 cm hoch werdende Pflanze mit glatten, grün bis rötlich schimmernden Stängeln, drei- bis fünfnervigen, linear-lanzettlichen Basalblättern die bis 25 cm lang werden, Art auf starkwachsenden Rhizomen.

Blüte: sitzen ungestielt, köpfchenförmig und endständig aus den Blattachseln kommend, Blüten sind außen purpurblau, sie werden innen dunkelblau und sind in der Tube leicht gepunktet, bis zu 2,5 cm groß, sie sitzen in Trauben.

Blütezeit: Juli bis August.

Ansprüche: verträgt sonnige und steinige, kalkfreie Lagen, sie sollten jedoch durchlässig und feucht sein, pH-Wert bei 5,2 bis 5,4.

Chromosomen 2n: 26

Varietät: var. *latifolia* (China) Marquand

Gentiana straminea Maximowicz

Vorkommen: Serxu, W-Gansu im Sichuan bis NO-Tibet (3800 bis zu 4200 m).

Beschreibung: bis zu 30 cm lange, aufsteigende

Gentiana siphonantha aus dem Herkunftsgebiet Qinghai, Madoi (Foto: Yuan 2005).

Stängel mit lanzettlichen, langen Blättern, kräftige Rosette auf ausgeprägten Wurzeln, letztere werden in China für pharmazeutische Zwecke genutzt.

Blüte: endständig in Trauben stehend, grünlich bis schmutzig weiße, becherförmige Blüten, die bis zu 3 cm groß werden.

Blütezeit: Juli bis September.

Ansprüche: die recht wüchsige Art bevorzugt durchlässige, leicht lehmige bis humose, sonnige, feuchte Standorte.

Chromosomen 2n: 52.

Gentiana tianschanica Ruprecht

Vorkommen: Himalaja, Kaschmir, Pakistan, Tianschan, Turkestan (bis zu 4500 m).

Beschreibung: bildet Rosetten mit linear bis lanzettlichen Basalblättern, bringt mehrere Blütentriebe an aufrechten bis zu 30 cm langen Stängeln, die Blätter sind stängelumfassend.

Blüte: blaue bis purpurblaue, endständige und trichterförmige Blüten bis zu 2,5 cm groß werdend.

Blütezeit: Juli bis August.

Ansprüche: bevorzugt durchlässige, feuchte und humose Standorte

Varietäten: var. *glomerata* (Himalaja); f. *koslowii* (Tibet); var. *pallidiflora;* var. *pumila* (Himalaja); var. *roborowskii* (Kaschgar).

Gentiana tibetica King und Hooker

Vorkommen: Bhutan, Himalaja, W-Nepal, Nonkes, Qinghai, Sikkim, Maniganggo im Sichuan, SO-Tibet (3300 bis zu 4500 m).

Beschreibung: mehrtriebige Art mit bis zu 6 cm breiten, 20 cm langen, bis zu siebennervigen Blättern. Die streng aufrecht wachsenden Triebe werden bis zu 60 cm lang, die obersten Stängelblätter umfassen die Blüten.

Blüte: die Krone ist trichterförmig ausgerichtet, außen mauve, innen sind die Blüten bis zu 3 cm groß und gelblichweiß, sie entspringen zumeist den Blattachseln und sitzen in Trauben.

Blütezeit: Juli bis September.

Ansprüche: an sich eine anspruchslose Art, die gut durchlüftete Standorte bei mäßiger Feuchtigkeit bei einem pH-Wert von 5,8 bis 6,2 bei Vollbesonnung bevorzugt. Die Arten des West-Nepal und des östlichen Hindukusch, werden mit nur wenig Regen des Monsuns versorgt, außerdem haben sie mit der Kälte zu ringen und nur eine kurze Vegetationszeit von 15 Wochen. Deshalb sind in den Gebieten des östlichen Himalajas die anpas-

Gentiana tibetica ist eine anpassungsfähige und recht anspruchslose, robuste Art.

Gentiana waltonii kommt häufig in Regionen von Drepung vor (Foto: Yuan 2005).

Blüte: gelb, weißlich sowie bläulich gepunktete, zylindrische Blüten mit violetten Spitzen, bis zu 3,5 cm groß, zumeist in dichten Köpfen sitzend.
Blütezeit: August bis September.
Ansprüche: anspruchslos, humose, mäßig feuchte, durchlässige Standorte auf Silikatgestein mit wenig Kalk, pH 5,5–5,8, verträgt Vollbesonnung.
Chromosomen 2n: 52
Varietät: var. *kesselringii* (Regel) Kusnez.

Sektion Monopodiae (Smith) Ho

sungsfähigsten Enzianarten sowohl aus feuchten als auch trockenen Regionen anzutreffen; als ein weiterer Vertreter ist *G. falcata* zu nennen.
Chromosomen 2n: 52.

Gentiana waltonii Burkill
Vorkommen: Qinghai Man Shan, Tibet (bis zu 4300 m).
Beschreibung: grünlich bis violett erscheinende, niederliegende, bis 25 cm lange Triebe mit langen, bis zu 15 cm langen Blättern, mit kleinen, sich völlig öffnenden Blüten, die Art bevorzugt warme, schotterige Böden und verträgt trockene Standorte.
Blüte: Blüten bis 3,5 cm lang, bis zu 2 cm breit.
Blütezeit: Juli bis September.
Ansprüche: anspruchlose Art, die gut durchlüftete Standorte bei mäßiger Feuchtigkeit und Vollbesonnung bevorzugt.
Chromosomen 2n: 26.

Gentiana walujewii
Regel und Schmalhausen
Vorkommen: Zentral-Asien, Kashgarien, Dshungarien, O-Turkestan.
Beschreibung: bis zu 30 cm aufrechtwachsende Stängel mit grundständigen, lanzettlich bis ovalen Basalblättern aus der Rosette kommend

Gentiana cephalantha Franchet und Hemsl.
Synonym: *G. pseudocephalantha* Marquand
Vorkommen: NO-Myanmar, Sichuan, Lijiang im Yunnan, N-Vietnam (unter 4000 m).
Beschreibung: Rosetten bildende Art mit Trieben bis zu 35 cm Länge.
Blüte: bis zu sechs, hellblaue bis mauvfarbige, röhrenförmige, endständige, trichterförmige Blüten in Büscheln an den Trieben und Seitentrieben.
Blütezeit: August bis Ende September.
Ansprüche: wenig anspruchsvoll, verträgt mäßig feuchte, sandige bis steinige Humussubstrate bei pH–Werten von 5,5 bis 5,8.
Chromosomen 2n: 24
Varietäten: var. *cephalantha;* var. *vaniotii* (Leveille) Ho.

Gentiana crassa Kurz
Vorkommen: Myanmar.
Beschreibung: mehrjährige Art, welche beinahe strauchartig wächst, mit bis zu 45 cm langen und verzweigten Trieben.
Blüte: endständige, trichterförmige, blaue Blüten , die eine Größe von bis zu 2 cm erreichen.
Blütezeit: Juni.
Ansprüche: halbschattige bis sonnige, durchlässige, mäßig feuchte, humose Standorte bei pH-Werten von 5,5 bis 5,8.

Gentiana cephalantha mit mauvefarbigen Blüten aus dem Yunnan (Foto: Yuan 2005).

Gentiana duclouxii aus dem Yunnan mit weiß bis rosa Blüten mit rosa Spitzen sowie dunklen Innen- und rosa Außenstreifen (Foto: Yuan 2004).

Gentiana davidii Franchet

Vorkommen: China.

Beschreibung: wüchsige Art auf starkem Wurzelrhizom, mit bis zu 20 cm langen, beinahe liegenden Trieben sowie fleischigen Blättern.

Blüte: endständige, bis zu 3 cm große blaue Blüten, die Krone ist mit herzförmigen Zipfeln und spitzen, dreieckigen Plicaes versehen.

Blütezeit: Juli bis August.

Ansprüche: Art ist anspruchslos und verträgt bei mäßiger Feuchte, im leicht humosen Substrat einen sonnigen Standort bei einem pH 5,5 bis 5,8.

Chromosomen 2n: 26

Varietäten: var. *davidii;* var. *formosana* (Hayata) Ho; var. *fukienensis* (Ling) Ho.

Gentiana duclouxii Franchet

Vorkommen: Yunnan (unter 2500 m).

Beschreibung: Art mit büschligen, zarten Trieben und löffelförmigen Blättchen.

Blüte: kleine, röhrige bis glockige, weiß bis rosa gefärbte Blüten mit hellgrüner Außenzeichnung bis zu 2 cm groß.

Blütezeit: Juli.

Ansprüche: halbschattige, durchlässige, humose, mit Mergel durchsetzte, mäßig feuchte Standorte bei pH 5,5 bis 5,8.

Chromosomen 2n: 24.

Gentiana melandrifolia

Vorkommen: Cang Shan Mt., Yunnan (3900 m).

Beschreibung: Rosette mit niederliegenden bis aufsteigenden Trieben, bis zu 10 cm lang, die Art hat eiförmige bis ovale abgestumpft Blätter.

Blüte: endständige, röhrenförmige, blaue Blüte bis 3 cm groß, in der Korolle heller werdend, außen dunkel gestreift.

Blütezeit: Juni bis Juli

Kulturhinweise: wächst auf mäßig feuchten, durchlässigen, humosen, halbschattigen Standorten bei pH 5,5 bis 5,8, vor Wintereinflüssen schützen, da nicht immer winterhart.

Hybriden: G. *melandrifolia* × G. *rigescens* (Yunnan, NW-Vietnam).

Chromosomen 2n: 24.

Gentiana rigescens Franchet

Synonym: G. *vanioti* Leveille

Vorkommen: Bhutan, Dali, Sikkim, Yunnan, Guizhou, Sichuan, Guangxi und Hunan, NW-Vietnam (bis zu 3000 m).

Beschreibung: Art mit bis zu 30 cm langen, aufrechten Trieben und linearen, langen und breiten Basalblättern.

Blüte: aus Blattachseln entspringen glockige, grünweißliche oder rosarote, schöne Blüten bis zu 3 cm großwerdend, in Büscheln angeordnet.

Blütezeit: Oktober bis November.

Ansprüche: sandige bis leicht humose, mäßig feuchte Standorte bei pH 5,5 bis 5,8, Winterschutz angeraten.

Chromosomen 2n: 24, 36

Varietäten: var. *strictantha* Marquand, Yunnan; var. *violacea* Smith, Yunnan.

Gentiana ulmeri Merrill

Vorkommen: Sumatra.

Beschreibung: bildet nur kurze, büschelige Triebe

Blüte: endständige, röhrige, weiße Blüten bis zu 2 cm groß werdend.

Blütezeit: August.

Ansprüche: halbschattige, feuchte, humose und durchlässige Standorte.

Sektion Kudoa
(Masamune) Satake und Toyokuni

Die in dieser Sektion von Satake und Toyokini (1960) benannte Sektion war zuvor in der Sektion Pneumonanthe aufgeführt.

SERIE MONANTHAE (SMITH) HO

Gentiana cachemirica Decaisne

Vorkommen: W-Himalaja, Kaschmir, Kumaon, Pakistan, Tibet (ab 2500 bis zu 4500 m).

Beschreibung: Polster ausbildende Art mit bis zu 10–30 cm langen, niederliegenden bis aufrechten und leicht rötlich schimmernden Trieben, basalen, runden Blättern sowie kreuzgegenständigen Stängelblättern; oftmals handelt es sich um Hybriden aus Kreuzungen zwischen *G. cachemirica* × *G. loderi*.

Blüte: trichterförmige Korolle, die endständigen Blüten sind cremegelb bis hellblau, zumeist leicht blau gestreift und bis zu 4 cm groß werdend.

Blütezeit: ab Ende Juli bis September.

Ansprüche: kommt auf schotterigen bzw. gut durchlüfteten, trocknen Standorten vor, mäßig

feuchte bis feuchte, lehmige Standorte bei pH-Werten von 5,5 bis 6,2, wächst sogar in Trockenmauern, verträgt dabei Vollbesonnung.

Chromosomen 2n: 16.

Gentiana loderi

Vorkommen: Kaschmir, Pakistan (über 3000 m).

Beschreibung: bis zu 12 cm lange und niederliegende Stiele mit paarig stehenden breit, elliptisch, kurzgestielten Blättern, die Rosette kann zu Polstern auswachsen.

Blüte: einzelne, röhrenförmige hellblaue bis blaue, endständige, stängellose Blüten bis zu 3 cm groß werdend.

Blütezeit: Juli bis August

Kulturhinweise: bevorzugt mäßig feuchte, humose aber gut durchlässige, steinige, kalkfreie Standorte bei einem pH-Wert von 5,2 bis 5,8, kann bei ausreichender Feuchtigkeit in voller Sonne stehen

Bemerkungen: könnte eine Varietät des wüchsigen *G. cachemirica* sein.

Gentiana georgei Diels

Vorkommen: SO-Tibet, Gonggan Len, Gansu/Min Shan im Sichuan, NW-Yunnan (2800 bis 4300 m).

Beschreibung: rosettig wachsende, schöne Art mit lanzettlichen, spitzen, bläulich angehauchten Blättern bis zu 4 cm lang werdend; die Art ist nicht in allen Gegenden immer winterhart.

Blüte: endständige, glockig bis trompetenförmige, dunkelblaue, violette, rosa bis rot oder cremefarbige, innen gepunktete Blüten mit grün bis bläulichen Außenstreifen, bis zu 3 cm breite Tube, welche bis zu 5 cm lang werden kann.

Blütezeit: Ende August bis Oktober, oftmals ist das späte Blühen problematisch für die Ausreifung der Samen im Freiland.

Ansprüche: auf halbschattigen, auch sonnigen, durchlässigen, steinigen, kalkigem sowie wenig anmoorigen Humussubstraten (pH 6,8), oftmals mit *G. wardii* vergesellschaftet, Winterschutz!

Gentiana cachemirica, ein geeigneter Partner für Hybridisierungen mit Gentiana loderi oder Gentiana paradoxa. Typisch für Gentiana loderi sind die niederliegenden Stiele mit paarigen und kurzgestielten Blättern sowie röhrenförmigen, hellblauen Blüten mit fünf Zipfeln (Foto: Zschummel 2008).

Gentiana stipitata Edgeworth

Vorkommen: Dari, Qinghai, Litang im Sichuan, Nepal, Pakistan, (3900 bis 4500 m).

Beschreibung: interessante Art, welche niederliegende, leicht aufrichtende Triebe ausbildet und kleine Matten bildet, Art mit ledrigen, schindelartigen, dichten, elliptischen Blättern.

Blüte: endständige, röhrige, mauveblaue bis weiße, manchmal rosa gefärbte Blüten mit dunklen Außenstreifen und innen grünlich gezeichnet, bis zu 3 cm groß werdend.

Blütezeit: August bis September.

Ansprüche: mäßig feuchte bis trockene, durchlässige, humose, halbschattige Graslandschaften (pH 5,8).

Chromosomen 2n: 26

Unterarten, Varietäten: ssp. *stipitata*, ssp. *tizuensis* (Franchet) Ho, indische Art, vornehmlich aus der Nähe Garhwal, ssp. *tukutschensis*

Gentiana szechenyi Kanitz

Synonyme: *G. callistantha* Diels und Gilg; *G. rosularis* Franchet

Vorkommen: Gansu, Huashixia, Jiuzhi, Maqin Gangri, Maniganggo, Qinghai, im W-Sichuan, NW-Yunnan, SO-Tibet (zwischen 3000 m und 4800 m).

Beschreibung: Rosetten ausbildende Art mit lanzettlichen, langen Blättern bis zu 4 cm lang, mit vielen Trieben.

Blüte: glockige, solitäre, hellblaue oder mauve Blüten bis zu 6 cm groß, mit grünlichen Flecken und hellem Schlund.

Blütezeit: August bis Oktober.

Ansprüche: halbschattig, durchlässige, mäßig feuchte, humose Standorte bei pH 5,2–5,5 wie *G. sino-ornata* kultivieren, beide Arten kommen gemeinsam vor, Winterschutz ist angeraten.

Chromosomen 2n: 26.

Bestechend sind die mauveblauen bis weißen Blütchen des Gentiana stipitata (Foto: Zschummel 2005).

Gentiana arethusae Burkill

Vorkommen: Beima Shan, Gansu-Min Shan, Kangding, Hongyan, Huanglong Pass, Min Shan, Shen Shan, Zehdou Shan im Sichuan, Shaanxi und SO-Tibet (2900 bis 4800 m) .

Beschreibung: ausläuferartige Triebe und kleine Polster, welche bis zu 10 cm lange, mit bis zu sechs quirlig angeordneten, linearen Grundblättern.

Blüte: weißlich bis hellblaue, trichterförmige und gestielte Blüten mit Außenzeichnungen, bis zu 4,5 cm groß und 1,5 cm breit, mit sechs Zipfeln, sechs Zähnen sowie großen Plicaes, Kelch innen gepunktet.

Blütezeit: Mai bis Juni.

Ansprüche: die Art benötigt feuchte, humose und sonnige Standorte bei pH 5,4.

Chromosomen 2n: 24

Varietäten: var. *arethusae*, var. *coelestis* (Shisa Snow Mt., 2870 m); var. *delicatula* Marquand, (Tianschi Lake, Beima Shan 4000 bis 4800 m); var. *infundibularis* Marquand; var. *rotundato-lobata* Marquand (NW-Yunnan).

Gentiana ecaudata Marquand

Vorkommen: NW-Yunnan, SO-Tibet (bis in Höhen von 4500 m).

Beschreibung: bodendeckende Art mit bis zu 8 cm langen Trieben mit lanzettlichen Blättern.

Blüte: endständige, schöne, hellblaue Blüten mit grünlichem Schimmer bis zu 2,5 cm groß werdend, Krone geschlossen, mit dreieckiger, stumpfer Plicae.

Blütezeit: September bis Oktober.

Ansprüche: auf feuchten, anmoorigen Standorten bei pH 5,2 bis 5,5 verträgt die Art volle Sonne.

Gentiana hexaphylla Maximowicz und Kusnezow

Vorkommen: Gansu-Min Shan, Gonggan Len im Sichuan, Yunnan, O-Tibet (bis auf 4200 m).

Blüte: ähnelt *G. farreri*, zeichnet sich jedoch durch weniger schlanke, himmelblaue und sechsteilige, röhrige bis glockige Blüten mit unterschiedlich variierenden gelben und blauen Außenstreifen aus, die Blütenfarbe variiert, die kriechenden, bis zu 10 cm langen Triebe sind beinahe bodendeckend, die Blättchen nur bis zu 1 cm lang.

Blütezeit: Juli bis September.

Ansprüche: kalkmeidend, bevorzugt dränierte, halbschattige, mäßig feuchte und leicht saure Wiesen- oder Torfstandorte und hohe Luftfeuchte.

Chromosomen 2n: 24

Varietäten: var. *caudata*, in Steppen (Gansu) vorkommender Enzian unterscheidet sich von der Art lediglich durch seine länger ausgezogenen Kronblattzipfel; var. *septemloba*, vorkommend in Sichuan (4000 m).

Gentiana setulifolia Marquand

Vorkommen: Myanmar, Tibet (bis 3900 m).

Beschreibung: Art mit niederliegenden Trieben bis zu 15 cm lang, mit quirligen Stängelblättern, keine Rosette bildend.

Blüte: die glockigen, endständigen, solitären, hellblauen Blüten werden von den oberen Blättern umgeben, Blüten bis zu 4,5 cm groß.

Blütezeit: September bis Oktober.

Ansprüche: halbschattige, steinige, feuchte und humose Standorte.

Gentiana ternifolia Franchet

Vorkommen: NW-Sichuan, W-Yunnan (Chang Shan, Tali, bis zu 3000 m), das erste Mal von Delavay (1882) gefunden.

Beschreibung: polsterbildende, niederliegende Triebe bis zu 20 cm lang, mit *G. ornata* verwandt.

Blüte: schmale, gefleckte Tube, hell- bis mauveblaue Blüten bis zu 7 cm groß werdend, außen gelb und schwarz bis dunkelrot gestreift.

Blütezeit: August bis Oktober.

Ansprüche: Art gehört mit zu den kalkmeidenden Enzianen und bevorzugt Silikatgestein in Kom-

Gentiana szechenyi bevorzugt sonnige bis halbsonnige Plätze auf mäßig feuchten Weiden- und Rasenflächen mit geringem Humusanteil. (Foto: Zschummel 2006).

bination mit nur wenig Dolomitkalk, sie möchte absonnig auf humusreichem, luftdurchlässigem, mäßig feuchtem Substrat bei pH 5,2–5,5 kultiviert werden. Mäßig düngen. Winterschutz angeraten.

Chromosomen 2n: 24, 48

Sorten: 'Cangshan' und 'Dali' als interessante Züchtungen des Botanischen Gartens Edinburgh, Schottland (1988).

Gentiana tetraphylla
Maximowicz und Kusnezow

Vorkommen: SW-Gansu, Zhedou Pass, NW-Sichuan (bis 4500 m).

Beschreibung: büschelbildende Art mit niederliegenden Trieben ohne Rosette, mit linearen, vierfach gegenständigen Basalblättern.

Blüte: glockige, blaue, ungestielte Blüten mit kräftigen gelben Aussenstreifen bis 5 cm groß.

Blütezeit: August.

Ansprüche: die Art gehört mit zu den kalkmeidenden Enzianen und bevorzugt Silikatgestein in Kombination mit nur wenig Dolomitkalk, sie möchte absonnig auf humusreichem, luftdurchlässigem, mäßig feuchtem Substrat bei einem pH-Wert von 5,2 bis 5,5 kultiviert werden, die Art sollte man nur mäßig düngen, Winterschutz ratsam.

G. georgei (1) mit endständigen glockigen vielfarbigen Blüten. *Gentiana arethusa* (2) mit weißlichen bis hellblauen, manchmal auch gelblichen sechszipfligen Blüten, außen jeweils doppelt gestreift. (Fotos: Zschummel, 2007)

Gentiana tetraphylla (Foto: Zschummel 2007).

Gentiana viatrix Smith

Vorkommen: Sichuan (bis 4800 m).

Beschreibung: Art mit kriechenden Trieben bis zu 5 cm lang, zeichnet sich mit schuppigen Basalblättern nahe den Wurzelstock aus.

Blüte: röhrige, violette bis blaue, endständige, bauchige Blüte bis zu 2 cm groß, mit dunkelblauen Streifen und wenigen Punkten versehen.

Blütezeit: August bis September.

Ansprüche: feuchte, durchlässige, humose bis sandige Standorte.

Gentiana yakushimensis Makino
Verbreitungsgebiet: Japan.

Beschreibung: bis zu 25 Triebe von dicken, langen Wurzeln ausgehend, bis zu 20 cm lang werdend, nur wenige Basalblätter, mit schuppigen Stängelblättern.

Blüte: endständige, röhrige bis glockige, blaue Blüten bis zu 4 cm groß, die Blütenfarbe dieser Art kann von Himmelblau bis zu Dunkelpurpurn variieren.

Blütezeit: August.

Ansprüche: verträgt Vollbesonnung auf durchlässigen, mäßig feuchten, humosen Substraten, versetzt mit Kalkschotter bei pH-Werten um 5,8.

Chromosomen 2n: 26.

Gentiana altigena Smith

Vorkommen: Shisa Snow Mt. im Sichuan und Yunnan (4200 m).

Beschreibung: mehrjährige Pflanze mit recht kurzem Rhizom mit embryonalen Knospen, Triebe werden bis zu 15 cm lang, mit dichten und dicken Stängelblättern.

Blüte: bis zu 2 cm große, einzelne, hellblaue endständige Blüten, schönen blauen Außenstreifen und becherförmigen Röhren .

Blütezeit: Mai bis Juli.

Ansprüche: halbschattige, mäßige feuchte, humose Standorte bei pH 5,5.

Gentiana altorum Smith

Vorkommen: Litang, Ngara Pass, Sikang, Taofu, Sichuan–Maniganggo, China (über 4200 m) .

Beschreibung: mehrjährige Pflanze mit Rosettenblättern und aufsteigenden Trieben.

Blüte: Blütentriebe erscheinen zentral aus Rosetten, hellblaue, wenig gestreifte Blüten bis zu 4,5 cm groß und bis zu 1,5 cm breit werdend.

Blütezeit: Ende August bis Oktober.

Ansprüche: zu kultivieren wie der verwandte *G. veitchiorum*, das heißt als Silikatpflanze auf feuchtem, gut durchlässigen, lehmig bis humosem Substrat im Halbschatten bei pH-Werten von 5,5 bis 5,8.

Chromosomen 2n: 24.

Gentiana amoena

Vorkommen: Sikkim, Tibet (über 5000 m).

Beschreibung: polsterbildende Art mit bis zu 2 cm fleischigen Trieben und dachziegelähnlicher Belaubung.

Blüte: endständige, glockige, weiße oder rosa Blüten mit blauen Streifen bis zu 3 cm groß werdend.

Blütezeit: Ende August bis Oktober.

Ansprüche: bevorzugt Halbschatten und gut durchlässige, feuchte Standorte bei pH 5,5–5,8.

Gentiana ampla

Vorkommen: Yunnan (über 4000 m).

Beschreibung: Ausläufer bildende Rosettenpflanze, Blätter beinahe aufrecht, liegende Triebe mit bis zu 12 Internodien.

Blüte: solitäre, endständige, glockige, blaue Blüten bis zu 4 cm groß.

Blütezeit: Ende Juli bis September.

Ansprüche: als Silikatpflanze auf feuchtem, gut durchlässigen, lehmig-humosen Substrat im Halbschatten bei pH 5,5 kultivieren

Varietäten: var. *pentaphylla* (Yunnan) mit Trieben bis zu 15 cm lang und 5 cm großen Blüten.

Gentiana coelestis (Marquand) Smith

Synonym: *G. veitchiorum* var. *coelestis*, Marquand

Vorkommen: Kangding im Sichuan (< 4500 m).

Beschreibung: eintriebige Art mit Stielen und Blütenästen bis zu 15 cm lang.

Blüte: trichterförmige, blaue Blüten mit gelber Röhre, violetten Streifen sowie gelben Außenstreifen, bis zu 5 cm groß.

Blütezeit: Juni.

Ansprüche: Art ist empfindlich und muss als Silikatpflanze auf feuchtem, gut durchlässigen, lehmig-humosen, kalkbeeinflusstem Substrat im Halbschatten bei pH 5,5 bis 5,8 kultiviert werden.

Chromosomen 2n: 48.

Gentiana helophila Balfour und Forrest

Vorkommen: Serxu im Sichuan, NW-Yunnan (4200 m).

Beschreibung: die dem *G. sino-ornata* ähnelnde Art hat viele sterile und fertile, zumeist niederliegende, bis zu 15 cm lange Triebe.

Blüte: die solitären und endständigen Blüten sind violett bis lila gefärbt und mit gelblichen Außenstreifen versehen; die Krone besitzt dreieckige Zipfel, wobei die Plicae zweigezähnt ist. Im Innern sind die typischen violetten Pünktchen und Streifen zu erkennen.

Blütezeit: Ende August.

Ansprüche: wie *G. sino-ornata*, d. h. die Art gehört mit zu den kalkmeidenden Enzianen und bevorzugt Silikatgestein in Kombination mit sehr wenig Dolomitkalk, sie möchte absonnig auf humusreichem, luftdurchlässigem, mäßig bis feuchten Substraten bei einem pH-Wert von 5,2 bis 5,5 stehen. Mäßig düngen, Winterschutz ratsam.

Gentiana lawrencei Burkill

Synonym: wird mitunter als *G. farreri* bezeichnet

Vorkommen: Baikalsee, Sibirien, Shen Shan im Sichuan, Rawu im Tibet (3700 bis 4600 m).

Beschreibung: ist *G. farreri* ähnlich, jedoch etwas schwachwüchsiger und kleiner, zeichnet sich durch kriechende, bis zu 12 cm lange Triebe aus; *G. × caroli* ist hingegen eine wüchsige Hybride.

Blüte: endständige bis zu 3,5 cm große, türkisblaue oder weiße Blüten mit weißer Innenzeichnung und breiten, gelb bis leicht bläulichen Außenstreifen.

Blütezeit: August bis Oktober.

Ansprüche: bevorzugt durchlässige, feuchte, kalkarme Standorte, verträgt bei ausreichender Feuchte volle Sonne, pH-Wert 5,5 bis 5,8, Winterschutz!

Chromosomen 2n: 48

Varietäten: var. *lawrencei*.

Gentiana coelestis aus der Region Da Xue Shab (Big Snow Mt.) Sichuan (2910 m). Die Art bevorzugt sonnige bis halbsonnige Plätze auf mäßig feuchten Weiden- oder Rasenflächen mit geringem Humusanteil. Schöne Exemplare wurden von Mc Beath in Berwickshire, Schottland vermehrt; (Foto: Zschummel 2007)

Gentiana lawrencei mit schönen, hell- bis türkisblauen Blüten kommt u. a. in Regionen des Baikalsees vor (Foto: Kindlund 2005).

var. *farreri* (Balfour) Ho

Vorkommen: Sibirien, Qinghai, Yushu (bis in Höhen von 4000 m).

Beschreibung: ist bereits 1914 aus Gansu nach England verbracht worden.

Blüte: wellensittichblaue, schmale und keulenartige Korolle, im Schlund weiß, außen cremegelb und mit dunklen Streifen versehen.

Blütezeit: Ende Juli bis September.

Ansprüche: bevorzugt durchlässige Böden mit wenig Kalkzusatz, kann bei mäßiger Feuchtigkeit volle Sonne vertragen, pH-Wert 5,5 bis 5,8.

Chromosomen 2n: 24, 48.

Gentiana farreri Balfour

Synonym: Wellensittich-Enzian

Vorkommen: N-Gansu, Qinghai–Huashixia, Maniganggo, Serxu im Sichuan (4200-4500 m), Mongolei, NO-Tibet (3500-4500 m).

Beschreibung: niederliegende, dicht beblätterte und kriechende Triebe bis zu 15 cm lang, mit grasartigen, lanzettlichen Blättern, Triebe bedingt sogar für den Schnitt geeignet.

Blüte: endständige, trichterförmige, lichtblaue Blüten, die außen gelblich erscheinen und dunkel gestreift sind, sie werden bis zu 6 cm groß und sind kurz gestielt, die Kronen sind mit breiten Zipfeln ausgerichtet.

Blütezeit: Ende Juli bis September.

Ansprüche: verlangt gut durchlässigen, lockeren, mäßig feuchten und nur sehr gering gekalkten Boden, pH-Wert 5,2 bis 5,5, vorteilhaft ist Westsonne, wie viele Arten im Winter trocken halten.

Chromosomen 2n: 48

Hybriden: *G. × macaulayi* und die Sorte 'Diamant' sowie 'Drakes Strain', als sehr schön blühende Bastarde aus *G. farreri × G. sino-ornata*

Sorten:

'Caroli' aus *G. farreri × G. lawrencei*, ab Juli blühend mit schönen, großen Blüten bis zu 6 cm

'Drake's Strain' als Hybride aus *G. farreri × G. ornata* (hellblau und weiße Hybriden)

'Farorna' aus *G. farreri × G. ornata* mit hellblauen Blüten und cremefarbigen Röhren

'Fasta Highlands' aus *G. farreri × G. stevenagensis*, hellblau blühend, mit weißem Schlund

'Inverlight' aus *G. farreri × G. veitchiorum* entstanden, wüchsige Hybride mit langen Trieben und sehr schönen, dunkelblauen Blüten

'Kingfisher' und 'Wells Variety' resultieren aus *G. farreri × G. sino-ornata*

Gentiana futterii Diels und Gilg

Vorkommen: Litang, Qinghai Man Shan im W-Sichuan, Tibet (bis 3900 bis 4300 m).

Beschreibung: ähnelt dem *G. sino-ornata*.

Blüte: blaue, bis zu 5 cm große Blüte mit dunklen Streifen.

Blütezeit: August.

Ansprüche: kalkmeidend, bevorzugt Silikatgestein in Kombination mit nur wenig Dolomitkalk, sie möchte absonnig auf humusreichem, moorigen luftdurchlässigem, feuchtem Substrat bei einem pH-Wert von 5,5 kultiviert werden. Man findet die Art allerdings auch auf mäßig feuchtem Grasland. Die im Herbst einziehende Staude sollte man nur sehr mäßig düngen, ein Winterschutz ist ratsam.

Chromosomen 2n: 24.

Gentiana farreri ist ein geeigneter Kreuzungspartner für verschiedene Sorten und Arten. In Abhängigkeit der Einstrahlung findet man auch bei den Kultursorten grössere Blüten in unterschiedlicher Farbintensität. (Foto oben: Desbrow 2008).

Blüte: schöne blaue, gepunktete, violett gestreifte Blüten bis zu 3 cm groß werdend.

Blütezeit: August.

Ansprüche: Art muss wie *G. sino-ornata* kultiviert werden, d. h. die Art gehört mit zu den kalkmeidenden Enzianen und bevorzugt Silikatgestein in Kombination mit wenig Dolomitkalk, sie möchte absonnig auf humusreichem, luftdurchlässigem, mäßig feuchtem Substrat bei pH-Wert 5,2-5,5 stehen. Mäßig düngen, Winterschutz angeraten.

Gentiana obconica Ho

Vorkommen: Bhutan, SO-Tibet, Maniganggo, Kangding im Sichuan (3900 m), SW-Yunnan, Sikkim (unter 5000 m).

Beschreibung: Art wächst gedrungen mit bis zu 8 cm langen, dünnen Trieben mit lanzettlichen, dunkelgrünen bis zu 2 cm langen Blättern, kann offene Polster bilden

Gentiana ornata
(Wallich und Don) Grisebach

Vorkommen: Katmandu, Nepal, Tibet, W-Yunnan (bis auf 7300 m).

Beschreibung: gedrungen mit bis zu 10 cm langen, dünnen Trieben mit lanzettlichen, dunkelgrünen bis zu 2 cm langen Blättern, z. T. polsterbildend.

Der vorwiegend im O-Tibet und W-Sichuan beheimatete *Gentiana futtereri* ist nur schwer von *Gentiana sino-ornata* zu unterscheiden (Foto: Yuan 2005).

Blüte: endständige, breite glockige, azur- bis hellblaue sowie auch weiße Blüten, sie sind außen gelblichweiß sowie dunkelviolett gestreift und bis zu 3 cm groß.

Blütezeit: August bis September, schließt nicht so schnell die Blüten wie *G. sino-ornata* bei eintrübendem Wetter.

Ansprüche: wie *G. sino-ornata*, gehört also mit zu den kalkmeidenden Enzianen und bevorzugt Silikatgestein in Kombination mit wenig Dolomitkalk, sie möchte absonnig auf humusreichem, luftdurchlässigem, mäßig feuchtem Substrat bei einem pH-Wert von 5,5 kultiviert werden, zieht im Herbst ein, nur mäßig düngen, Winterschutz ratsam.

Chromosomen 2n: 24, 48

Varietät: var. *altorum;* var. *acutifolia* Franchet; var. *obtusifolia* Franchet; var. *congestifolia*

Hybriden: *G. × devonhall (G. ornata × G. farreri)* Harley mit azurblauen Blüten mit purpurenem Schein und gebuchteter Blütenkrone. *G. × glendovon (G. ornata × G. sino-ornata).*

Gentiana oreodoxa Smith

Vorkommen: NW-Yunnan, Tibet (bis auf 4400 m).

Beschreibung: niederliegende bis aufsteigende Triebe, analog zu *G. sino-ornata* bis zu 10 cm lang, ohne Basalblätter.

Blüte: solitäre, endständige, becherförmige, himmelblaue bis blaue Blüten, bis zu 4 cm groß mit gelblichen Außenstreifen versehen.

Blütezeit: September bis Oktober.

Ansprüche: auf schotterigen, feuchten, humosen leicht sauren Standorten mit Beimengungen von Glimmerschiefer bei pH 5,5.

Gentiana prolata Balfour

Vorkommen: NO-Bhutan, Nepal, Sikkim, Sichuan, Yunnan, SO-Tibet (bis 4200 m).

Beschreibung: mattenbildende Art, mit bis zu 12 cm langen, meistens liegenden Stängeln, besitzen schmale, ovallanzettliche, glänzend, dunkelgrüne Blätter, welche bis zu 5 cm lang werden und einer Rosette entspringen.

Blüte: endständig, leuchtend blau oder rosarot, trompetenförmig, bis zu 5 cm groß, Kronblattzipfel aufrecht und spitz angeordnet, die Korolle ist außen mit breit purpurblauer Bänderung versehen.

Blütezeit: Juli bis zum September.

Ansprüche: wächst am liebsten in Westsonne auf durchlässigen, humosen, feuchten Substraten auf Silikatgestein mit sehr wenig Kalkeinfluss, genau wie *G. sino-ornata*, jedoch ist diese Art noch empfindlicher.

Hybride: *G. prolata × G. lawrencei* ergab den im September blühenden, schönen Cultivar 'Davidii' mit hellblauen Blüten.

Gentiana radicans Smith

Vorkommen: Nepal (bis 4800 m).

Beschreibung: Art mit liegenden Trieben bis zu 10 cm lang und linearen, rosettigen Basalblättern, mattenbildend durch schnelle Wurzelbildung an den Blattknoten der Triebe.

Blüte: blaue, endständige, trichterförmige Blüten bis zu 5 cm groß.

Blütezeit: September bis Oktober.

Ansprüche: die Art bevorzugt Silikatgestein in Kombination mit wenig Dolomitkalk, möchte absonnig auf humusreichem, luftdurchlässigen, mäßig bis feuchten Substraten bei pH 5,2–5,5 stehen, ist für Moorbeetbepflanzungen geeignet, mäßig düngen.

Standorte des *Gentiana ornata* sind offene Wiesen der alpinen Himalaja-Regionen (ab 3500 bis über 7.000 m), (Foto: Pavelka in Mylemans 2005).

Gentiana sino-ornata Balfour

Synonym: Chinesischer Herbst-Enzian, die Art wurde von Forrest (1904) in NW-Yunnan und erneut im Gebiet von Lichiang (1910) entdeckt.

Vorkommen: Kangding, Mewa im SW-Sichuan, Hengduan, NW-Yunnan, NW-Ober-Myanmar, SO-Tibet (2800 m bis zu 5000 m).

Beschreibung: Rosette mit bis zu 15 cm langen Trieben mit rasenartigem Wuchs, Triebe bewurzeln gut, deshalb bodendeckend, Triebe mit nadelartigen und je nach Selektion bis zu schmallanzettlich werdenden Blättern, der Herbst-Enzian wird gerne für Hybridisierungen genutzt, Vermehrung unproblematisch über die In-vitro-Kultur oder durch Stecklingsbewurzelung im Frühjahr. Intensive Züchtungsarbeit wurde mit dieser Art im Königlichen Botanischen Garten in Edinburgh vorgenommen und viele, ab August blühende Sorten, gezüchtet.

Blüte: einzeln und aufrecht stehende, hellblaue, blaue bis kobaltblaue, trompetenähnliche, endständige Blüten, die außen matter, mitunter bis stahlblau bis himmelblau erscheinen, zeigen bis zu 3 cm breite Tuben, die bis zu 7 cm lang werden können, meistens mit gelblichweißen, auffallenden Bänderungen versehen, mitunter auf grünlichem Grund.

Blütezeit: Ende August bis zum November, wegen der späten Blüte einiger Sorten mitunter schwierig, geeignetes, ausgereiftes Saatgut aus den Kreuzungen zu erhalten.

Ansprüche: die Art gehört zu den kalkmeidenden Enzianarten, sie bevorzugt Silikatgestein und möchte absonnig auf humusreichem, luftdurchlässigen, leicht lehmig, feuchten Substraten bei einem pH-Wert von 5,2 bis 5,5 stehen. Die Art ist optimal für die Moorbeetbepflanzung geeignet. Man sollte nur mäßig düngen, jedoch feucht bei voller Besonnung halten, am natürlichen Standort, z.B. am Shudu Lake (2.894 m) steht die Art in feuchtem, Sauerstoff führendem Substrat. Ein Winterschutz der Sorten ist angeraten, wobei die Pflanzen ab Monat September nur noch verhalten bewässert werden sollten. Bei suboptimaler Kultur ist ein verstärktes Auftreten des Deuteromyceten *Phoma gentianae sino-ornatae* an den Wurzeln der Art zu beobachten.

Chromosomen 2n: 48

Hybride: *Gentiana × macaulayi (G. sino-ornata × G. farreri)*

Varietäten: f. *alba* (Forrest) Marquand; var. *gloriosa* Marquand (Maniganggo, SW-Sichuan), mit sehr zarten Trieben versehen; var. *punctata* Marquand (NW-Yunnan, NW-Myanmar); var. *sino-ornata*.

Sorten: Zahlreiche Selektionen wurden insbesondere in Edinburgh aus Nachkommen nach intra- und interspezifischen Kreuzungen vorgenommen, so z.B. der bekannte *G. × macaulayi* aus *G. sino-ornata × G. farreri* mit den beliebten Sorten 'Kingfisher' von Schleipfer und 'Wells Variety'. *G. × macaulayi* hort.-Hybriden (Macauleys Enziane) gehören mit zu den kalkmeidenden Arten, sie bevorzugen

Silikatgestein in Kombination mit nur sehr wenig Kalk und möchten absonnig auf humusreichem, luftdurchlässigen, mäßig feuchten Substrat bei einem pH-Wert von 5,2 bis 5,5 stehen. Viele der nachstehend aufgeführten Sorten und Hybriden sind im Besitz von Züchtern und Sammlern, so im Alpengarten von Eschmann, Emmen, Tynebark, Schottland, Endrom Nurserie, Coldingham, Berwickshire, Mc Naught, Schottland und in der Staudengärtnerei Peters, Uetersen. Tynebark hat seit Jahren Züchtungen mit der Art vorgenommen, interessante Dreifachkreuzungen zwischen 'Alba', 'Mary Lyle' und G. × carolii erbrachten schöne, vitale Hybriden hervor.

'Alba' besitzt schöne weiße Blüten, die außen gelb und dunkelviolett gebändert sind. Es handelt sich um eine Selektion , welche aus dem Herkunftsgebiet Hengduan, Yunnan stammt.

'Abendhimmel' als schöne Selektion mit dunkelblauen Blüten, die durch ihre Farbe besticht.

'Aberchalder Form' Hybride aus G. hexaphylla × G. farreri mit großen, gedrungenen, breiten himmelblauen Korollen, die Blüten werden bis zu 5 cm groß, blüht ab Juli bis Ende September.

'Admiral' wüchsige Hybride von G. × macaulayi mit etwa 10 cm langen azurblauen Blüten mit weißem Schlund blüht ab Juli bis in den Oktober hinein.

'Adonis' wüchsige Selektion mit delphiniumblauen Blüten, mit hellem Schlund und äußeren Streifen, mit stark gebuchteten Kronblattzipfeln, Krone bis zu 4,5 cm und Tube bis zu 6,5 cm lang.

'Allegro' großblumige, dunkel bis azurblau.

'Alex Duguid' kompakte Sorte mit türkisblauen Blüten, die bis zu 3 cm lang werden, Blüten nach innen weiß mit breiten, gelben Außenstreifen.

'Alpha' Hybride auf G. × hexa-farreri mit leuchtend preußischblauen Blüten, die innen weiß sind und eine ausgeprägte Streifung besitzen; im Gegensatz zu den Eltern ist auch hier, wie für viele Hybriden typisch, das Wachstum besser.

'Altweibersommer' gut wachsende Sorte mit großen, dunkelblauen Blüten.

'Amethyst' namensgleich mit einer Sorte von Gentiana clusii, welche wüchsig und kompakt wächst und im August mit leuchtenden Tuben mit purpurnem Schimmer blüht, Sorte ähnlich standfest wie 'Shot Silk.'

'Angel's Wings' Sorte mit blauen Blüten, ihre Blütenspitzen gaben der Sorte den Namen, da sie Engelsflügeln gleichen.

'Anne's Spezial' Selektion mit mittelblauen Blüten und auffallender Schlundzeichnung.

'Aquamarin' Sorte mit hell- bis wasserblauen Blüten, die innen hell sind und dunkelviolette Strichäderung aufweisen.

'Autum Froehlich' stark wachsende und Boden deckende Sorte mit mittelblauen, schlanken Blüten.

'Azurhimmel' großblumige Hybride mit ultramarinblauen, großen Blüten an langen Trieben, die Blüten besitzen eine ausgeprägte Streifung (Züchter: Löw, Deutschland).

'Azurstern' Selektion von Eschmann (Schweiz) mit großen, azurblauen Blüten, leicht rotstichig, blaue Streifung und weißer Schlund.

'Bellatrix' gut wachsende Sorte des Züchters Weinhold (Deutschland) mit großen weißen und blau gepunkteten Blüten.

'Bellatrix Extra' gut wachsende, großblumige Auslese mit stark blau gepunkteten, weißen Blüten.

'Bernardii' Hybride aus G. sino-ornata × G. veitchiorum mit dunkelazurblauen Blüten, die einen rötlichen Schimmer aufweisen.

'Bjoern's Brightness' Selektion des G. hexa-farreri mit himmelblauen Blüten mit hellem Schlund.

'Björns Love' Selektion von Peters (Deutschland) mit glänzend blauen Blüten, weißem Schlund, grünlichen Streifen sowie nadelartigem Laub.

'Blauer Diamant' wüchsige Sorte mit großen, hellblauen Blüten und breiten Blättern.

'Blauer Dom' wüchsige Auslese mit kompaktem Wuchs aus G. × veitchiorum mit ultramarineblauen Blüten und mittelgroßer Korolle.

'Blauer Edelstein' wüchsige Sorte mit feinem Laub und hellblauen Blüten.

Gentiana sino-ornata in verschiedenen Farbschlägen, wie hellblau, blau, hellblau mit weißer Mitte sowie weiss oder mauve mit leicht violettem Ton (Fotos: Yuan 2005, Hadacek 2007).

'**Blauer Gnom**' Sorte von *G. × veitchiorum* mit kompaktem Wuchs und kleinen, mittelblauen Blüten.

'**Blauer Riese**' gut wachsende und Polster ausbildende Sorte des *G. × veitchiorum* mit großen, azurblauen Blüten mit breiten gelben Außenstreifen.

'**Blauer Stern**' Auslese des Züchters Behnken (Deutschland) mit mittelgroßen, kobaltblauen, leuchtenden Blüten, Blütezeit recht spät, erst Ende August blühend.

'**Blau-Weiß**' Sorte mit mittelgroßen Blüten und blauen Kronenzipfeln und weißem Schlund.

'**Blauer Zwerg**' Selektion aus *G. × veitchiorum*, guter Dauerblüher mit dunkelgrüner Belaubung und kleinen blauen Blüten.

'**Blausee**' Auslese mit kompaktem Wuchs und glänzend grünem Laub von Eschmann (Schweiz) mit azurblauen Blüten.

'**Blautopf**' Polster ausbildende Selektion mit mittelblauen aufrechten Blüten auf kurzem Stiele von Schleipfer (Deutschland).

'**Blue Bird**' Selektion von Eschmann (Schweiz) mit dunkelblauen Blüten, die ab August beginnt zu blühen, Blüte mit äußerer intensiver Streifung.

'**Blue Bonnet**' Sorte mit himmelblauer Blüte, welche innen weiß und mit dunkler Strichäderung versehen ist, außen ist die Streifung der Blüte dunkelviolett.

'**Blue Dusk**' kompakt wachsende, großblumige Auslese mit dunkel- bis azurblauen Blüten.

'**Blue Emperor**' Selektion von *G. × hexa-farreri* mit marineblauen Blüten, welche dunkelblau gepunktet sind, der Schlund ist weiß und dunkel gestreift, die Blüten besitzen sieben Kronblattzipfel.

'**Blue Heaven**' kompakt wachsende Sorte mit schönen dunkel- bis violettblauen Blüten; die Sorte ist leider unter suboptimalen Bedingungen anfällig gegenüber Schadpilzen, insbesondere gegenüber Fusarien *(F. oxysporum, F. avenaceum)*.

'**Blue Flame**' feinlaubige Züchtung von Drake (England) aus 'Inverlight' mit azurblauen Glocken und weißem Schlund.

'**Blue King**' Selektion aus der Sorte 'Inverlight' mit glänzenden, wellensittichblau gefärbter Tube und violetter Streifung.

'**Blue Sea**' wüchsige, dunkelblaue Selektion von Peters (Deutschland) mit schlanken, aber großen Blüten, die Farbe verläuft bis in den Schlund mit einem rötlichen Schimmer.

Leider ist die schöne, dunkelblau blühende Sorte 'Blue Heaven' ähnlich anfällig gegenüber Fusarien, wie viele Hybriden der Art, hier die großblütigen, pilzresistenten Sorten 'JMLV140002' (rechts) sowie 'JM14002807' (links).

'Blue Shell' kompakt wachsende und spät blühende Auslese von Peters (Deutschland), mit kompaktem Wuchs und azurblauen Blüten. Die Blütezeit erstreckt sich bis in den Dezember hinein.

'Blue Silk' empfehlenswerte Sorte mit dunkel- bis violettblauen, großen, schönen Blüten, welche fünf Kronenzipfel besitzen, diese sind stark gebuchtet.

'Blue Strain' Selektion von Peters (Deutschland) mit nadelartigem Laub aus *G. farreri* mit leuchtend blauen Blüten.

'Blue Spot' ist eine Sämlingsauslese aus der Sorte 'Delft' mit weißblauen Blüten.

'Brin Form' kräftig wachsende englische Selektion aus 'Climbing Habit' mit azurblauen Blüten im September bis November, mit länglichen, aber nur dünnen Trieben.

'Bünz' großblumig Sorte mit blauen Blüten, welche dunkel gestreift sind.

'Brunes' spätblühende Selektion mit mittelgroßen, himmelblauen Blüten mit gedrungener Korolle.

'Cairngorm' recht wüchsige, bodendeckende Sorte mit hellgrünem Laub und schönen dunkelblauen Tuben, blüht spät ab September bis November.

'Carmen' wüchsige Auslese mit großen, dunkelblauen Blüten.

'Caroli' frühblühende und wüchsige Selektion mit emailleblauen Blüten.

'Chance' wüchsige und tolerante Selektion von Peters (Deutschland) mit großen, azurblauen Blüten mit hellem Schlund und dunkler Streifung.

'Christine Jean' alte wüchsige und blühfreudige, englische Sorte mit mittelblauen Blüten.

'Compacta' Selektion mit frischgrünen, breiten Blättern mit tiefblauen Blüten.

'Compact Gem' interessante, wüchsige Sorte mit nadelartigem, buschigem Laub, kompaktem Wuchs und dunkelblauen, schlanken Blüten.

'Coronation' soll aus Kreuzungen mit *G. farrei* stammen, königsblaue Blüten mit starker Punktierung im Schlund und Streifen in der Korolle.

Gentiana sino-ornata 'Blue Spot' (Foto: Peters, 2004).

'Devonhall' Selektion aus *G. ornata* × *G. farreri* mit azurblauen, leuchtenden Blüten mit purpurnem Schein und gebuchteter Blütenkrone, nicht einfach zu kultivieren, beginnt ab August zu blühen.

'Dreamland' großblumige Sorte mit wellensittichblauer Blüte und weißem Schlund sowie dunkelviolett bis blauer Streifung und gelber Bänderung.

'Downenfield' wüchsige, mittel- bis großblumige Sorte mit hellblauen Blüten, weißer Innenzeichnung im Schlund dunkel gestreift, die Kronblattzipfel sind spitz und stark gebuchtet.

'Duguid Form' Sorte von Duguid mit schönen hellblauen Blüten, innen beinahe weiß gefärbt, mit gelben Außenstreifen

'Dumpy' Sorte mit schöner blauer Blütenfarbe, gelben Außenstreifen, Stängel mit stabilen, kurzen Blättern.

'Edith Sarah' großblumige Selektion aus *G. macaulayi* × *G. farreri* × *G. veitchiorum* mit ultramarinblauen Blüten, diese weisen einen weißen Schlund und dunkel- bis violettblaue Streifungen auf.

'Elisabeth Brandt' Selektion aus *G. veitchiorum* × *G. macaulayi* mit großen, kobaltblauen Blüten auf kurzem, rötlich scheinenden Stielen.

'Elisabeth Eschmann' Selektion aus *G.* × *hexafarreri* des Züchters Eschmann (Schweiz) mit hellazurblauen Blüten, der Schlund ist mit dunklen Streifen und Punkten versehen.

'Emmen' großblumige Auslese aus *G. macaulayi* × *G. farreri* × *G. veitchiorum* von Eschmann (Schweiz)

mit feinem Laub und guten Wuchseigenschaften sowie leuchtend schmetterlingsblauen Blüten mit weißem Schlund.

'Ettrick' widerstandsfähige, weiß blühende Sorte mit schönen blauen Punkten gezeichnet.

'Eugens Bester' Auslese von Schleipfer (Deutschland) mit feinem Laub und azurblauen und sich nicht so schnell schließenden Blüten.

'Eugens Allerbester' Selektion von Schleipfer (Deutschland) mit blauen, gefüllten Blüten mit glänzend grünem Laub. Die Sorte soll als Sprossmutation aus 'Eugen's Bester' entstanden sein.

'Exselsior' eine der großblumigsten Sorten mit langer Blütezeit, ultramarinblauen Blüten und glänzendem, ultramarineblauen bis weißlichen Schlund.

'Exploi' Selektion des *G. sino-ornata* × *G. veitchiorum* mit glänzender dunkelblauer Blüte und weißer Innenblüte.

'Exquisit' Selektion aus *G. farreri*-Sämlingen von Peters (Deutschland) mit weißen Blüten, mitunter mit türkis leuchtenden Schein.

'Fasta Highla' spätblühende, großblumige Kulturform von Berry (England) aus *G. farreri* × *G. stevenagensis* (Wellensitich-Enzian) mit himmelblauen Blüten und weißem Schlund sowie nadelartigem Laub.

'Frank Barker' eine Auslese aus *G.* × *stevenagensis*-Nachkommen mit blauen Blüten die kalkfrei, jedoch im Torf-Stein-Gemisch recht feucht kultiviert werden möchte.

'Föhnwolke' reich blühende Sorte mit hellblauen Blüten von Schleipfer (Deutschland).

'Fuchs' frühblühend, wüchsig, Blüten mittelblau.

'Gigant' gut wüchsige Sorte mit großen, mittelblauen, cremegelb gestreiften Blüten des Züchters Schleipfer (Deutschland).

'Glamis Strain' kompakt wachsende, reich blühende Selektion mit Blüten die an 'Duguid Form' erinnern.

'Glende' Selektion aus *G. ornata* × *G. sino-ornata* mit dunkelazurblauen Blüten mit Rotstich und äußerer Streifung.

'**Glen Isla**' interessante Sorte mit großen, violetten Blüten.

'**Gloriosa**' wüchsige Sorte, mit großen delphiniumblauen Blüten mit weißem Schlund und breiten Streifen.

'**Goliath**' Selektion aus *G. hexa-farreri* × *G. macaulayi* mit großen, mittelblauen Blüten und dunkel- bis violettblauen Streifen.

'**Grazie**' Sorte mit kompaktem Wuchs von Peters (Deutschland), mit mittelblauen Blüten.

'**Hochlandzauber**' Sorte mit dunklen Trieben und mittelblauen Blüten sowie cremegelbem Schlund.

'**Igel**' spätblühende, wüchsige Auslese mit mittelblauen Blüten auf kurzem Stiel und groben Laub des Züchters Schleipfer (Deutschland).

'**Inverlight**' aus dem Jahre 1952 stammende Auslese aus *G. farreri* × *G. veitchiorum* des Botanischen Gartens Edinburgh mit tiefblauen, trompetenförmigen, dunkelgestreiften Blüten sowie kriechenden Stielen mit lanzettlichen Blättern, beginnt ab August zu blühen.

'**Inverlight 694528**' Auslese aus 'Inverlight', jedoch mit verbesserten Eigenschaften; aus 'Inverlight' × *G. ornata* resultiert die Sorte 'Apollo'.

'**Jan**' dunkelblaue, tschechische Sorte, die dem 'Blauen Zwerg' ähnelt.

'**Jenny Blue**' Auslese von Peters (Deutschland) aus der Serie 'Blue Strain' mit leuchtend blauen Blüten.

'**Juwel**' wüchsige Sorte mit großen, dunklen azurblauen Blüten mit grüngelben Außenstreifen, die Innentube ist heller, Blüten befinden sich auf bis zu 15 cm langen Stielen.

'**Kavalier**' wüchsige, ab August blühende Sorte mit hell- bis türkisblauen großen Blüten des Züchters Eschmann, für extreme Standorte geeignet.

'**Kidbrooke**' Selektion aus *G. farreri* × *G. ornata* mit französischblauen Blüten, treibt etwas früher als *G. sino-ornata* aus; aus dieser wurde die Sorte 'Kidora' selektiert.

'**Kidbrooke Seedling No. 1**' kompakt wachsende englische Sorte mit großen mittelblauen Blüten, die denen von *G. sino-ornata* ähnelt.

'**Kidbrooke Seedling No. 6**' schöne Auslese mit dunkelblau leuchtenden Blüten und weißem Schlund.

'**King Fisher**' früh blühende, schöne, englische Sorte mit tiefblauen und mittelgroßen Blüten mit hellem Schlund, die sich ebenfalls von *G. × macaulayi* herleitet.

'**Kirriemur**' Sorte mit mittelblauen Blüten mit rötlichem Stich in den Zipfeln.

'**Kobaltauge**' Sorte von Eschmann (Schweiz) mit leuchtenden, ultramarinblauen Blüten resultierend aus 'Kidbrooke' × *G. veitchiorum*.

'**Kobaltglocke**' mittelgroßblumige Sorte von Eschmann (Schweiz) mit ultramarinblauen Blüten, mit einem Rotstich und weißem Schlund.

'**Kolibri**' kleinblumige Auslese mit azurblauer Blüte und weißem Schlund.

'**Kobold**' kleinwüchsige, robuste Auslese von Eschmann (Schweiz) mit dunkelblauen bis purpurblauen Blüten, im Schlund fünf dunkelvioletten Streifen auf cremeweißem Grund.

'**Lapis**' recht frosttolerante, kompakt wachsende und gut remontierende Selektion von Peters (Deutschland), mit ultramarinblauen Blüten auf kurzen Blütenstielen.

'**Light Blue Baby**' kalktolerante Auslese von Peters (Deutschland) mit hellblauen Blüten mit weißem Schlund und hellen Kronblattzipfeln.

'**Luzerna**' wüchsige und recht lange blühende Selektion von Eschmann (Schweiz) aus *G. × macaulayi* mit saphirblauen, großen Blüten.

'**Macaulayi Elata**' Hybride mit langen Trieben aus der Kreuzung *G. sino-ornata* × *G. farreri* mit azurblauen Blüten.

'**Macaulyi Kingfisher**' im August blühende, alte und schöne Sorte mit breiten grünen Blättern und schönen blauen Tuben, welche sich durch breite, gelbe Außenstreifen auszeichnen.

'**Magnificent**' gedrungene, kräftig wachsende, großblumige und langblühende Sorte von Eschmann (Schweiz) mit leuchtenden königsblauen Blüten und ausgeprägter Streifung.

Gentiana sino-ornata 'Luzerna' (Foto: Desbrow 2008).

'**Manifest**' Auslese von Eschmann (Schweiz) mit wellensittichblauen, recht breiten Blüten, die einen Rotstich aufweisen und im Schlund weiß und dunkelblau gestreift sind.

'**Maryfield Seedling**' wächst kompakt, die schönen blauen Blüten wachsen gut aufrecht.

'**Mary Lyle**' interessante, kompakt ausfallende, weiß blühende Dreifachkreuzung, ist unter Einbeziehung von *G. sino-ornata* ssp. *alba* und *G.* × *carolii* von Tynebark, Edrom und Alberconwy Baumschule (Schottland) entstanden.

'**Melanie**' interessante, früh blühende, kalktolerante Selektion aus *G. farreri*-Sämlingen von Peters (Deutschland) mit türkisblauen Blüten, weißlichem Schlund sowie nadelartigem Laub.

'**Midnight**' Sorte mit schlanken, nachtblauen Blüten und cremefarbigen Streifen.

'**Mt. Evererst**' weißblühende, holländische Sorte.

'**Multiflora**' englische Auslese aus *G. sino-ornata* × *G. veitchiorum* mit dunkelblauen Blüten und dunkelgrünen, nadelartigem Laub.

'**Nostradamus**' wüchsige Auslese mit dunkelblauen bis violetten Blüten und intensiver Außenstreifung.

'**Nibelungen**' wüchsige Sorte, mit dunkel- bis nachtblauen großen Blüten, mit weißem Schlund und intensiver Streifung aus 'Inverlight' hervorgegangen.

'**Oha**' Selektion mit großen, mittelblauen Blüten des Züchters Schleipfer (Deutschland).

'**Oktoberfest**' bis zum Dezember blühende Sorte mit tiefblauen Blüten, die sogar während der Blüte geringe Fröste verträgt.

'**Olymp**' großblumige Selektion von Eschmann (Schweiz) mit intensiv leuchtenden, ultramarinblauen Blüten, die innen dunkelviolett gestreift und gepunktet sind.

'**Omega**' gedrungen wachsende, schottische Sorte mit glänzenden tief dunkelblauen Blüten, weiße Innenblüte mit sechs Kronblattzipfeln.

'**Opal**' Selektion von Eschmann (Schweiz) mit opalblauen Blüten mit weißem Schlund.

'**Orva**' Selektion mit gedrungenem Wuchs aus *G. ornata* × *G. veitchiorum* mit dunkelkobaltblauen, kleinen Blüten und dunkelpurpurblauer Streifung.

'**Praecox**' chinesische Auslese aus *G.* × *macaulayi* 'Wellsi' mit ultramarinblauen Blüten, die innen dunkel gestreift und gepunktet ist. Sorte eignet sich sogar für den Schnitt.

'**Perfecta**' Selektion von Eschmann (Schweiz) mit azurblauen Blüten die rotstichig erscheinen, sechs Kronblattzipfel aufweisen, mit hellem Schlund und dunkelblauer Streifung versehen sind.

'**Pilatusgeist**' Auslese von Eschmann (Schweiz) mit großen, leuchtenden delphiniumblauen Blüten und weißem Schlund, innen dunkel gestreift.

'**Prestige**' Sorte von Eschmann (Schweiz) mit leuchtend blauen Blüten mit leichtem Rotstich und fünf stark gebuchteten Kronblattzipfeln.

'**Reuss**' hellblau blühende Sorte von Eschmann (Schweiz) mit mittelgroßen, schönen klaren Blüten, welche eine feine Punktierung aufweisen.

'**Royal Flush**' stark wüchsige Selektion von Eschmann (Schweiz) mit großen, ultramarinblauen Blüten, die einen Rotstich aufweisen und einen punktierten Schlund erkennen lassen, verlangt hohe Luftfeuchte.

'**Royal Highlander**' englische Sorte mit azurblauen dunklen, recht großen Blüten sowie breitem Laub.

'**Saltire**' als neuartige, bodendeckende Sorte mit hellgrünem Laub und großen, weißen Tuben sowie schöner blauen Innenzeichnung.

'**Saphir**' spät blühende Sorte von Eschmann (Schweiz) mit saphirblauen Blüten und weißem Schlund.

'**Sechsundneunzig**' Selektion von Peters (Deutschland) mit azurblauen Blüten.

'**Selektra**' Sorte mit mittelblauen Blüten.

'**Sensation**' Selektion von Eschmann (Schweiz) mit dunkelazurblauen, schlanken Blüten und schöner Streifung.

'**Sensation Extra**' stark wachsende Auslese von Peters, (Deutschland) mit dunklen azurblauen Blüten mit rötlichem Stich und weit geöffneten Blüten.

'**Serenity**' kompakt wachsende Selektion mit weiß bis cremig gefärbten Blüten.

'**Shot Silk**', recht kompakt wachsende Sorte mit dunkelgrünen Blättern sowie aufrecht stehenden, dunkelblauen Tuben.

'**Silken Skies**' als neue Selektion mit großen, himmelblauen Blüten von Lever.

'**Soutra**' weiß blühende Selektion aus *G.* × *stevenagensis* Bernardii

'**Splendeur**' Selektion von Eschmann (Schweiz), Blüten glänzend wellensittichblau, weißer Schlund.

'**Starlight**' gedrungen wachsende Sorte von Eschmann (Schweiz) mit azurblauen, leuchtenden Blüten und purpurblauen Korollenspitzen, hellem Schlund sowie gelblich und violettblauen Streifen.

'**Stevenagensis**' (*G.* × *stevenagensis* hort.) Selektion mit lockeren, langen Trieben und dunkelblauer Korolle aus der Kreuzung *G. sino-ornata* × *G. veitchiorum*, Sorte leider anfällig gegenüber Fusarien.

'**Strathmore**' bodendeckende, Ende August blühende Selektion von Eschmann (Schweiz) mit langen Trieben und azurblauen, dunklen Blüten, welche gebuchtete Kronblattzipfel aufweisen.

'**Susan Jane**' Sorte von Eschmann (Schweiz) mit azurblauen, trompetenförmigen Blüten mit weißem Schlund und gebuchteten Kronblattzipfeln, niederliegenden Stängeln mit grasähnlichen Blättern.

'**Sunprise**' Selektion von Eschmann (Schweiz) und Peters (Deutschland) mit azurblauen, großen Blüten, bis zu sieben Kronblattzipfel und intensive Streifung bei geringer Punktierung.

'**Traum Blau**' Selektion aus der Kreuzung *G. altaica* × *G. sino-ornata* mit ultramarinblauen Blüten, die purpurn schimmern

'**Triumpf**' kompakt wachsende Sorte mit emailleblauen Blüten.

'**Trug's**' Selektion von Behnken (Deutschland) mit tief ultramarinblauen Blüten, intensiv gestreift.

'**Thunersee**' Selektion von Eschmann (Schweiz) mit saphirblauen leuchtenden Blüten mit weißem Schlund und stark gebuchteten Kronblattzipfeln bei intensiver Streifung.

Gentiana × *stevenagensis* ist anfällig gegen pilzliche Parasiten.

Gentiana sino-ornata 'Strathmore' (Fotos: Desbrow, 2008).

'**Tough's Form**' englische Sorte mit großen mittelblauen Blüten sowie recht grobem Laub.

'**Tweeddale**' kompakt wachsende Sorte mit großen, hellblau blühende Tuben, welche sich durch einen weißen Schlund auszeichnen.

'**Veora**' lange blühende Selektion von Berry (England) aus *G. veitchiorum* × *G. ornata* mit frischgrüner Belaubung und azurblauen Blüten, welche einen weißen Schlund aufweisen.

'**Vierundneunzig**' kompakt wachsende Selektion von Peters (Deutschland) mit großen mittelblauen Blüten und feinem Laub, ähnelt dem *G. farreri*.

'**Violette**' ab Mitte August blühende, wüchsige Selektion mit zwergigem Wuchs und schmalen, dunkelblauen Blüten.

'**Vip**' kompakt wachsende Selektion aus der Kreuzung *G. veitchiorum* × *G. farreri* × *G. veitchiorum*, ähnelt vom Phänotyp her *G. veitchiorum* mit ultramarinblauen Blüten mit Rotstich und frischgrünem Laub.

'**Vorna**' Auslese von Leod (England), ähnelt vom Phänotyp her 'Veora' mit tief preußischblauen Blüten und hellem Schlund.

'**Weißer Traum**' wüchsige Auslese von Weinhold (Deutschland) mit mittelgroßen Blüten, welche gelblichgrüne Außenstreifen aufweisen.

'**Weißes Wunder**' Selektion von Peters (Deutschland) größer und wüchsiger als die Sorte 'Alba'.

'**Wellensittich**' großblumige Sorte von Peters (Deutschland) mit wellensittichblauen Blüten mit weißem Schlund.

'**Wite Star**' mit schönen weißen Blüten mit blaugestreiften Einschlüssen.

'**With Wings**' weiß blühende Sorte von Kindlund mit blauen Streifen in der Mitte der Blütenblätter, gut bodendeckend, Blüte ab Ende August.

'**Wunderblau**' Sorte von Eschmann (Schweiz) mit azurblauen und stark gebuchteten Blüten.

'**Zauberglocke**' Selektion von Eschmann (Schweiz) mit dunkel- bis purpurblauen Blüten und weißem Schlund sowie dunklen Streifen.

'**Zauberland**' großblumige Selektion von Eschmann (Schweiz) mit französischblauen Blüten, mit Farbunterschied zur Stammsorte 'Inverlight', 'Zauberland' ist größer im Wuchs und auch in der Blüte.

Gentiana veitchiorum Hemsley

Synonym: *G. ornata* var. *acutifolia* Franchet

Vorkommen: Bhutan, Gansu, Gonggalen, Kanding, Qinghai im W-Sichuan, NW-Yunnan, Dongda La Pass, Rawu im Tibet (ab 3000 bis 4900 m).

Beschreibung: Basalrosetten bildende Art; wächst bevorzugt auf anmoorigen Substraten und feuchten Wiesen, verzweigte Triebe bis zu 12 cm lang

Blüte: endständige, trompetenförmige, tief dunkelblaue bis purpurne Blüten bis zu 5 cm groß, mit fünf gelblich-grünen Außenbändern versehen.

Blütezeit: August bis Oktober.

Ansprüche: die prächtige Art ist empfindlich und muss als Silikatpflanze auf kalkhaltigen, feuchtem, gut durchlässigen, lehmig-humosen Substrat im Halbschatten bei pH-Werte von 5,6 bis 5,8 feucht kultiviert werden.

Bemerkung: die Art wird aufgrund ihrer sekundären Pflanzeninhaltsstoffe gerne für medizinische Behandlungen verschiedener Krankheiten eingesetzt; mit *G. lawrencei* schöne Hybriden erzielbar.

Chromosomen 2n: 24

Unterart, Varietät: var. *caelestis*, Sorte 'White Seedling'

Die Selektion 'SP-2' von *Gentiana sino-ornata* (oben, Desbrow 2008) im Vergleich zu 'With Wings' (unten, Kindlund 2005), letztere Sorte ähnelt 'White Star'.

Hybriden, Sorten: 'Bernardi' (*G. veitchiorum* × *G. sino-ornata*), 'Dark Blue Perfection' (*G. veitchiorum* × *G. sino-ornata*), 'Devonhall' als Hybride des *G. veitchiorum* × *G. sino-ornata*; nicht identisch mit 'Devonhall' aus der Selektion *G. ornata* × *G. farreri* mit azurblauen Blüten, 'Grandiflorum', 'Wellsiana', *G. × stevenagensis* (*G. veitchiorum* × *G. sino-ornata*).

Gentiana veitchiorum aus Herkunftsgebieten um Zhongdian, Da Xue Shab (Big Snow Mt.) Qinghai und Yushu (4000 m) im Vergleich zur beeindruckenden Selektion 'Star' (rechts) mit ausgeprägter Plicaes, diese sind beinahe so lang wie die Kelchzipfel. (Foto links: Zschummel 2007, rechts: Kindlund 2005,).

Sektion Frigidae Kusnezow

Die Arten dieser alten und weit verbreiteten Sektion sollen aus der Sektion Pneumonanthe Ende des Tertiärs entstanden sein. Es gibt in dieser Sektion ein- und mehrjährige Arten mit kurzen, bodendeckenden Trieben, kleinen Blättern sowie end- und achselständigen, glockigen bis trichterförmigen Blüten, mit großen Plicaes einschließlich zackenförmigen Zähnen.

Gentiana algida Pallas

Synonym: *G. algida sibirica* Kusnezow, *G. nubigena* Edgeworth, Arktischer Enzian

Vorkommen: N-Amerika (Alaska, Colorado, Montana, Wyoming, Utah, Ykon), Altai, Baikal, S- Himalaja, Japan (Honshu Mt.), Jablonvij Pass, Chukotka/Sibirien, Kamtschatka, Kaschmir, Korea, Nepal, Sichuan, Tianschan, Tibet (bis zu 5200 m) .

Beschreibung: Art ist in drei Zentren verbreitet (N-Amerika, arktische und subarktische Zone, Zentral- und N-Japan); die subarktische Art ist variabel, d.h. es gibt verschiedene Rassen, die Längen der Stängel mit grundständigen Blättern (bis zu 5 cm lang) liegen zwischen 10 bis 25 cm, Pflanzen wachsen auf einem kräftigen Wurzelstock.

Blüte: hellgelbe bis cremige aber auch hell- und dunkelblaue (Nepal, Tibet) kopf- oder blattständige, glockenförmige Blüten bis zu 4,5 cm groß, mit dreieckigen Zipfeln mit bläulichen Punkten, die auf der Außenseite blau bis grün gerippt sind, mit ungleichen Kelchzähnen versehen.

Blütezeit: Juli bis September.

Ansprüche: die in Tufs stehenden Stauden vertragen mäßige Feuchtigkeit bei bester Dränage in lehmig-humosen bis torfigen Gneis-Substraten, sie können in voller Sonne stehen, pH-Wert 5,5 bis 5,8, Winterschutz angeraten, Art ist ebenso schwierig unter 1000 m zu kultivieren, wie die verwandten Arten *G. frigida* und *G. przewalskii* aus dem W-Sichuan, Gansu und S-Qinghai.

Chromosomen 2n: 24, 26, 36, 66

Varietäten: var. *algida*; var. *algida* f. *igarashii* (Hokkaido, Honshu/Japan, Kurilen); var. *nubigena*, var. *purdomii* (Maniganggo, Maquin Gangli, Qinghai, Shen Shan, im Sichuan, Dongda La Pass Pass, Tibet (4100 bis 5200 m) (Marquand, Ho).

Gentiana atuntsiensis Smith

Vorkommen: Da Xue Shan (Big Snow Mt.), Kangding, Litang, Mugacue Lake, Zehdou Shan im Sichuan, Zhongdian im Yunnan, SO-Tibet (3700 bis 4500 m).

Beschreibung: bis zu 20 cm lange, rötlich schimmernde Triebe an lockerer Rosette, die zunächst liegen, sich dann versuchen aufzurichten, Pflanzen auf kräftigem Wurzelstock.

Blüte: bis zu fünf kopfständige, hellblaue bis dunkelblaue und außen gefleckte Blüten bis zu 4,5 cm groß mit ungleichen Zähnen, Krone mit ovaten Zipfeln und kleinen asymmetrischen Plicaes.

Blütezeit: Ende Juli bis September.

Ansprüche: mäßig feuchte, saure Substrate in halbschattiger Lage .

Chromosomen 2n: 36

Gentiana apiata Brown

Vorkommen: Gansu, Shaanxi, Sichuan, Yunnan (bis zu 5000 m).

Beschreibung: Rosetten bildende Art mit bis zu 15 cm langen Trieben und schmalen Blättern.

Blüte: glockenförmige, hellgrüne bis weiße Blüten mit grünlichen Punkten.

Blütezeit: August bis September.

Ansprüche: mäßig feuchte, humose, halbschattige Standorte.

Chromosomen 2n: 24.

Gentiana frigida Haenke

Synonym: *G. algida* var. *frigida*

Vorkommen: in begrenzten Gebieten, so in den steirischen Alpen, SW-Karpaten, Niedere und Hohe Tatra, Turkestan, Gansu-Min Shan und Gonggan Len im Sichuan (*G.* cf. *algida* 3800 bis 4100 m), Sibirien und sogar in N-Amerika (bis 2500 m).

Beschreibung: Art ist gefährdet. Die Art besitzt unverzweigte Triebe, diese werden bis zu 15 cm lang mit linear- bis eiförmigen Blättern, Stängelblätter in zwei bis drei Paaren angeordnet, basale Blätter fleischig.

Blüte: glockige, gelbliche, endständige Blüten mit grünlichen, blauen bis purpurnen Längsstreifen,

Gentiana algida ist in den Herkunftsgebieten Qinghai, Chindu (4200 m) aber auch in Gebieten von Kamtschatka sowie im Altai zu finden; (Foto: Tkachneko 2004).

Punkten im Schlund und blauen Streifen, in Blattachseln sitzend, Krone besitzt kurze Zipfel, die Plicaes sind zackenförmig.

Blütezeit: Juli bis September.

Ansprüche: schwierig unter 1000 m zu kultivieren, bevorzugt durchlässige, steinige, und mäßig feuchte Standorte bei pH 5,5 bis 5,8, kalkmeidend; besiedelt alpine Rasen, Matten und vor allem kalkarme Felsfluren.

Chromosomen 2n: 24.

Gentiana froelichii Jan und Reichenbach

Synonym: *G. hladnikiana*, Karawanken-Enzian

Vorkommen: endemisch in den Karawanken, SO-Alpen, Slowenien, Nepal (bis zu 6500 m).

Beschreibung: büschelige Rosetten mit aufrecht wachsenden Trieben bis zu 10 cm lang.

Blüte: blaue, ungefleckte, meistens solitäre, keulige Blüten auf kurzem Stiel, Krone mit kleinen Zipfeln versehen.

Blütezeit: Juli bis September.

Ansprüche: anspruchslose Art wächst als Rosettenstaude auf steinigen, zumeist auf mergeligen, kalkigen Schutthalden bei geringer Feuchtigkeit bei pH 5,8–6,2, die Art verträgt keine Winterfeuchtigkeit!

Chromosomen 2n: 42

Unterarten: ssp. *zenarii*, zu finden in den Karnischen Alpen (6475 m)

ssp. *froelichii*

  Vorkommen: SO-Alpen, Karawanken.

  Beschreibung: Pflanzen, die bis zu 15 cm hoch werden.

  Blüte: wasserblau, bis zu 4 cm groß werdend.

  Blütezeit: Juli bis August.

  Ansprüche: bevorzugt humose, feuchte Standorte mit Kalkunterlage bei pH 5,8 bis 6,2.

  Chromosomen 2n: 42

ssp. *zenarii* Martinii und Poldinii

  Vorkommen: Venezianer Alpen.

  Beschreibung: lanzettliche Blätter.

  Blüte: eigenartige Ausprägung der Kelchblattspitzen, sie weisen dünne, geringelte Spitzen auf.

  Blütezeit: Juli bis August.

  Ansprüche: wie die Art.

  Chromosomen 2n: 42, 48.

Gentiana handeliana Smith (Handel-Mazetti)

Vorkommen: SO-Tibet, NW-Yunnan (bis 4500 m).

Beschreibung: mehrjährig, dicke Rhizome, mit bis zu drei 20 cm langen Trieben und rosettigen, bis zu 7 cm langen, basalen Blättern.

Blüte: kurzgestielt und endständige gelblich bis weiße, becherförmige Blüten in Köpfen, die Blütchen sind äußerlich leicht violett gestreift und wenig gepunktet.

Blütezeit: August bis Oktober.

Ansprüche: bevorzugt halbschattige bis offene, humose, durchlässige und feuchte Glimmer- und Granit-Standorte bei pH 5,5

Varietät: var. *brevisepala* (Marquand), blüht ab

Gentiana atuntsiensis ist auf Grund seines ausgeprägten Wurzelstocks eine anspruchslose Art (Foto: Kindlund 2006).

Oktober mit blauer Krone, kommt auf torfhaltigen, feuchten, alpinen Hängen nahe der tibetanischen Grenze (3500 m) vor.

Gentiana microdonta Franchet

Synonym: *G. phyllopoda* Leveille

Verbreitungsgebiet: Lichian, S-Sichuan, Yunnan (bis 3500 m).

Beschreibung: Art mit aufrechten Trieben bis zu 60 cm lang, langen Basalblättern sowie dicken Rhizomen.

Blüte: endständige, himmelblaue Blüten bis 2,5 cm groß.

Blütezeit: Juli bis August.

Ansprüche: leicht saure, mäßig feuchte und durchlässige Humusstandorte ohne Kalkeinfluss, pH 5,5.

Chromosomen 2n: 24.

Gentiana nubigena Edgeworth

Vorkommen: Gansu, Kaschmir, Sikkim, Bayan Har Shan, Huashixia, Qinghai sowie Zhedou Shan im W-Sichuan, Tibet (4300 bis zu 6000 m).

Beschreibung: polsterbildende Art mit rosettigen Basalblättern und bis zu 5 cm langen Trieben.

Gentiana trichotoma (1) aus dem Gebiet Da Xue Shab (Big Snow Mt., Sichuan) (Foto: Zschummel 2007). *Gentiana froelichii* (2) mit blauen ungefleckten und meistens solitären, keuligen Blüten (Foto: Yuan 2005). *Gentiana microdonta* (3) mit aufrechten Trieben mit endständigen blauen Blüten (Big Snow Mt. 2.957 m), (Foto: Yuan 2005).

Blüte: kurzgestielte, endständige, glockige Blüten bis zu 4 cm groß, in blauer oder gelblicher Farbe mit blauen Zipfeln versehen.

Blütezeit: August.

Ansprüche: wie *G. frigida* kultivieren, d.h. die Art ist nur schwer unter 1000 m zu pflegen, sie bevorzugt durchlässige, steinige und mäßig feuchte Gneis-Standorte mit einem pH-Wert bei 5,5 bis 5,8 ohne jeglichen Kalkeinfluss.

Chromosomen 2n: 24.

Gentiana trichotoma Kusnezow

Synonym: *G. hopei* Hort.

Vorkommen: Gansu, Kangding, Songpan beim Sichuan, O-Tibet, NW-Yunnan (3000 bis 4900 m).

Beschreibung: aufrecht wachsende Stängel mit gestieltem Blütenstand bis 55 cm lang werdend, mit ovalen bis lanzettlichen, langen Blättern.

Blüte: zumeist zylindrische, dunkelpurpurblaue, endständige Blüten bis zu 4 cm groß werdend mit bläulichen und dunkel gepunkteten, ovalen Kelchblättern, Innenfärbung weiß bis blau.

Blütezeit: Juli bis August.

Ansprüche: die Art wächst auf offenen Wiesenflächen und muss als Silikatpflanze auf kalkfreien, feuchtem, gut durchlässigen, sandigen bis humosen Substraten bei einem pH 5,4 bis 5,8 im Halbschatten kultiviert werden.

Chromosomen 2n: 24

Varietäten: var. *trichotoma;* var. *chingii* (Marquand) Ho mit blauen, trichterförmigen Blüten bis zu 3,5 cm groß (Yunnan, Tibet bis zu 3800 m); var. *albescens* (NW-Yunnan) Marquand;

var. *brevicaulis* Marquand

Vorkommen: NW-Yunnan (über 1800 m).

Beschreibung: die Blätter des kurzstängligen Enzians sind recht schmal und herzblättrig.

Blüte: reinblau mit weißlichem Schlund, schwach gepunktet

Gentiana wasenensis Marquand

Verbreitungsgebiet: W-Sichuan (bis zu 3600 m).

Beschreibung: bis zu 20 cm lange, einzelne, leicht rötliche Blütentriebe mit lanzettlichen Basalblättern.

Blüte: endständig, trichterförmig, blau, im Blütenstand aus Achseln kommend, bis 3 cm groß.

Blütezeit: Juli bis August.

Ansprüche: halbschattige, feuchte, durchlässige, humose Standorte bei pH 5,5 bis 5,8.

Chromosomen 2n: 26.

Gentiana wilsonii Marquand

Verbreitungsgebiet: W-Yunnan.

Beschreibung: aufrechtwachsende, wenig beblätterte Triebe bis zu 30 cm lang, Basalblätter bis zu 15 cm lang.

Blüte: endständige, trichterförmige, blaue Blüten bis 3,5 cm groß werdend.

Blütezeit: August bis September.

Ansprüche: mäßig feuchte, durchlässige, humose Standorte bei pH 5,5 bis 5,8.

Sektion Phyllocalyx Ho

Sektion mit mehrjährigen Arten mit sympodialen Verzweigungen und kurzen Ausläufern, kleinen zumeist nur wenig geöffneten Kelchblättern und kleinen verdickten Blättchen.

Gentiana phyllocalyx Clarke

Verbreitungsgebiet: SW-Sichuan, NW-Yunnan, Nepal, NO-Myanmar, SO-Tibet (bis 5500 m).

Beschreibung: polsterbildende Art mit kurzen

Trieben bis zu 10 cm lang mit kleinen Blattrosetten und fleischigen Blättern.

Blüte: solitäre, endständige, röhrige verschieden blau gefärbte Blüten, welche außen mitunter gestreift sind, untere Blattachseln können gleichfalls Blüten schieben.

Blütezeit: Ende Juli bis September.

Ansprüche: feuchte, halbschattige, schotterige Standorte werden bevorzugt bei pH 5,5 bis 5,8.

Chromosomen 2n: 26.

Sektion Isomeria Kusnezow (1894)

Vielfach werden die Arten dieser Sektion unter der Sektion Frigidae geführt.

SERIE CONFERTIFOLIAE MARQUAND

Gentiana amplicrater Burkill

Vorkommen: Schlucht Pembu-la bei Lhasa, Tibet.

Beschreibung: bis zu 5 cm hohe Pflanze mit Blattrosetten, die Polster ausbilden.

Blüte: bis zu zwei lilagefärbte, amphorenförmige Blüten mit bauchiger Krone und ovater Plicae, Corolla bis zu 4,5 bis 6 cm lang werdend.

Ansprüche: feuchte, gut durchlässige, humose aber steinige Standorte bei pH-Werten von 5,2 bis 5,5, Winterschutz angeraten.

Gentiana confertifolia Marquand

Vorkommen: NW-Yunnan (unter 3500 m).

Beschreibung: besitzt aufrechte Blütentriebe mit dachziegelähnlichen Blättchen.

Blüte: endständige, trichterförmige, hellblaue oder weiß bis gelbe Blüten bis zu 4,5 cm groß, mit Blättern umgeben, Antheren auffallend hellbraun gefärbt.

Blütezeit: April bis Mai.

Ansprüche: bevorzugt halbsonnige Plätze auf feuchten Weiden- und Rasenflächen mit hohem

Gentiana urnula gehört zu den Arten, welche in extremen Höhen bis zu 6000 m wächst, wie in Regionen des Dougda La im Himalaja-Gebirge. Die Corolla dieser kleinen Art wird bis zu 3 cm lang, selten ist sie weiß, meistens blau (Foto: Jans 2008).

bis mäßigen Humusanteil auf Sand- und Kalkgestein bei einem pH-Wert von 5,5 bis 5,8.
Bemerkung: *G. confertifolia* aff. *G. szechenyi*.

Gentiana emodii Marquand und Sealy

Vorkommen: Nepal, Himalaja (bis zu 4700 m)
Blüte: bis zu 2 cm lang mit einem Durchmesser bis zu 1,8 cm.
Beschreibung: Art mit kleinen, dicht aneinander liegenden Blättchen bis zu 0,8 cm lang.
Ansprüche: wächst bevorzugt im Halbschatten auf feuchten, gut durchlässigen, d. h. steinigen Standorten mit Humusanteilen.

Gentiana depressa Don

Synonym: *G. stipitata* Edgeworth
Vorkommen: Himalaja, Nepal, Sikkim, SO-Tibet (3300 bis zu 5000 m).
Beschreibung: Rosetten und Matten bildende Art mit graugrünen, verkehrt eiförmigen Blättern, die bis zu 1,8 cm lang werden.
Blüte: emailleblaue bis grünlichblaue, glockige

Blüten mit Außenstreifen, Kronblattzipfel dreieckig.
Blütezeit: August bis November, mitunter auch Ende März.
Ansprüche: feuchte, gut durchlässige, humose, steinig- bis lehmige, sonnige Standorte bei pH-Werte von 5,5 bis 5,8, dringend Winterschutz notwendig
Varietäten: var. *depressa*, var. *stenophylla* Ho.

Gentiana urnula Smith

Vorkommen: O-Nepal, NW-Yunnan, SO-Tibet (bis 6000 m).
Beschreibung: mattenbildende Art mit kurzen Trieben
Blüte: hell- bis dunkelblaue sowie weiße Blüten mit dunklen bis violetten Außenstreifen bis zu 3 cm groß werdend.
Blütezeit: September bis Oktober.
Ansprüche: durchlässige, steinige anlehmige, mäßige feuchte humose Standorte bei pH 5,8 bis 6,2.
Chromosomen 2n: 26.

SERIE SIKKIMENSES MARQUAND

Gentiana elwesii Clarke

Vorkommen: östliches Nepal, Himalaja, Sikkim (unter 5000 m).
Beschreibung: Art wächst als Rosette mit elliptischen Blättern und bis zu 30 cm langen Trieben.
Blüte: röhrige, hell- und ins dunkelblau übergehend gefärbte, endständige Blüten zumeist in Schöpfen, die Corolla dieser Art wird bis zu 3,5 cm lang.
Blütezeit: August.
Ansprüche: humose, feuchte, durchlässige Standorte ohne Kalkeinfluss bei pH 5,5 bis 5,8.

Gentiana glauca Pallas

Synonym: *G. glauca* var. *major* Ledeb.
Vorkommen: Alaska, NW-Amerika, NO-Asien, Chukotka, Japan, Vachkazhec auf Kamtschatka,

Gentiana urnula aus dem Tibet mit schönen weißen Blüten mit gelblicher Innenzeichnung und hellbraunen Antheren (Foto: Tarasov 2005).

Sibirien, Yukon (800 bis 2900 m).

Beschreibung: polsterbildende, dekorative Art der alpinen Tundren mit bis zu 8 cm hoch werdenden, kantigen, zumeist dunkelroten Trieben, selten bis zu 10 cm lang werdend, mit bläulich angehauchten, rund bis eiförmigen Blättern, aus Rosette kommend, besitzt rhizomartige Wurzeln.

Blüte: glockige, dunkelblaue bis hellgelb- bis fahlblaue, endständige Blüten, sie können innen weiß sein, Blüten kommen meist aus den obersten Achseln.

Blütezeit: Juli bis August.

Ansprüche: bevorzugt halbfeuchte bis trockene, durchlässige Geröllböden bei pH-Werte 5,5 bis 5,8, verträgt keinesfalls Wärme.

Chromosomen 2n: 24.

Gentiana harrowiana Diels

Vorkommen: Tibet, Yunnan (bis zu 3600 m).

Beschreibung: mehrjährige Staude mit Rosette.

Blüte: solitäre, ungestielte, hellblaue Blüten mit Kelch von etwa 1 cm, Blüten erscheinen außen grünlich.

Blütezeit: Ende August bis September.

Ansprüche: durchlässige, humose feuchte, halbschattige bis offene Standorte bei pH-Werten von 5,5 bis 5,8.

Gentiana sikkimensis Clarke

Vorkommen: Sikkim, Yunnan, SO-Tibet (bis 5000 m).

Beschreibung: bildet mit bis zu 15 cm langen Trieben Matten, fleischige ovale Basalblätter.

Blüte: trichterförmige, endständige, hellblaue, manchmal auch weiße Blüten mit cremig bis weißem Schlund, in Trauben stehend, Blüten von obersten Blättern umgeben.

Blütezeit: Juli bis September.

Ansprüche: durchlässige, feuchte und schwach saure Standorte bei pH 5,5 im Halbschatten.

Gentiana venusta (Wallich und Don) Grisebach

Vorkommen: Himalaja, Kaschmir, Nepal, Pakistan, Sikkim Tibet (5800 m).

Beschreibung: bis zu 8 cm hoch werdende Triebe, Polster bildend, mit gedrängten Basalblättern .

Blüte: endständige, röhrenförmige, gelbliche Blüten bis zu 3 cm groß, mit blauen Zipfeln.

Blütezeit: August bis Oktober.

Ansprüche: kommt auf offenen Hängen, humosen und torfigen Standorten bei pH-Werte von 5,5 bis 5,8 vor, welche mit Steinen, Geröll oder Schotter versetzt sind, bei ausreichender Feuchtigkeit verträgt die Art Vollbesonnung.

SERIE STRAGULATAE HO

Gentiana gilvo-striata Marquand

Synonym: *G. tricholoba* Franchet

Vorkommen: N-Myanmar und SO-Tibet (bis 5200 m).

Beschreibung: kleine Polster mit kurzgestielten, hellblauen oder gelblichen Blüten ausbildend.

Blüte: kurzgestielte, hellblaue oder gelbliche Blüten, welche weiß und dunkel gestreift sind.

Blütezeit: August bis September.

Ansprüche: feuchte, humose und durchlässige Standorte

Unterarten, Varietäten: var. *stricta*.

Ab Ende Juli beginnt *Gentiana stragulata* mit dem Öffnen der Blüte.

Gentiana tubiflora mit endständigen blauen bis mauveblauen, ungestielten Blüten (Foto: Jans 2008).

Gentiana stragulata Balfour und Forrest

Vorkommen: SW-Sichuan, SO-Tibet, NW-Yunnan (bis zu 4800 m).

Beschreibung: Rosette mit kurzen Blütentrieben.

Blüte: terminale, blau bis kobaltblaue, selten rötliche Blüten mit violetten Streifen, Innenseite hellblau gefärbt, mit auffallend langen Stempeln (mehr als 4,5 cm lang, 1 cm über den Blüterand ragend), Blüten nur bis zu 3,5 cm lang sowie leicht rötlich gezeichnete, spitz zulaufender Calyx.

Blütezeit: Juli bis September.

Ansprüche: halbschattige, mäßig feuchte, humose Standorte bei pH 5,5 bis 5,8.

SERIE UNIFLORAE MARQUAND

Gentiana filistyla Balfour und Forrest

Vorkommen: NO-Myanmar, SO-Sichuan, SO-Tibet, NW-Yunnan (bis 5100 m).

Beschreibung: polsterbildende Rosetten, mit kurzen Blütentrieben und runden Blättchen.

Blüte: solitäre, blaue bis dunkelblaue Blüten bis zu 4 cm lang.

Blütezeit: August bis Oktober.

Ansprüche: durchlässige, steinige, feuchte, humose Standorte bei pH 5,5 bis 5,8

Varietät: var. *parviflora* Marquand (Myanmar, Tibet).

Gentiana namlaensis Marquand

Vorkommen: NO-Myanmar, Yunnan, SO-Tibet (4100 bis zu 5100 m).

Beschreibung: rasenartiger, rosettiger Wuchs der Art, mit linearlanzettlichen und rosettenartigen Basalblättern.

Blüte: glockig bis zylindrische Blüten mit hellblauer Korolle.

Blütezeit: Juli bis September.

Ansprüche: bevorzugt offene Plätze und grasartige, mäßig feuchte Halden bei pH 5,5.

Gentiana tubiflora (Wallich und Don) Grisebach

Vorkommen: Bhutan, Himalaja, Nepal, Sikkim, W-Tibet (3900 bis zu 5200 m).

Beschreibung: polster- und rosettenausbildende Art mit grundständigen, kleinen Blättern

Blüten endständig und einzeln sitzend mit dun-

Gentiana lineolata. Herkunftsgebiete sind Hengduan, Yunnan, die Art bevorzugt sonnige bis halbsonnige Plätze auf mäßig feuchten Weiden- und Rasenflächen mit geringem Humusanteil auf Sand- und Kalkgestein (Foto: Yuan 2005).

kelblauen, bis zu 3,5 cm großen Korollen.

Blütezeit: August bis September.

Ansprüche: bevorzugt steinige, durchlässige, humose und feuchte Silikat-Substrate bei pH 5,2 bis 5,5 ohne Kalkeinfluss, verträgt bei ausreichender Feuchtigkeit volle Sonne

Varietät: var. *namlaensis* (Marquand).

Gentiana wardii Smith

Vorkommen: NO-Myanmar, SO-Tibet, SW-Sichuan, NW-Yunnan (bis 5200 m).

Beschreibung: wächst in steinigen, humosen aber auch auf feuchtem Grund, mattenbildend mit ausläuferartigen Trieben bis zu 5 cm lang, hat breite, rosettige Basalblätter.

Blüte: trichterförmige, endständige, blaue bis dunkelblaue Blüten bis zu 2,5 cm groß.

Blütezeit: August bis September.

Ansprüche: nicht einfach zu kultivieren, bevorzugt durchlässige, kiesige, gut feuchte bis moorige, saure und halbschattige Standorte bei pH-Werten von 5,2 bis 5,5; *G. wardii* findet man gemeinsam mit *G. decorata* und *G. emergens* (ca. 4600 m) auf saurem Granit-Gestein in Vertiefungen und Schneetälern z. B. bei Beima Shan im Yunnan.

Unterarten, Varietäten: var. *wardii*, var. *micrantha* Marquand, var. *emergens* (Marquand) Ho.

Sektion Microsperma Ho

SERIE TETRAMERAE (MARQUAND) HO

Gentiana lineolata Franchet

Vorkommen: Sichuan, Yunnan (bis zu 4000 m).

Beschreibung: einjährige Art mit bis zu 10 cm langen, aufrechten Trieben, rosettigen Blättern und lanzettlichen Stängelblättern.

Blüte: endständige, blaue, trichterförmige, blaue bis violette, bis zu 2,5 cm große Blüten mit grünlichem Schein.

Blütezeit: August bis Oktober.

Ansprüche: mäßig feuchte, humose bis sandige Standorte bei pH 5,5 bis 5,8

Varietät: var. *verticillaris* Forbes und Hemsley.

Gentiana praeclara Marquand

Vorkommen: Muli Mt., SW-Sichuan, NW-Yunnan (bis zu 4300 m).

Beschreibung: einjährige Art mit verzweigten, aufrecht wachsenden Trieben bis zu 12 cm lang, besitzt keine Basalblätter, Stängelblätter lanzettlich und spitz zulaufend.

Blüte: trichterförmige, violette bis blaue, endständige Blüten bis zu 5 cm groß, die außen grünlich erscheinen.

Blütezeit: September bis Oktober.

Ansprüche: feuchte, durchlässige, sandige bis humose Standorte bei einem pH-Wert von 5,5.

SERIE ANNUAE MARQUAND

Gentiana delavayi Franchet

Vorkommen: Napa Hai (2800 m) SW-Sichuan, NW-Yunnan (ab 1400 m bis zu 4100 m).

Beschreibung: die einjährige, polsterbildende Art bringt unterschiedliche, mitunter bis zu 10 cm lange, unverzweigte Triebe hervor, die basalen Blätter sind schmal und lanzettlich sowie spitz zulaufend.

Blüte: bis zu 25 endständige, in Büscheln sitzen-

Der einjährige *Gentiana suborbisepala* (links) mit weißlichen, außen violett gezeichneten Blüten (Foto: Yuan 2005).

Gentiana tongolensis mit kleinen weiß bis cremigen Blüten (Foto: Yuan 2005).

de, mauvefarbige oder gelbliche, glockige Blüten mit Streifen versehen, die bis zu 5 cm groß werden, Krone und Plicae mit Zipfeln versehen, auffallende Staubgefässe.

Blütezeit: August bis Oktober.

Ansprüche: humose, durchlässige, mäßig feuchte Standorte bei pH 5,5 bis 5,8.

Chromosomen 2n: 24, 26.

Gentiana picta Franchet

Verbreitungsgebiet: NW-Yunnan (bis 4500 m).

Beschreibung: einjährig mit bis zu 12 cm langen Trieben mit dicken, stumpfen Blättern, Basalblätter sind selten ausgeprägt.

Blüte: in Trauben angeordnete, endständige, hellblaue bis mauvefarbige Blüten bis zu 2,5 cm groß, mit rötlichen Flecken versehen, zweiteilige und kurze Plicae vorhanden.

Blütezeit: August bis Oktober.

Ansprüche: bevorzugt feuchte, durchlässige, mergelige Standorte bei einem pH-Wert von 5,5 bis 5,8, bei ausreichender Feuchtigkeit auch Vollbesonnung möglich.

SERIE SUBORBISEPALAE MARQUAND

Gentiana suborbisepala Marquand

Vorkommen: SW-Sichuan, NW-Yunnan (bis zu 4200 m).

Beschreibung: einjährige, reichlich blühende Art mit dichten Rosetten und verzweigten Trieben.

Blüte: endständige, trichterförmige, weißlich bis stahlblaue, gepunktete Blüten mit violetten Außenzeichnungen bis zu 2,5 cm groß werdend.

Blütezeit: Juli bis September.

Ansprüche: halbschattige, humose, mäßig feuchte Standorte bei pH-Werten von 5,5 bis 5,8.

Varietäten: var. *suborbisepala*, var. *kialensis* (Marquand) Ho.

Gentiana tongolensis Franchet

Vorkommen: SW-Sichuan, Togolo, NW-Yunnan (bis zu 4500 m).

Beschreibung: einjährige Art mit zahlreichen, verzweigten, kleinen Trieben und kleinen runden Basalblättern.

Blüte: endständige, trichterförmige, blaue oder hellgelbe Blüten mit purpurnen Tüpfeln bis zu 2 cm groß, mit grünlicher Außenfarbe.

Blütezeit: Juli bis August.

Ansprüche: durchlässige, feuchte, humose Standorte bei pH-Werten von 5,5 bis 5,8.

Gentiana vernayi Marquand

Vorkommen: Bhutan, S-Tibet (bis 5100 m).

Beschreibung: kleine Staude mit verzweigtem Wurzelsystem, bis zu 3,5 cm langen Trieben und kleinen Blättchen.

Blüte: fahl bis hellblaue Blütchen.

Blütezeit: August bis Oktober.

Ansprüche: humose bis torfige, feuchte und durchlässige Standorte.

Chromosomen 2n: 26

Unterarten: ssp. *atropurpurea;* ssp. *vernayi.*

Gentiana yunnanensis Franchet

Synonym: G. *blinii*

Vorkommen: Sichuan, Yunnan (bis 4400 m).

Beschreibung: einjährige Art mit kräftigen Trieben bis zu 25 cm lang.

Blüte: bis zu sechs terminale, axilliare, glockenförmige, weiße oder graublaue bis violett schimmernde Blüten bis zu 2,5 cm lang, wobei ssp. *kialensis* sehr reichlich blüht.

Blütezeit: Juli bis September .

Ansprüche: mässig feuchte, humose, durchlässige Standorte.

Chromosomen 2n: 14, 24

Unterarten: ssp. *kialensis;* ssp. *yunnanensis.*

Sektion Gentiana

Zu dieser Sektion gehören wohl die ältesten Enzianarten. Sie besitzen aufrechte Triebe und Basalblätter sowie runde und glockige Kronen. Die Arten der Sektion kamen in Europa bereits vor der Eiszeit vor.

Gentiana burseri Lapeyrouse

Vorkommen: südwestliche Alpen sowie in den Pyrenäen (bis zu 2600 m).

Beschreibung: aufrechtwachsende Triebe bis zu 80 cm lang werdend mit bis zu 25 cm langen Basalblättern.

Blüte: glockige, weißlich, grünlich bis gelblich eingefärbte Blütenkronen bis zu 4 cm groß, häufig mit bräunlichen Punkten versehen, sie befinden sich in den oberen Blattachseln in Büscheln, Krone mit bis zu sieben Zipfeln, Plicae dreieckig.

Gentiana yunnanensi aus dem Gebiet Xia Zhongdian. Art bevorzugt sonnige bis halbsonnige Plätze auf mäßig feuchten steinigen Hängen, Weiden- und Rasenflächen mit nur geringem Humusanteil auf Silikat- und Kalkgestein bei einem pH-Wert von 5,6 bis 6,0 (Foto: Zschummel 2007).

Blütezeit: Juli bis August

Kulturhinweise: gehört zu den kalktoleranten bzw. auch kalkliebenden Arten, welche humose, durchlässige und mäßig feuchte Substrate bei pH 5,8 bis 6,2 bevorzugen, Art verträgt kein Verpflanzen.

Chromosomenzahl 2n: 40

Unterarten: ssp. *burseri*, in Pyrenäen vorkommend, ssp. *villarsii* (Grisebach) Rouy, in SW-Alpen vorkommend

Hybriden: G. × *marcailhouana* Rouy, früher als G × *burserlutea* Gusm. bezeichnet, G. × *planchoni* Dörffler und Ronninger resultierend aus natürlichen Hybridisierungen zwischen G. *burseri* × G. *lutea* in den Pyrenäen.

Gentiana lutea L.

Synonym: Stern-Enzian, Gelber Enzian

Vorkommen: weit über Süd- und Ost Europa, insbesondere den Alpen und dem Vorland, dem westlichen Anatolien, Balkan, Karpaten, N-Italien, N-Spanien, Pyrenäen, Pontisches Gebirge und in der Tatra (bis zu 2500 m) verbreitet, man findet die Art auch in Kanada, im Altai bis hin nach Sibirien, dem Himalaja und in der Mandschurei.

Beschreibung: zeichnet sich durch einen starken Wurzelstock mit kräftigen Trieben aus, bis zu

Gentiana pannonica ist nur noch selten in den Gebieten Ungarns, in der Schweiz jedoch noch häufiger zu finden. Auffallend ist die gelbliche Innenblüte mit schwarzen Punkten sowie der äußere purpurne Überzug (Foto: Hadacek 2007).

zehn Röhrenblüten entspringen den Blattachseln und stellen sich als Trugdolde bei der Horst ausbildenden Staude dar, die Kronblattzipfel sind spitz und sternförmig ausgebildet, die Staubbeutel sind ein wesentliches Merkmal, um *G. lutea* ssp. *lutea* (frei) von *G. lutea* ssp. *symphandra* (verwachsen) zu unterscheiden. Die bis zu armdicken Pfahlwurzeln enthalten Bitterstoffe wie Gentianose, Gentianin, Gentiobiose, Gentosterin sowie Pektine, deshalb wird die Art in der Pharmazie genutzt. Auf optimalen Standorten werden die Triebe bis zu 2 m lang, im Mittel bis zu 60 cm werdend, mit bis zu 30 cm langen Blättern.

Blüte: Scheinquirle mit gelben, selten rötlichen, end- und achselständigen Blüten, bis zu 10 Stück in Trugdolden angeordnet, Blütentriebe können auch aus den Achseln kommen.

Blütezeit: je nach Lage ab Ende Juni bis August.

Ansprüche: steinige und kalkmergelige Verwitterungs- sowie Urgesteinsböden, insbesondere Wiesen, Weiden, Schutthalden sowie im Knieholz und

jungen Baumbeständen ab 1100 m Höhe wachsend, gehört zu den kalkliebenden Enzianarten, verträgt bei ausreichender Feuchtigkeit volle Sonne und wächst bevorzugt in einem mit Mergel angereichertem, feuchtem Humussubstrat bzw. auch in Gartenerde mit guter Luftführung, d. h. bei guter Dränage und einem pH-Wert von 5,8 bis 6,2.

Chromosomenzahl 2n: 40.

Unterarten: ssp. *aurantiaca* Lainz; ssp. *lutea*, in den Alpen sowie in Regionen der Art außer auf dem Balkan vorkommend, Blüten mit freien Staubbeuteln versehen; ssp. *montserratii* Vivant und Greuter (40 cm hoch) als endemische Form trockener Standorte des Pena de Oroel, Süd-Jaca, Pyrenäen; ssp. *symphyandra* (Murbeck) Hayek, diese Unterart kommt nur auf dem Balkan vor, mit verwachsenen Staubbeuteln, Chromosomen 2n: 40, desweiteren ssp. *vardjanii*

Hybriden: *G. × charpentieri; G. × kummeriana* Sendt. *G. lutea × G. pannonica (G. × haengstii)* Hausmann; *G. lutea × G. punctata (G. doerfleri); G. × pseudosymhyandra; G. × purpurascens* Grisebach.

Gentiana pannonica Scopoli

Synonym: Ostalpen-Enzian, Pannonischer Enzian

Vorkommen: Balkan, Bosnien, Bayrischer Wald, Böhmerwald, Siebenbürgen, Tatra, Schweiz.

Beschreibung: ähnelt *G. purpurea* und *G. punctata*, meist 20 cm hoch, auf optimalen Standorten sogar bis 65 cm, wächst auf kräftigem Wurzelstock, Blätter bis 20 cm lang.

Blüte: endständige, glockige, rotviolett, purpurn gefärbte und außen dunkelrot punktierte Blütenkrone mit bis zu acht Zipfeln, Krone über 3,5 cm lang.

Blütezeit: Juli bis August.

Ansprüche: wächst auf steinigen und kalkmergeligen Böden sowie Urgesteinsböden, insbesondere auf Wiesen, Weiden, auf Schutthalden bis vor Flachmoore sowie im Knieholz; ist eine Zeigerpflanze für Feuchtigkeit, Licht und Nähr-

Der Lichtanzeiger *Gentiana punctata* bevorzugt durchlässige, kalkarme, mäßig humose und feuchte Standorte (Foto: Flogaus-Faust 2005).

zelstock mit unverzweigten, grünen glänzenden, lanzettlich bis breitovalen Blättern mit zumeist fünfbogig angeordneten Hauptrippen, die fünf- bis siebennervigen Blätter werden 4-6 cm breit, die Blattrosette wird bis zu 55 cm, mit einem Blütenstiel von bis zu 25 cm Länge.

Blüte: drei bis fünf endständige, glockige Blüten ordnen sich in den oberen Blattwinkeln an, meistens apikalwärts in der Anzahl zunehmend, die Krone ist purpurrot und innen gelblich bis hellgelb, manchmal auch weiß gefärbt und bis zu 5 cm lang, im oberen Drittel ist sie fünfteilig eingeschnitten und mit breitovalen, aufrechten Zipfeln versehen, mitunter kommen auch weiße, rosa und gelblich gefärbte Blüten vor.

Blütezeit: Juli bis September.

Ansprüche: guter Anzeiger für Licht und mittlere Feuchtigkeitsverhältnisse, bevorzugt pH-Werte von 4,8 bis 5,2, häufig abgeschirmt auf der Westseite zu finden, verträgt keine extremen Temperaturschwankungen; der Purpur-Enzian ist ein ausgesprochener Kalkmeider, bevorzugt mittelfeuchte, sandige Humussubstrate, nur vorsichtig düngen!

Chromosomenzahl 2n: 40

Hybriden: *G. purpurea* × *G. lutea* (*G.* × *thomasii* Hall syn. *G. rubra* Clairv.); *G. purpurea* × *G. pannonica* (*G.* × *kusnezowiana* Ronninger); *G. purpurea* × *G. punctata* (*G.* × *spuria* Lebert).

Formen: f. *asini* Briquet; f. *flavida* Gremli; f. *nana* Hegi.

stoff- sowie Stickstoffmangel, Spätfröste und Temperaturextreme werden nur unzureichend vertragen, verträgt jedoch Vollbesonnung, besser jedoch Westsonne und wächst bevorzugt in einem mit Kalkmergel angereichertem, feuchtem Silikat-Humus-Substrat allerdings bei guter Dränage und Tiefgründigkeit bei pH-Werten von 5,5 bis 5,8.

Chromosomenzahl 2n: 40

Formen: f. *ronnigeri* (Europa) Doerfler; f. *pichleri* (Europa) Huter.

Hybriden: *G. pannonica* × *G. lutea* (*G.* × *hybrida*); *G. pannonica* × *G. purpurea* (*G.* × *pannopurpurea*).

Gentiana purpurea L.

Synonym: Purpur-Enzian

Vorkommen: mitteleuropäische Gebirge, bevorzugt in den Alpen, Balkan, Kamtschatka, Bayrischer Wald, S-Norwegen, Skandinavien sowie Große und Kleine Tatra (subalpine Stufe ab 900 bis über 2650 m).

Beschreibung: mehrjährige, bereits 1885 von Thome illustrierte Art, wächst auf starkem Wur-

Gentiana punctata L.

Synonym: Getüpfelter Enzian, Tüpfel-Enzian

Vorkommen: Mitteleuropa, bevorzugt in den Alpen, Balkan, Hohe Tatra, Karpaten, Sudeten (bis zu 2500 m).

Beschreibung: bis zu 65 cm groß werdend, hat gestielte lanzettlich bis breitovale, fünfnervige Blätter und einen stark ausgeprägten Wurzelstock.

Blüte: end- und achselständige Blütenbüschel, hat bis zu acht stumpfe Kronblattzipfel, ähnelt *G. pur-*

Gentiana orbicularis auf kalkhaltigen, durchlässigen, mäßig feuchten alpinen Standorten (Foto: Flogaus-Faust, 2004).

purea, jedoch ist die Krone hellgelb und zumeist dunkel punktiert, die Blütenkrone ist glockig ausgerichtet, der Kelch ist bis zur Mitte fünfteilig eingeschnitten.

Blütezeit: Juli bis September.

Ansprüche: die Licht und Stickstoffmangel anzeigende Art bevorzugt durchlässige, kalkarme Böden auf feuchten Standorten alpiner Wiesen bei pH 4,8 bis 5,2, sie ist zu finden im Knieholz und zwischen Strauchheiden, bevorzugt volle Sonne.

Chromosomenzahl 2n: 40.

Hybriden: *G. punctata* × *G. lutea (G.* × *biloba); G. punctata* × *G. purpurea (G.* × *gaudiniana* Thom. syn. *G.* × *jaccardii* Wilczek).

Formen: f. *concolor,* f. *purpurascens* Vaccar und Melly (wird auch als Hybride von *G. lutea* × *G. purpurea* angesehen).

Sektion Calathianae Froelich

Die Arten dieser Sektion sind mit ihren Rosetten bodendeckend und werden gerne als Frühlingsenziane bezeichnet. Die Blüten sind endständig an kurzen Trieben angeordnet. Die Chromosomen der Arten variieren und können mit n = 7 (8 oder 15) hexa- oder auch tetraploid sein.

Gentiana bavarica L.

Synonym: *G. carpatica*

Vorkommen: in allen alpinen Regionen Europas bis in die Karpaten (bis zu 3500 m).

Beschreibung: ausdauernde, bereits 1796 von Sturm illustrierte Art mit hellgrünen, spatel- bis eiförmigen, ziegeldachartigen Blätter, polsterartiger Wuchs, mehrere bis zu 15 cm lange Triebe.

Vielblütiger *Gentiana bavarica* mit azurblauen Blüten und weißen Narben (Foto: Yuan 2005).

Blüte: endständig, leuchtend azurblau, mitunter auch weiß.

Blütezeit: blüht etwas später als *G. verna* im Juni und manchmal auch noch im September.

Ansprüche: der Licht- und Feuchtigkeitsanzeiger verträgt auf feuchten Standorten volle Sonne, gedeiht auf Silikat und unter Kalkeinfluss bei pH 5,6, sogar bis über 6,5, verträgt problemlos Spätfröste und extreme Temperaturschwankungen.

Chromosomen 2n: 28, 30

Hybriden: *G.* × *bavarabrachy* aus *G. bavarica* × *G. brachyphylla*.

Varietäten: f. *discolor* (nur in der Schweiz vorkommend); var. *bavarica*; var. *imbricata*; var. *subacaulis* (die Sorte 'Alba' ist nicht einfach zu kultivieren).

Gentiana brachyphylla Villars

Synonym: *Calathiana brachyphylla*, *G. verna* var. *brachyphylla* Grisebach

Vorkommen: europäische Alpen, Pyrenäen, Karpaten, Kaukasus, Sierra Nevada (bis über 3000 m).

Beschreibung: polsterbildende, rosettige Staude mit bis zu 10 cm langen Trieben, die fast fleischigen Blätter sind rhombisch bis rund und bläulichgrün.

Blüte: leuchtend azurblaue bis tiefblaue, endständige Blüten, die bis zu 3 cm groß werden, mit dunkelblauen Zipfeln, mit weißen Narben und kurzen

Kelchröhren von 2,5 cm Länge, blüht später als *G. verna*.

Blütezeit: manchmal im Mai bis Juni sowie August bis September.

Ansprüche: meidet Kalk und bevorzugt Silikatgestein auf humosen, sehr durchlässigem und feuchten Standorten je nach Rasse bei pH 5,8 bis 6,2.

Chromosomen 2n: 28, 30.

Sorte: 'Alba' schöne, selten zu findende weiße Selektion, die im Mai und im Herbst blüht.

Unterarten: ssp. *brachyphylla* ist eine Kalk meidende Spezies, besitzt hellblaue Blüten mit schmal geflügelten Kelchen; **ssp.** *favrati* (2n = 28 bis 32) (Rittener) Tutin.

Bemerkung: wird auch als *G. orbicularis* geführt

Vorkommen: alpine Regionen bis zu 2800 m (Großglockner Alpen, Balkan, Karpaten, Großer Kaukasus, Südspanien).

Beschreibung: weist stumpfe Rosette mit rundlichen bis ovalen, beinahe ledrigen Blättchen auf.

Blüte: besitzt tiefblaue, dem *G. verna* sehr ähnliche Inflorescenzen, der Kelch ist geflügelt.

Blütezeit: Mai bis Juni.

Ansprüche: auf Standorten mit Kalkunterlage bei mäßig feuchter und leicht saurer Roh-Humusauflage bei pH-Wert von 5,5 bis 5,8, damit weicht dieser Enzian von *G. brachyphylla* (Silikatgestein) ab, nicht einfach zu kultivieren.

Chromosomen 2n: 28, 30, 32

Hybride: *G. ambigua* (2n: 56) aus der Kreuzung *G. brachyphylla* × *G. verna* (Müller 1982).

Gentiana nivalis L.

Synonym: *G. minima*, Schnee-Enzian

Vorkommen: vereinzelt noch zu finden in Alpenregionen, Abruzzen, Finnland, Grönland, Island, Karpaten, W-Kaukasus, Norwegen, arktisches Amerika, Pyrenäen (bis zu 2700 m).

Beschreibung: der nur noch selten anzutreffende, einjährige, zarte und vielblütiger Schnee-Enzian zeichnet sich mit länglichen schmalen Blüten auf Stielen, 15 bis 20 cm hoch.

Die vorwiegend in den Alpen vorkommenden *Gentiana pumila* zeichnet sich durch azurblaue Blüten mit weißen Narbenaugen aus. (Foto: Hadacek 2007.

Blüte: leuchtend blaue bis leicht violette, manchmal weißliche, endständige und auch axilliare Blüten, die sich nur bei Sonne öffnen.

Blütezeit: Ende Juni bis August.

Ansprüche: bevorzugt feuchte humose, moorige jedoch durchlässige Kalk- und Silikatstandorte am liebsten in Mischung mit Gräsern und Kräutern.

Chromosomen 2n: 14

Formen: f. *simplex*, f. *brevifolia*.

Gentiana pumila Jacquin

Synonym: *G. verna* L.

Vorkommen: SO-Europa, insbesondere in den SO-Kalkalpen, Pyrenäen, Slowenien, Steiermark, Venetien (unter 2400 m).

Beschreibung: Wuchs rasig und polsterförmig, mit lanzettlich zugespitzten Blättern auf kurzen Stielchen.

Blüte: hell- bis azurblaue, mit weißen Narbenaugen versehene, glockige bis röhrige Blüten.

Blütezeit: Mai bis Juni, mitunter auch im August blühend.

Ansprüche: wächst bevorzugt auf kalkigem, leicht humosen mäßig feuchten Lehm-Grus bei pH 5,8, in kleinen Gefäßen zu kultivieren.

Chromosomen 2n: 20

Hybriden: *G. pumila* × *G. imbricata* (*G.* × *pumilimbricata*) Gusm.

Unterarten: ssp. *pumila* (O-Alpen, reichblütig, aber leider nur gering remontierend);

ssp. *delphinensis* (Beauverd) Fournier

    Vorkommen: S-W-Alpen, Pyrenäen (bis zu 2500 m)

    Synonym: *G. verna* ssp. *delphinensis*.

    Beschreibung: kleine Pflanzen bis zu 8 cm groß werdend.

    Blüte: reinblau und einblütig mit 2 cm langem Kelch.

    Blütezeit: Juni bis August.

    Ansprüche: auf subalpinen feuchten, humosen Wiesen mit kalkigem Untergrund bei pH 5,8.

    Chromosomen 2n: 20.

Gentiana rostanii Reuter und Merlot

Vorkommen: an Alpenseen in Europa und Pyrenäen, die Art könnte mit dem schmalblättrigen *G. bavarica* (Lautaret, Frankreich) identisch sein (bis 2300 m).

Beschreibung: Triebe bis 20 cm hoch werdend, hellgrün, spatel- bis eiförmige Blättchen mit polsterartigem Rosettenwuchs.

Blüte: leuchtend blau bis azurblau mit weißer Mitte, bis zu 2 cm große Blüte.

Blütezeit: von Mai bis Juni und manchmal auch im August.

Ansprüche: bevorzugt durchlässige, feuchte humose bis torfige und sonnige Standorte auf Silikatbasis mit nur wenig Kalkeinfluss bei pH 5,5 bis über 5,8.

Chromosomenzahl 2n: 28, 30.

Gentiana terglouensis Hacquet

Synonym: *G. imbricata* (Froelich), *G. triglavensis* Paulin

Vorkommen: Dolomiten, SO-Kalkalpen (bis zu 2700 m).

Beschreibung: keine Blattrosette, mit zahlreichen Trieben bis zu 5 cm lang, stark zugespitzte, schindelartige Blättchen bis zu 0,6 cm und damit kleiner als *G. bavarica*.

Der aus den Kalkalpen stammende, ausdauernde *Gentiana terglouensis* ssp. *schleicheri* besitzt azurblaue Blüten, diese besitzen einen langen Kelch und nur kleine Blattrosetten (Foto: Hadacek 2007).

Blüte: hellazurblaue, endständige, gestielte Blüten bis zu 3 cm groß, Tube doppelt so lang wie der Kelch.

Blütezeit: Juni bis Juli .

Ansprüche: wächst auf steinigen, kalkigen und mäßig feuchten Substraten bei pH 5,8 bis 6,2.

Chromosomen 2n: 38, 40, 42

Unterartenen: ssp. *terglouensis* (Tutin), kommt in den O- und S-Alpen, insbesondere Slowenien (Triglav) auf Kalkgestein vor, die Blättchen an den Trieben stehen dicht angeordnet aufrecht. Bevorzugt feuchte, durchlässige Lehmstandorte.

ssp. *schleicheri* (Vaccari) Tutin, Kunz.

Vorkommen: maritime Alpenregionen Mitteleuropas, insbesondere Savy, Frankreich sowie in den Pyrenäen (ab 1600 bis 3000 m).

Beschreibung: kleine Blattrosette bis zu 6 cm hoch, oval- bis rhomboidförmig mit lanzettlich zugespitzten Blättchen, welche schindelartig angeordnet und bis zu 10 mm lang sind.

Blüte: azurblau.

Blütezeit: Juli bis August.

Ansprüche: wächst am liebsten auf steinigen, kalkigen und mäßig feuchten Lehmsubstraten bei pH 5,8 bis 6,2 in voller Sonne bei ausreichender Feuchtigkeit.

Chromosomen 2n: 30, 31, 33, 42

Gentiana verna mit schöner weißer Mitte, (Foto: Scott Zena)

Gentiana utriculosa L.

Vorkommen: vereinzelt in alpinen europäischen Regionen, insbesondere Balkan und Südtirol (bis zu 2700 m).

Beschreibung: mehrblütige, einjährige Art mit bis zu 12 cm langen Blütentrieben, Blätter basal.

Blüte: blaue, bis zu 3 cm große Blüten.

Blütezeit: Juni bis August.

Ansprüche: bei ausreichender Feuchtigkeit, humose, durchlässige, kalkige Standorte verträgt die Art Vollbesonnung.

Chromosomen 2n: 22, 28, 33

Formen: f. *congesta* Beauverd; f. *ramosa* Groß; f. *simplicissima* Dittmar.

Gentiana verna L.

Synonym: *Calathiana verna* Holubec, Frühlings-Enzian, Schusternagel

Vorkommen: alpine Regionen in Europa, Afganisthan, Altai, Baikal, NW-Asien, Iran, W-Irland, Mongolei, Norwegen, im russischen und georgischen Kaukasus und W-Sibirien (bis 3000 m).

Beschreibung: die mitunter kurzlebige Staude

wächst rosettig mit elliptisch bis lanzettlichen Blättern, Blütenstiele je nach Rasse 5 cm bis zu 10 cm lang werdend, mit bis zu drei Blattpaaren.

Blüte: sternförmige, leuchtende hell- bis dunkelblaue, weiße oder rosa Blüten bis zu 3 cm groß, Blüten mit weißem Schlund und ausgebreiteten Blütenblättern.

Blütezeit: ab Mitte April bis Juni sowie mitunter nochmals im September.

Ansprüche: hohe Anpassungsfähigkeit, kommt sowohl auf trockenen kalkarmen aber auch kalkhaltigen Böden vor, jedoch bevorzugt auf feuchten, durchlässigen, lehmig bis humosen Standorten mit Weißtorfanteil und Kalkgrundgestein, vor übermäßiger Feuchtigkeit im Winter schützen, schön in Kombination mit alpiner Flora wie *Primula, Saxifraga, Thymus* sowie Gräsern, verschiedene Klone gegenüber Fusarien recht anfällig.

Chromosomenzahl 2n: zumeist 28, jedoch Variation zwischen 26 bis 32

Varietäten:

var. ***angulosa*** Wahlenb., wird mitunter auch als *G. verna* ssp. *pontica* geführt (2n: 28, 30) (Gagnitze et al. 1992)

Vorkommen: russischer und georgischer Großer Kaukasus bis hin zum östlich gelegenen Ossetien, Mongolei, Turkestan sowie Sibirien (ab 1300 bis 2400 m).

Blüte: ähnelt dem *G. verna* mit dem Unterschied, dass der geflügelte Kelch breitkantiger ist, er ist großblumiger als die Art und zeichnet sich durch schöne azurblaue Blüten mit weißen Narben aus.

Blütezeit: die gut remontierenden Pflanzen beginnen bereits im Mitte April zu blühen, eine weitere Blüte ist auch im Herbst möglich.

Ansprüche: gehört mit zu den am leichtesten zu kultivierende, tolerante Arten und kommt bevorzugt auf subalpinen humosen, feuchten

Bestechend ist das Blau von *G. verna* (Foto: Heuger 2005)

und durchlässigen Wiesen vor, der Untergrund sollte sowohl Silikat als auch Urgesteinsmaterial (Sand, Splitt) enthalten, Art möchte absonnig bis sonnig bei einem pH-Wert von 5,5 bis 5,8 stehen; wie für viele Enziane bekannt, möchte diese Art gerne in Gruppen stehen; dem Frühlingsenzian wird eine Kalkfreundlichkeit nachgesagt, dennoch sollte man nur mit sehr wenig Kalk kultivieren.

Chromosomen 2n: 30, die gleiche Anzahl besitzt auch ssp. *balcanica* (Pritchard).

Gentiana angulosa Bieberstein

Synonym: da die Art in Flora Europaea nicht mehr erwähnt wird, ist es zweifelhaft, ob es sich um eine eigenständige Spezies handelt.

Vorkommen: Altai, Kazbegi/Kaukasus, Mongolei, Sibirien (über 1800 m).

Beschreibung: mehrjährig, ähnlich *G. verna*, jedoch kleinere Blätter und blassere Blüten, Zähne und Röhren geflügelt

Blüte: blassere Blüten als *G. verna*.

Blütezeit: Mai bis Juni.

Ansprüche: recht feuchte, humose Standorte mit kalkigem Untergrund bei pH 5,8, möglichst nur größere Stücke für die Vermehrung teilen.

Chromosomenzahl 2n: 30

Hybriden, Unterarten: *G. angulosa* × *G. bavarica* (*G.* × *angubavarica* Gusm.); *G. angulosa* × *G. brachyphylla* (*G.* × *angubrachyphylla* Gusm.)

ssp. *oschtenica* (Kusnezow)

Vorkommen: endemisch im NW-Kaukasus (2500 m).

Beschreibung: die von subalpinen Wiesen des Berges 'Gora Oschten' (Kalkbasis) stammende Art besticht mit cremegelben Blüten, die bis zu 7 cm lang werden können.

Blütezeit: er beginnt bereits im März zu blühen, am natürlichen Standort erst ab Juni.

Ansprüche: feuchter als *G. verna* auf humosen, kalkhaltigen und recht durchlässigem Substraten kultivieren, nicht zu feucht in den Winter gehen

Der mit seinen cremegelben bis gelben Blüten bestechende *G. verna* ssp *oschtenica* (oben) ist im Dombautal und am Gora Oschten des Kaukasus auf alpinen Wiesen und Tälern zu finden.

lassen; der etwas weniger leicht zu kultivierende Enzian sollte in einem mineralischen Gemisch mit hohem Sandanteil, etwas Kalkschotter, Perlite und einem geringen Anteil an Lehm stehen. Die Gefäße in ein bewässertes Sandbeet stellen. Die Art ist nicht langlebig, Winterschutz im Alpinenhaus ist angeraten, gleichfalls das Einhalten der optimalen Bedingungen. Vermehrung über neue Saat am Standort, vorteilhaft auch über die In-vitro-Kultur.

Chromosomen: 30.

ssp. *pyrenaica*, mit großen, azurblauen Blüten mit weißen Narben

ssp. *pontica* (Soltokovic) Hayek

Vorkommen: Rohdopen.

Beschreibung: ähnelt *G. verna*, doch der Kelch ist hingegen geflügelt, die Kelchzipfel sind stumpfer angeordnet, Triebe bis zu 6 cm lang.

Blüte: blau, bis zu 4 cm groß.

Blütezeit: Mai bis Juni.

Chromosomen 2n: 28.

ssp. *tergestina* (Beck) Hayek

Vorkommen: Balkanhalbinsel, Bulgarien, Kroatien, Serbien, Italien.

Beschreibung: die auch als Triestiner Enzian bezeichnete, mattenbildende Unterart kommt vorwiegend in Istrien und Velebit, Kroatien vor, die Blätter sind feiner als die der Art, er wächst bevorzugt auf Kalkgestein.

Blüte: besticht mit seinen azur- bis dunkelblauen Blüten, welche weiße Narben aufweisen, der Kelch ist breitkantig geflügelt.

Blütezeit: der in manchen Gegenden bereits im März blühende Enzian zeigt noch einmal Blüten im Herbst.

Ansprüche: wie *G. verna*, jedoch feuchter und auf humosen kalkhaltigen Substraten unter Zusatz von Urgesteinsmehl kultivieren.

Chromosomen 2n: 28, 30.

ssp. uniflora

Vorkommen: Altai, Mongolei und Sibirien (800 bis 2700 m).

Beschreibung: besitzt breite und ovallanzettliche Blätter

Blüte: dunkelblau und bis zu 6 cm groß.

Blütezeit: beginnt im April bis Mai zu blühen ssp. *verna* Tutin.

Hybriden: *G.* × *ambigua* aus *G. brachyphylla* × *G. verna*; *G.* × *angubavarica* aus *G. verna angulosa*

Bereits Kennern fällt es schwer die unterschiedlichen Arten der Ciminalis-Sektion deutlich voneinander zu unterscheiden. Viele Hybriden der Ciminalis-Gruppe befinden sich in der Vermehrung und im Handel. Selbst angeblich ingezüchtete Eltern spalten in ihrem Phänotyp in der F1-Generation auf, wie diese Nachkommen der Sorte 'Beauty', belegen (Beispiele 198006 zu 198007).

× G. bavarica; G. × angubrachyphylla aus G. verna × G. brachyphylla; G. × bavarabrachya aus G. bavarica × G. brachyphylla; G. × pumilimbricata aus G. pumila × G. terglouensis; G. × vernabrachya aus G. verna × G. brachyphylla; G. × vernapula aus G. verna × G. pumila; G. verna × G. acaulis; sollte Eschmann (pers. Mitteilung 2003) in Emmen, Schweiz gelungen sein.

Selektionen/Sorten:

'Alba' mit weißen Blütchen auf kurzen Stielen, blüht ab Anfang April.

'Astrocoerulea' mit schönen sternförmigen, blauen Blüten ab Ende März.

'Began' sehr wüchsige und reichlich blühende Sorte mit langen, leicht rötlichen Stielen, blüht ab April, leider anfällig gegenüber Fusarien, wie viele Sortenklone im Handel.

'Chionodoxa', hellblau blühende Sorte ab Ende März.

'Coelestis' mit himmelblauen Blüten ab Mitte März.

'Davma' wüchsige und reichlich blühende Sorte, blüht ab April, gegenüber pilzlichen Schaderregern resistent.

'Gapa' schönste Eigenselektion, reichlich blühend ab April, Blüten auf kurzem Stiel, Sorten sind resistent gegenüber pilzlichen Schaderregern.

'Grandiflora' mit leuchtend blauen, großen Blüten ab Anfang April.

'Hellblau' Kreuzungsnachkommen aus G. verna × G. pumila mit himmelblauen Blüten und lanzettlich gedrungenen Blättern, beginnt bereits im März zu blühen.

'Papillon' Selektion mit azurblauen Kronenblättern, die im Inneren weiß gefleckt sind, Blüte ab Mitte April.

'Rosea' Selektion mit zart rosa Blüten, beginnt ab Ende März zu blühen.

'Violettpurpur' Frühlings- und Herbstblüher mit violettblauer Blüte, beginnt bereits Ende März mit der Blüte.

Sektion Ciminalis
(Adanson) Dumorti

Die auch als Thylacites bekannte Sektion geht bis in die Eiszeit zurück und bezieht sich nur auf europäische Arten alpiner Regionen, bildet Blattrosetten sowie trichterförmige, einzelne Blüten aus. Mit Arten der Sektion Chondrophylla wurden häufig Hybridisierungen beobachtet.

Gentiana alpina Villars

Synonym: *Ciminalis alpina* (Villars) Grisebach

Vorkommen: in deutschen, italienischen, österreichischen und schweizer Alpen, Frankreich, Pyrenäen, Sierra Nevada (ab 2000 m).

Beschreibung: Pflanzen mit hellgrünen Blättern, diese sind rundlich und bis zu 1,5 cm lang an grundständigen Blattrosetten, welche nach Jahren Matten ausbilden.

Blüte: die kurzstielige, dunkelblaue bis violette, mitunter auch weiße, solitäre, glockige bis zu 4 cm große Krone ist mit grünlichen Flecken in der Kehle versehen, der Schlund ist heller angedeutet,

Gentiana acaulis (Stängelloser Enzian).

der Kelch ist fünfzähnig, lange Kelchzähne.

Blütezeit: je nach Standort etwa Mai bis August.

Ansprüche: bevorzugt Silikatgestein, ist jedoch auch auf kalkhaltigen Standorten anzutreffen, der Alpen-Enzian möchte absonnig auf humusreichem, luftdurchlässigen, mäßig feuchtem Substrat bei einem pH-Wert von 5,2 bis 5,5 stehen, nicht einfach zu kultivieren.

Chromosomen 2n: 36

Form: f. *elongata* Schleicher.

Gentiana acaulis L.

Synonym: *G. ciminalis, G. kochiana, G. excisa,* Stängelloser Enzian.

Vorkommen: Gebirge Südeuropas, Alpen, Allgäu, Balkan, Karpaten, Pyrenäen, West bis Mittel-Russland, in vielen Rassen vorkommend (ab 1200 bis 3400 m).

Beschreibung: Rosette ausbildend, die grundständigen Laubblätter sind lanzettlich, mitunter eiförmig bis oval, im Gegensatz zu andern Arten sind Blattspitzen nach innen aufgestülpt, sie sind bis zu dreimal länger als breit und bilden einen 2 bis 3 cm hohen Teppich, leider remontiert die Art nur selten im Herbst. Der ab Mai bis August blü-

hende *G. acaulis* ist eine niedrig wachsende Art mit nur einer Blüte auf kurzem Stiel. Er unterscheidet sich von *G. clusii* durch breitere und weiche Rosetten- und Kelchblätter, stumpfe Buchten zwischen den Kelchblättern sowie durch zumeist fünf grüne Flecken am Schlund der Blüten.

Blüte: dunkelazurblau mit olivgrünen Streifen in den leuchtenden Trompeten, welche bis zu 6 cm groß werden können, Kelch ist fünfzähnig, die Krone mitunter auch mit grünlichen Flecken im Schlund versehen, abstehende spitze Kelchzipfel sind mit einer weißen Verbindungshaut versehen, Kelchzähne an der Basis verengt und eiförmig bis lanzettlich ausgeprägt, typisch für die Art sind ein- bis zwei Paar Stängelblätter sowie zusammen hängende Antheren.

Blütezeit: je nach Standort ab Ende April bis Ende Juni.

Ansprüche: gehört an sich zu den kalkmeidenden Arten, bevorzugt Silikatgestein jedoch in Kombination mit wenig Kalkmergel, möchte absonnig auf lehmig bis torfigen, humusreichem, luftdurchlässigen und steinigen, mäßig feuchten Substrat bei einem pH-Wert von 5,2 bis 5,5 stehen, Vorsicht bei der Düngung, Nährlösungen über 200 ppm können bereits zu Verbrennungen an den Blättern führen.

Chromosomenzahl 2n: 36

Varietäten: var. *transiens* Negre

Bemerkungen: nach Köhlein (1986) wird in die Ciminalis-Sektion *G. acaulis* (Breitblättriger Enzian), *G. alpina* (Südalpen-Enzian), *G. angustifolia* (Schmallblättriger Enzian), *G. dinarica* (Dinarischer Enzian), *G. ligustica* (Ligurischer Enzian) und *G. occidentalis* (Östlicher Enzian) zugeordnet. In diese Gruppe gehört zudem der Clusius-Enzian (*G. clusii*).

Unterscheidung: Die Einordnung der Arten der Ciminalis-Sektion nimmt Halda (1996) nach Calyx-Typen vor. Hier sei der Schlüssel nach Halbmayr (1988) in Anlehnung an Flora Europaea erwähnt:

G. alpina: ausgebildete Rosettenblätter sind nicht länger als breit

Weiß bis gelblich blühende Sorten 'Alba' (2) und 'Bruehls' (3) von *Gentiana acaulis* var. *alpina* mit schöner gelblich-grünlicher Innenzeichnung im Vergleich zu der blau blühenden, wüchsigen Sorte 'Belvedere' (1) (Foto b: Peters 2004).

G. acaulis: Kelchzähne größer, mindestens so lang wie breit, Kronblattzipfel zugespitzt, Kronröhre innen grünlich, mit dunklen, olivgrünen Flecken

G. angustifolia: ausgebildete größere Rosettenblätter, lanzettlich bis elliptisch

G. clusii: an der Basis schmale, ovale bis dreieckige Kelchzähne, in den Kronröhren sind kaum grünliche Flecken vorhanden

G. dinarica: große Blüte, Kronblattzipfel kürzer und zugespitzt, die Kelchzähne sind länger und oval zugespitzt

G. ligustica: Kelchzähne halb so lang wie die Röhre, Krone ohne grünliche Flecken im Schlund

G. occidentalis: Kelchzähne nur halb so lang wie die Röhre, zugespitzte Kronblattzipfel.

G. acaulis var. alpina

Verbreitungsgebiet: SW-Alpen, Kaukasus, Karpaten, Pyrenäen.

Beschreibung: gut ausgebildete Rosettenblätter, diese sind beinahe so lang wie breit, im Gegensatz zu anderen Arten sind die Blattspitzen nach innen etwas aufgestülpt.

Blüte: der Stängellose Enzian besitzt tiefblaue Trichterblüten mit samtartigem Schein, welche im Mittel bis zu 8 cm groß werden können, einige Sorten zeigen noch größere Tuben.

Blütezeit: je nach Standort Mai bis Juni bis Ende Oktober.

Ansprüche: bevorzugt Silikatgestein in Kombination mit geringem Lehmanteil sowie nur wenig Kalk bei pH 5,5 bis 5,8.

Chromosomenzahl 2n: 36

Sorten:

'Alba' schöne, weiß blühende Form, mit großen

Große, himmelblaue bis blaue Blüten zeichnen die gutwüchsige Sorte 'Coelestina' aus, hier im Vergleich zur der etwas dunkelblütigeren Sorte 'Velkokvensis' (rechts im Foto).

Blüten, Sorte beginnt sehr zeitig im April zu blühen, die Blüten sind etwas langstieliger als bei der Art aus dem Ober-Inntal.

'Abendhimmel' große, hellblaue Blüten mit stark gebuchteten Kronblattzipfeln, blüht im Frühjahr und im Herbst.

'Alboviolacea' wird mitunter auch als *G. clusii* geführt, Sorte hat eine interessante violette bis rotbraun gefärbte Blüte, leider bei Sonneneinstrahlung mit rollenden Blütenblättern.

'Andorra' Sorte mit schönen azurblauen Blüten.

'Belvedere' mittelgroße himmelblaue blühende Sorte mit breiter, kurzstieliger Korolle, blüht häufig zweimal im Mai und Ende August, bildet gute Polster aus, in Österreich entstanden.

'Belgand' wüchsige und weit verbreitete Sorte, scheint ein Hybride der Arten *G. acaulis × G. clusii* zu sein. Die Sorte ist der Selektion 'Maxima' mit ihren abgerundeten Blütenblättern recht ähnlich.

'Bielefeld' gut wachsende, azurblau blühende neue Sorte, blüht von Mai bis August.

'Brinkmann' gut wachsende, dunkelblau blühende Sorte, blüht von Mai bis August und kann auch vorgetrieben werden.

'Bruehls' gut wachsende, weiß blühende Sorte mit gelblichen Innenstreifen, blüht von Mai bis Juni.

'Coelestina' großblumige, himmelblau bis blau blühende Sorte mit trichterförmigen, breiten Blüten, besitzt spitze und gebuchtete Kronblattzipfel, die bis zu 4,5 cm langen Blüten sind leicht gestielt.

Die Sorten 'Eschmannii' (Foto) und 'Maxima' (Züchtungen von Eschmann, Schweiz) besitzen wohl die größten Tuben von allen Züchtungen des *Gentiana acaulis*.

Die Pflanzen blühen ab Ende April sowie manchmal auch noch Mitte Oktober.

'Cole de Lombardo' gut wachsende, blau blühende Sorte, blüht von Mai bis Juli.

'Dänemark' dunkelblau blühende, gut wachsende, großblumige Sorte, blüht ab Mai bis Juli, bevorzugt neben Silikatbeimischung auch leicht kalkhaltiges Substrat.

'Eschmannii' von Eschmann (Schweiz), gut bodendeckende, himmel- bis dunkelblau blühende Sorte, die aus Kreuzungen des *G. digena* (*G. acaulis × G. clusii*) sowie *G. acaulis var. coelestina* hervorging, blüht ab Ende April sowie auch ab Ende September nochmals mit einer bis zu 7 cm breiten und bis zu 12 cm langen, kurzgestielten Tube, die Schlundflecke befinden sich auf weißlichem Grund, die Kronblattzipfel sind stark gebuchtet.

'Gdansk'/'Danzig' ist eine alte, großblumige, remontierende Kulturform aus Danzig mit 4,5 cm langen ultramarineblauen bis azurblauen Blüten, welche mit dunkelvioletten Außenstreifen versehen ist, abstehende Kelchzähne sind für die Sorte kennzeichnend, im Rachen ist die Blüte dunkel gepunktet auf gelblichem Grund, Blütenstiel rötlich.

'Hamburg' mittel- bis großblumig, azurblau blü-

Die Kulturform 'Genandensis/Gdansk/Danzig' oder auch als Danziger-Enzian bezeichnet, gehört mit zu den beliebtesten Sorten der Ciminalis-*Sektion*.

Die Auslese 'Karpholita' entstand aus den Sorten 'Krebs' × 'Montenegro' × 'Maxima' und ergab einen breitblättrigen, großblütigen, resistenten Art-Hybriden (195002JMMX).

hende neue Sorte mit langem Blütenstiel und zum Schnitt geeignet, blüht von Mai bis August.

'**Hetych 27**' gut wachsende Auslese aus Österreich mit ultramarinblauen, großen Blüten, blüht von Mai bis August.

'**Hohenstein**' großblumige, dunkel- bis azurblau blühende Sorte mit ausgebuchteten spitzen Kronblattzipfeln, blüht ab Mai bis zum August.

'**Holzmannii**' Caulescente Form mit großen, dunkel- bis azurblauen Blüten, bis zu 4,5 cm breit und mit bis zu 12 cm lang werdenden Stiel, Blüte mit stark gebuchteten Kronblattzipfeln und olivgrünen Flecken in der Tube, mit abstehenden Kelchzähnen. Leider sind viele, nicht befriedigende Hybriden von dieser schönen Sorte am Markt zu finden.

'**JCA 51005**' Züchtung aus England, gut wachsende, dunkelblau blühend, blüht im Mai und August.

'**Johannis A.**' gut wachsende, dunkelazurblau blühende neue Sorte, blüht ab Mai und im August.

'**Kalt Blau**' gut wachsende, blau blühende Sorte ohne Violettstich, blüht ab Mai und im August.

'**Karpholita**' großblumige, mittelblau blühende Eigenselektion, die im Mai und manchmal auch Ende August nochmals blüht; Vorteil: kein Eindrehen der Blütenblätter bei Sonneneinstrahlung.

'**Krebs**' von Krebs (Schweiz), eine der schönsten Kulturformen der Art, welche Krebs in Agasul (1996) aus einem Bestand der Sorte 'Gdansk'/'Danzig' selektiert haben soll. Die Sorte ist unproblematisch zu kultivieren und zu vermehren, hat enzianblaue Tuben mit für die Sorte typischen weissen Spitzen wie die ostdeutsche Selektion '1950180PP', blüht Anfang Mai und manchmal im August. Kann sich unter geeigneten Bedingungen zu einem ausgezeichneten Bodendecker entwickeln.

'**Krumrey**' ist eine kurzgestielte, azur- bis dunkelblau blühende Sorte mit stark gebuchteten Blüten die bis zu 11 cm groß werden können, blüht ab Ende April bis zum Mai und auch im August, wurde bevorzugt für Kreuzungen verwendet, wie z. B. *G. clusii* 'Klostertal' × *G. acaulis* × *G. carpatica*

'**Lempert**' gut wachsend; dunkelblau blühende Sorte mit großen Blüten, blüht ab Mai und im August.

'**Leuchtfee**' von Peters (Deutschland), gut wachsend, ab Mai und im August himmelblau blühend.

'**Maxima**' von Eschmann (Schweiz), Sorte mit wundervoll azurblau blühenden, kurzgestielten, gedrungenen Blüten, mit etwas Rotstich, Tube bis zu 5,5 cm lang, blüht im Mai und August, wüchsig, bodendeckend und im Herbst remontierend.

Sorte 'Krebs' von *Gentiana acaulis* wächst flächendeckend in mäßig feuchtem, durchlässigem, humosen Substrat mit wenig Kalkeinfluss.

'Midiflora-Rubin' Matschke (Deutschland), Selektion aus einer Population von 'Grandiflora' (Knöpnadel 2005), Sorte mit mittelgroßen Blüten mit abgerundeten Blütenblättern und nur leicht angedeuteten Plicaes.

'Mauve Draem', 'Mauve Midi' und **'Mauve Beauty'** sind gut wachsende Neuzüchtungen des Autors mit großen Blüten und beeindruckenden Innenzeichnungen. 'Mauve Draem' besitzt spitze Kron-

'Sternschnuppe' mit gestielten Blüten, die Sorte eignet sich nur bedingt für den Schnitt, sie blüht ab Mai und manchmal im August.

blattzipfel, 'Midi Mauve' leicht abgerundete sowie 'Mauve Beauty' gleichfalls runde Kronblattzipfel und abgerundete Plicaes.

'Najmann' gut wachsende, dunkelblau blühende Sorte mit großen Blüten und spitzen Kronblattzipfeln aus Tschechien, Blütezeit ab Mai und im August.

'Niedere Tatra' gut wachsende, enzianblau blühende Sorte aus der niederen Tatra, blüht ab Mai und im August.

'Palludosa' gut wachsende, enzianblau blühende Sorte mit weiß gefleckten Kronblattzipfeln, blüht ab Mai und im August.

'Mauve Draem' und 'Mauve Midi' sind gut wachsende Neuzüchtungen mit großen, mauvefarbenen Blüten und beeindruckenden gelben Innenzeichnungen.

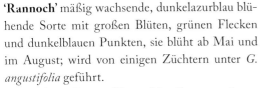

Bestechende Farbe der Kulturform 'Velkokvensis' von *Gentiana acaulis* .

In der Natur nur noch selten anzutreffende, blaublühende *Gentiana augustifolia*.

'**Rannoch**' mäßig wachsende, dunkelazurblau blühende Sorte mit großen Blüten, grünen Flecken und dunkelblauen Punkten, sie blüht ab Mai und im August; wird von einigen Züchtern unter *G. angustifolia* geführt.

'**Renate**' von Peters, (Deutschland), gut wachsende, dunkelblau blühende Sorte mit mittel- bis großen kurzen Blüten mit grünen Schlundflecken auf kurzen Stielen, blüht ab Mai und im August.

'**Saturn**' prächtige, lichtblau blühende, großblumige Sorte von Eschmann, (Schweiz) mit bis zu 5 cm breiten und 10 cm langen Blüten, blüht im Mai und August.

'**Schweiz**' gut wachsende, dunkelblau blühende, großblumige Sorte, blüht ab Mai und im August.

'**Stauwunder**' gut wachsende, azurblaue, mitel- bis großblumige Sorte, blüht ab Mai und im August.

'**Sternschnuppe**' gut wachsende Auslese aus der Kulturform 'Coelestina' mit großblumigen, hell- bis himmelblauen, trichterförmigen und breiten Blüten mit spitzen und gebuchteten Kronblattzipfeln, die 4,5 cm langen Blüten sind etwas gestielt.

'**Stumpy**' ist als interessante Sorte, aber nur noch selten bei Liebhabern zu finden

'**Trotter's Variety**' gut wachsende, dunkelblau blühende, großblumige, englische Sorte, blüht ab Mai und ein zweites Mal im August.

'**Undulatifolia**' Sorte mit ultramarinblauen Blüten von Dracke, Schottland, Sorte nicht verwechseln mit *G. clusii* var. *undulatifolia* (Suedermann), welche am Como- und Garda-See und den Bergamasker Alpen zu finden ist.

'**Uri**' gut wachsende, dunkelazurblau blühende, großblumige Sorte aus Österreich, blüht ab Mai und im August.

'**Velkokvensis**' gut wachsend, großblumige, tschechische, reinblaue Kulturform mit leicht rund zulaufenden Blütenblätter, Tuben bis 4,5 cm breit und bis 10 cm lang, blüht ab Mai und im August.

'**Vierlanden**' gut wachsende, dunkelblaue, großblumige Sorte aus Vierlanden, gestielte Blüten, für Schnitt geeignet, blüht ab Mai und im August.

Gentiana angustifolia Villars

Synonym: Schmalblättriger Enzian, *G. acaulis* var. *angustifolia*, *G. acaulis* var. *longifolia*, *G. caulescens*

Vorkommen: SW-Kalk-Alpen, NW-Italien, SO-Frankreich, Pyrenäen, SW-Schweiz (bis zu 2800 m).

Die wüchsigen Sorten 'Frei' (links) mit schönen azurblauen Blüten sowie 'Iceberg' (rechts) von *Gentiana angustifolia* mit hellblau bis weißlichen Blüten.

Beschreibung: gut ausgebildete, schmale Rosettenblätter, über das Doppelte so lang wie breit und bis zu 5 cm lang und über 1 cm breit, sie sind verkehrt lanzettlich ausgeprägt und hellgrün .

Blüte: nicht so lang gestielte, mit schmalen, trompetenförmigen Blüten, die kobaltblaue Tube ist mit grünlichen Punkten im Schlund versehen und wird bis zu 7 cm groß, die Kronenblätter laufen spitz zu, Zähne bis zu 1,5 cm, es konnten Auslesen gefunden werden, die bis zu 14 cm lange Stiele besaßen und somit für den Schnitt geeignet waren.

Blütezeit: Mai bis Juli mit Tendenz zur zweiten Blüte im Herbst.

Ansprüche: wird gerne von Liebhabern in Steingärten gepflanzt, bevorzugt sonnige, feuchte bis mäßig feuchte, steinige Silikat- in Verbindung mit Kalk-Mergel-Substraten, toleriert pH-Werte zwischen 5,8 und 6,5.

Chromosomenzahl 2n: 36.

Sorten:

'Alba', beeindruckende, leider krankheitsanfällige Selektion vom Standort Grenoble; eine Alternative für diese Sorte ist die wüchsigere, schöne polsterbildende, weiß blühende Sorte von 'Bruehl's Weiße'.

'Bruehl's Weiße' recht gut wachsende, beinahe rein weiß blühende Selektion aus der Brühler Region blüht ab April bis in den Mai hinein.

'Josef' recht gut wachsende, großblumige Sorte mit weißen Blüten und hellgrüner Zeichnung, blüht ab April bis in den Mai.

'Iceberg' schöne, wüchsige, weißlich blühende Sorte mit bläulichem Blütenschimmer.

'Frei' wüchsige, großblumige azurblaue Hybrid-Sorte, remontiert gut, ab Mitte April bis Mai.

'Lichtblau' schöne hellblau blühende Sorte mit mittelgroßen Blüten.

'Pallida' ist eine recht anspruchslose Sorte mit hellblauen Blüten.

'Pirin' die gut wachsende bulgarische Selektion aus dem Pirin-Gebirge besticht mit dunkelblauen, großen Blüten, blüht ab Mitte April bis in den Mai und manchmal auch noch im Oktober.

'Souler Pass' vom Souler Pass stammende und dunkel- bis hellblau blühende Selektion mit großblumigen Blüten, blüht ab Mitte April bis in den Mai.

Gentiana clusii Perrier und Songeon

Synonyme: *G. acaulis* var. *angustifolia* Rechb., *G. acaulis* var. *clusii* Beck, *G. firma* Kerner, *G. gran-*

Die Sorte 'Pirin' des *Gentiana angustifolia* besitzt schöne, blau bis dunkelblaue, große, gestielte Tuben.

Gentiana clusii mit schönen weiß-gelblichen Blüten mit eng anliegenden Kelchzipfeln und leicht abgerundeten Plicaes.

diflora Lam und Pers., *G. rochelii* Kerner, *G. vulgaris* Beck

Vorkommen: Gebirge in Mittel- und Südeuropa (bis zu 2800 m); Spezialisten schließen das Vorkommen der Art im Kaukasus aus, jedoch wurde dieser im Jahre 1997 im Gebiet von Meshketi (georgischer Großer Kaukasus) gefunden.

Beschreibung: Rosette mit steiflederigen bis der-

Die im Handel angebotenen *Gentiana clussi* var. *corbariensis* variieren im Phänotyp (Foto links: Peters, 2004).

ben, schmalen spitzen auch eliptisch-lanzettlichen Blättern, bis 10 cm langen Blütenstielen mit kleinen spitzen Blättern auf kräftigem Wurzelstock.

Blüte: 5 bis zu 10 cm große, schöne, ultramarinblaue, trichterförmige Blüten, mitunter sind rosa, weiß bis gelbliche und himmelblaue Blüten anzutreffen, Tuben können mitunter gelblich gestreift sein, sie haben keine olivgrünen Flecken, jedoch dunkelblaue Punktreihen, die Kelchzipfel sind lanzettlich zugespitzt und die Kronenröhren liegen recht eng an, die Kelchzähne sind dreieckig angeordnet, die Plicaes sind leicht abgerundet.

Blütezeit: Ende April bis Juli, mitunter auch noch im Oktober.

Ansprüche: Anzeiger für Kalkmergel, kühle Standorte und Stickstoffmangel, die kaum Ausläufer ausbildende Art gehört zu den kalkliebenden Enzianarten, sie bevorzugt mäßig feuchte, sonnige Standorte sowie Mergel, d. h. Lehm in Verbindung

Selektion 'Amethyst' mit weiß-rosa Blüten und leicht violettem Stich, sie wird auch als Sorte 'Rose' geführt.

Die weiß bis gelblich blühende *Gentiana clusii* 'Alba' mit hellgelben Schlund- und Außenstreifungen (Foto: Rockstroh 2007).

mit kohlensaurem Kalk bei einem pH-Wert von 5,8 bis 6,2, die Art verträgt nur schlecht eine Teilung, deshalb besser vegetativ oder über die Aussaat vermehren.

Chromosomenzahl 2n: 36.

Formen, Unterarten, Varietäten: f. *alboviolaceae;* f. *biflora*, häufig mit zwei Blüten je Stiel; f. *caulescens*, mit recht langen Blütenstielen: ssp. *clusii* mit 7 cm großen Blüten, häufig auf dem Balkan zu finden; var. *corbariensis*, steht zwischen *G. clusii* und *G. costei*, die wüchsigen Pflanzen haben azurblaue, große Blüten mit grünweißlichen Schlundstreifen und einigen schwarzen Punkten; var. *costei* wüchsige und azurblau blühende Spezies ähnelt *G. corbariensis*, ist jedoch länger gestielt, manchmal bis zu bis zu 12 cm und recht großblumig, sie blüht ab April bis in den Mai. Varietät ist in Frankreich (Causses, Cevennen) anzutreffen; f. *minor* mit kurzgestielten Blüten; ssp. *pyrenaica* Vivant; var. *rochelii* Varietät mit weissen Blüten kommt vor allem in den nördlichen Karpaten und in der Mala Tatra (2000 m) auf Kalkmergel vor; var. *undulatifolia* Suedermann, im

Mai blühende Art mit langen Trieben und basalen Blättern, diese sind an den Rändern gewellt, zu finden am Como- und Garda-See, kommt aus Felsspalten der Bergamasker Alpen.

Hybride: *G.* × *digena* aus Hybridisierungen mit *G. acaulis* stammend (Jakowatz).

Sorten:

'**Alba**', gelblich blühende Selektion mit hellgelben Schlundstreifen und nur wenigen gelben Punkten, Sorte blüht im April bis Mai.

'**Amethyst**' kurzgestielte, weiß-rosa blütige Sorte mit bis zu 12 cm langen Blütenstielen, besticht mit weißlich- bis rosavioletten Schlundstreifen und rosa Punkten, unterschiedlich sind die Blütenblätter der Selektionen mit runden bis spitz zu laufenden Spitzen ausgebildet, blüht ab Ende April bis Anfang Juni.

'**Dark Blue**' großblumige, dunkelblaue, gut wüchsige Sorte mit langgestielten großen Blüten bis zu 12 cm Länge, blüht ab Mai bis Juni. Idealer Kreuzungspartner.

'**Fuchs**' mittelgroße, dunkelblau blühende Sorte mit kurzgestielten Blüten, die ab April bis in den Juni blüht, leicht rötlich gefärbte Blätter in der Winterzeit.

Der gut bodendeckende und wüchsige *Gentiana dinarica* 'Starling-Moon' besticht mit tiefblauen bis azurblauen, kurz gestielten Blüten und zugespitzten, keinesfalls bei Sonneneinstrahlung drehenden Blütenzipfeln.

Gentiana dinarica 'Frohenleiten'

'Purple Strain' Blüten mit intensivem violetten Hauch.
'Rose' ähnelt 'Amethyst', mit weißen bis cremigen Blüten die außen schön rosa gefärbt sind.

Gentiana dinarica Beck

Synonym: *G. acaulis* Caruel, Murbeck
Vorkommen: Gebirge in Mittel- und Südeuropa und dem Balkan, den Abruzzen, in Albanien, Italien und dem ehemaligen NW-Jugoslawien, insbesondere in Regionen von Bosnien, Herzegowina, Sarajewo (bis 2600 m), Campo Imperatore und Gran Sasso in Höhen bis über 6.050 m.
Beschreibung: Basalblätter sind breit und elliptisch sowie dunkelgrün, glänzend und bis zu 4 cm lang, bildet geschlossene, dichte Polster.
Blüte: selten violette, meist azurblaue bis tiefblaue, stängellose bis kurzgestielte, großblumige Blüten mit zugespitzten Blütenzipfeln, bei ableitenden

Der Ligurische Enzian *(Gentiana ligustica)* besticht mit klarer Blütenfarbe und -form.

Hybriden können die Stiele bis zu 12 cm lang werden, dann recht gut für den Schnitt geeignet.

Blütezeit: ab Ende April bis Ende Juni, häufig nochmals im Herbst blühend.

Ansprüche: der Bosnische Enzian gehört zu den kalkliebenden, wüchsigen Enzianarten, er bevorzugt Mergel, d.h. Lehm in Verbindung mit kohlensaurem Kalk, durchlässige sowie mäßig feuchte Substrate bei vollsonnigem Standort.

Chromosomen 2n: 36.

Selektionen/Sorten:

'Abruzzen' die in Italien zu findende Sorte ist etwas kleiner und gedrungener, jedoch mit schöner azurblauer Blüte an etwa 10 cm langen Stielen, sie blüht ab April bis in den Mai.

'Brander' gut wachsende, reichlich blühende, dunkelblaue Sorte mit mittelgroßen gestielten Blüten aus der Schweiz, wird für den Schnitt bevorzugt, da sie bis zu 10 cm lange Stiele aufweist, blüht ab Ende April bis Mitte Mai.

'Beauty Spring' nicht übermäßig wachsende, aber reichlich blühende, eigene Sorte mit mittelgroßen recht lang gestielten Blüten, deshalb auch für den Schnitt geeignet, blüht ab Ende April bis Mitte Mai, ist für den Vortrieb besonders geeignet, blüht nach etwa 45 Tagen Vortrieb, die schwachwüchsige, schöne Sorte ist nicht einfach in der Kultur.

'Harlin' azurblau blühende Sorte, welche dem Ligurischen Enzian ähnelt.

'Frohenleiten' gut wachsende, ab Ende April bis Mitte Mai blau blühende Sorte, liebt neben Silikatgestein auch Kalkmergel.

'Montenegro' ist eine gut wachsende, blau blühende Sorte, blüht ab Ende April und oftmals auch im Oktober mit großen Blüten; die von Eschmann kultivierte Selektion erhielt der Botanische Garten Lausanne direkt vom Standort Sarajewo (pers. Mittlg. 2004). Bevorzugt Kalkmergel und nur wenig Silikat. Ähnelt vom Phänotyp her dem Ligurischen Enzian.

Gentiana ligustica Vilmorin und Chopinet

Vorkommen: Apenninen, NW-Italien, SO-Frankreich, Meeralpen (bis zu 2900 m).

Beschreibung: rosettige Art, grundblättrig, hat weiche, graugrünliche, nach innen gewölbte und leicht gewellte Blätter im Gegensatz zu *G. clusii*, die Blätter werden relativ groß und werden bis zu 4 cm lang.

Blüte: glockige bis trichterförmige, azurblaue Blüten mit gelbgrünen Spots, bis 7 cm groß werdend.

Blütezeit: Mai bis August.

Ansprüche: kalkliebende Art wächst auf mäßig feuchten, durchlässigen Standorten mit Mergel in Verbindung mit kohlensauerem Kalk, verträgt volle Sonne.

Chromosomen 2n: 36.

Gentiana occidentalis Jakowatz

Synonym: *G. angustifolia* Costa

Vorkommen: Alpen, N-Balkan, Karpaten, W-Pyrenäen, N-Spanien (bis 3100 m).

Beschreibung: Grundblätter lanzettlich bis eiförmig und kleiner als bei *G. angustifolia*, sie scheinen lederig und glänzend tiefgrün, die Triebe werden bis zu 5 cm lang.

Blüte: glockig, mit recht kurz gestielten Blüten, größer als die von *G. alpina*, bis zu etwa 6 cm groß und bis 1,5 cm breit bei tiefblauer bis blauer Korolle mit einem purpurnem Schimmer und wenigen grünen Flecken, bei grünlich bis gelblicher Innenzeichnung, spitz bis ovale Kelchzähne und spitzen Blütenzipfeln.

Blütezeit: Mai bis Juli.

Ansprüche: kalkliebende, wüchsige, prächtige Art, die Mergel in Verbindung mit kohlensaurem Kalk bevorzugt, verträgt volle Sonne bei ausreichender Feuchtigkeit.

Chromosomen 2n: 36

Hybriden: *G. × digena*

Selektionen/Sorten:

'Alba' schöne weiße Auslese mit bläulich scheinendem Schlund sowie grünlich bis gelber Innen- und Außenzeichnung, beginnt ab Mai zu blühen.

'Coerulea' diese Sorte erscheint bläulich weiß mit blauer Sprenkelung, die Blüten zeigen sich mit sieben Kronblattzipfeln, die Sorte blüht ab Mai.

'Dunkle Seide' wüchsige und blühwillige, dunkelblaue Auslese von Peters (Deutschland), beginnt ab Mai zu blühen.

Sektion Pneumonanthe
(Gleditsch) Gaudin

Die Arten dieser Sektion gehen bis in das Pleistozän zurück. Sie weisen keine grundständigen Blätter, sondern nur Blattschuppen auf. Die Triebe tragen ein- bis mehrere glockige bis trichterförmige Blüten mit einer Plicae sowie aufrechten und oftmals behaarten Kronblattzipfeln.

Gentiana alba Mühlenberg

Synonym: *G. flavida* (Gray)

Vorkommen: Arkansas, North Carolina, Illinois, Iowa, Indien, Kanada, Kansas, Michigan, Minnesota, West Virginia, Wisconsin.

Beschreibung: wüchsige Art mit bis zu zehn aufrecht wachsenden, mitunter auch niederliegenden Trieben bis zu 80 cm lang werdend und mit lanzettlichen Blättern versehen.

Blüte: die in Gruppen stehenden, weißen Blüten erreichen eine Größe von bis zu 5 cm, mit grünlichen Adern und leicht violetten Streifen gezeichnet.

Blütezeit: Ende Juli bis Oktober.

Ansprüche: feuchte, durchlässige, humose Standorte mit nur geringem Kalkanteil bei pH-Werten von 5,2 bis 5,5, verträgt dann auch volle Sonne bei ausreichender Feuchtigkeit; es gibt Unterarten die keinen Kalk vertragen und andere die wenig kalkliebend sind.

Hybriden: *G. alba × G. andrewsii*; *G. alba × G. clausa*; *G. alba × G. scabra*; *G. alba × G. septemfida*; *G. alba × G. puberula*.

Die blühfreudige Sorte 'Doma Blue-32004' mit mittelgroßen, blau-violetten Blüten an kurzen Stielen ist als Schwalbenwurz-Enzian beeindruckend.

Gentiana asclepiadea 'Alba' wird bevorzugt von einigen Floristen in Gestaltungen mit einbezogen, hier als Beispiel die weiße Auslese Mado-300-26204.

Gentiana affinis Grisebach

Synonym: *Pneumonanthe affinis* Grisebach

Vorkommen: Nordamerika, insbesondere Arizona, Britisch Columbien, North-Dakota, Manitoba, Nevada und New Mexiko.

Beschreibung: die Triebe können eine Länge von bis zu 25 cm erreichen; mit endständigen und bis zu acht gestielten keuligen Blüten versehen, diese entspringen den oberen Achseln sowie auch apikal einzeln, die Plicae ist deutlich ausgeprägt, Art hat bis 10 cm lange Blätter mit rauem Rand versehen.

Blüte: tief dunkelblau und trichterförmig, Blütenzipfel eiförmig nach außen stehend, etwa 0,6 cm lange Kelchzipfeln vorhanden.

Blütezeit: Juli bis Anfang September.

Ansprüche: feuchte, durchlässige, torfige und humose Standorte bei pH-Wert 5,2 bis 5,5, verträgt bei ausreichender Feuchtigkeit volle Besonnung .

Chromosomen 2n: 26

Unterarten, Varietäten: ssp. *affinis;* var. *forwoodii* (Gray) Kusn.; var. *major* Nels und Macbr.; var. *parvidentata* Kusnezow; ssp. *rusbyi* (Greene) Halda.

Gentiana andrewsii Grisebach

Synonym: *Dasystephana andrewsii* Grisebach, Small., Blinder Enzian, Nordamerikanischer Enzian

Vorkommen: Arkansas, Canada, Colorado, Illinois, Indiana, Iowa, Kentucky, Michigan, Minnesota, Missouri, Ontario und in Wisconsin.

Beschreibung: lanzettlich bis ovale dunkelgrüne Blätter, die bis zu 8 cm lang werden, an bis 30 vereinzelt stehenden Trieben, die bis 60 cm, auf geeigneten Standorten bis 100 cm, lang werden können

Blüte: Röhrenblüten bis zu 5 cm lang, hell- bis tiefblau und ins Violette gehend, keulenförmig und geschlossen in endständigen Köpfen stehend.

Blütezeit: ab Ende Juli bis in den Oktober hinein.

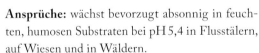

Gentiana asclepiadea am Standort Guamka im Forst von Apsheronsk auf Mergellehm (links). Übergänge zu Gentiana asclepiadea ssp. schistocalyx sind zu erkennen. Es konnten Pflanzen mit Höhen bis zu 1,40 m gefunden werden. Sie standen zu meist in Traufen von Nordmannstannen im Halbschatten, hier im Vergleich zu einem Exemplar auf offener Wiese der Region Piave Quelle in den Dolomiten (rechts).

Ansprüche: wächst bevorzugt absonnig in feuchten, humosen Substraten bei pH 5,4 in Flusstälern, auf Wiesen und in Wäldern.

Chromosomenzahl 2n: 26

Unterarten, Varietäten: var. *alba;* var. *albiflora;* var. *andrewsii* (N-Amerika, Kanada) auf feuchten Plätzen sowie in sumpfigen Gelände; unterscheidet sich von nachstehender durch die Form der Kronblattzipfel; var. *andrewsii* f. *rhodantha* Rouleau und Kucyniak; var. *dacotica* A. Nelson (N-Amerika, Kanada)

Hybriden: G. × *grandilacustris,* Naturhybride; *G. andrewsii* × *G. rubricaulis* in N-Amerika; *G.* × *billingtonii,* Naturhybride von *G. puberula* × *G. andrewsii* (N-Amerika); *G. andrewsii* × *G. alba* (*G. pallidocyanea* Pringle), Naturhybride, in Wisconsin vorkommend; *G. andrewsii* × *G. rubricaulis* (*G.* × *grandilacustris* Pringle), Naturhybride in Minnesota, Ontario und Wisconsin vorkommend.

Gentiana asclepiadea L.

Synonym: Schwalbenwurz-Enzian

Vorkommen: diese Art ist wohl der bekannteste Schnittenzian europäischer Gebirge, aber auch von Sibirien bis Nordamerika sowie in Vorderasien verbreitet, in Europa vor allem zu finden in Nord- bis Mittelitalien, in der Schweiz, Altai, Kaukasus, Karpaten, Tatra, östliche Ukraine (unter 2000 m).

Beschreibung: mehrjährige Staude ohne Rosette auf kräftigem Wurzelstock, bildet lange Triebe zwischen 40 und 80 cm aus, es konnten Pflanzen im NW-Kaukasus im Gebiet Guamka gefunden werden, welche Stiellängen von bis zu 1,40 m ausbildeten, bildet lanzettlich zugespitzte Blätter, welche an der Basis herzförmig sind, unter optimalen Standortbedingungen können sich Horste von bis zu 1 m Durchmesser ausbilden

Blüte: einzeln oder zu mehreren, trichterförmigen Blüten in den oberen Triebregionen sowie bis zur

In einigen Gebieten des NW-Kaukasus ist *Gentiana asclepiadea* ssp. *schistocalyx* mit schöner weißer Innenzeichnung zu finden.

Mitte in den Blattachseln sitzend, die Blüten sind bis zu 7 cm groß und spitzzipfelig, glockig, dunkel- bis hellblau, mitunter mit einem violetten Schimmer versehen; weiße und rosa Varietäten, meistens mit schwachen Punkten und Streifen innen versehen, Krone mit zugespitzten Zipfeln und stumpfen, kurzen Plicaes, Übergänge zu *G. asclepiadea* ssp. *schistocalyx* sind zu erkennen.

Blütezeit: August bis September

Bemerkungen: vom zumeist blau blühende *G. asclepiadea* gibt es 'Alba' und 'Rosea' -Formen sowohl als Sämlinge als auch Klonsorten. Die Verklonung dieser Enziane ist schwieriger und langwieriger als die bei vielen anderen Arten. Oftmals kann man Formen mit gefleckten Blättern beobachten. Thaler und Galhofer (1996) beschrieben derartige Erscheinungen im Zusammenhang mit dem Befall durch Rhabdovirus, wobei das Viroplasma in einigen Mesophyllzellen vorkommen sollte. Sämlinge, die aus Samen betroffener, viruskranker Pflanzen angezogen wurden, enthielten allerdings keine Grvg-Partikel.

Ansprüche: Die Art wächst bevorzugt auf absonnigen, feuchten und mergelhaltigen bis humosen Standorten. Sie gilt als ein schwacher Basenanzeiger da sie kalkhold ist. Sie bevorzugt einen pH-Wert von 5,8 bis 6,5, auf Standorten in den Dolomiten konnte sogar ein Wert von pH 7,2 gemessen werden. Auf guten Standorten, insbesondere in Regentraufen von Bäumen, werden die Triebe bis zu 1,40 m lang, in der Regel wird die Art bis zu 80 cm hoch. Starke Pflanzen sind in Gebieten der Nordmanns-Tanne des westlichen Großen Kaukasus bis in das östlich gelegene Ossetien und Tschetschenien zu finden. Die Gebiete zeichnen sich durch Kalkmergel aus, auf denen meist eine Nadelspreuschicht von bis zu 30 cm aufliegt (pH-Wert: 5,6 bis 5,8).

Chromosomen 2n: 36, 44.

Formen: f. *cruciata* Wartmann und Schlatter; f. *uniflora* Lüscher, f. *pectinata* Wartmann und Schlatter; f. *ramosa* Lüscher; ssp. *schistocalyx* (Koch).

Sorten:

'**Alba**', '**Weißer Brunnen**' und '**Yellow flowered**' mit weiß bis gelblich erscheinenden Blüten, 60 cm hoch, soll sich um Selektionen aus den Karpaten handeln.

'**Cakor**' hellblau blühende Selektion vom Cakor-Pass in Montenegro.

'**Pink Swallow**' und '**Rose**' lila bis zart rosa, ebenfalls bis zu 60 cm hoch werdend.

'**Doma Blue-32004**' von Matschke und Dominik (2004), Selektion einer recht gedrungen wachsenden, reichlich blühenden Klonsorte.

Weitere Sorten sind leider nur unregelmäßig oder gar nicht im Handel zu finden, wie z.B. 'Knighthayes', 'Nana', 'Nymans', 'Pink Cascade' oder 'Turquoise'.

Gentiana autumnalis (Foto: Brandauer, 2008)

Gentiana austromontana
Pringle und Sharp

Vorkommen: North-Carolina, South-Virginia bis NO-Tennessee.

Beschreibung: Art mit bis 15 aufrechten Stielen, die bis zu 50 cm lang werden, Blätter mit gewimperten Rändern versehen.

Blüte: endständige Blütenbüschel sowie den Achseln endspringende, blau variierende Blüten, die bis zu 5 cm groß werden, geschlossene Krone, Plicae analog den Zipfeln, jedoch etwas breiter.

Blütezeit: August bis Oktober.

Ansprüche: halbschattige bis absonnige, mäßig feuchte, auch steinige und somit durchlässige Substrate bei pH 5,4 bis 5,8, die Art wächst auf Standorten mit ausreichender Feuchtigkeit auch in voller Sonne.

Gentiana autumnalis L.

Synonym: *G. stoneana* Fernald

Vorkommen: North- und South-Carolina, Delaware, New Jersey, Virginia.

Beschreibung: aufrechte Triebe bis zu 45 cm lang, mit linearlanzettlichen Blättern.

Blüte: offene, fünfzipfelige, endständige Blüten bis zu 5,5 cm groß, oben blau, unten gelblich bis grün gezeichnet, mit grünlichen Streifen versehen.

Blütezeit: Ende August bis Dezember.

Ansprüche: halbschattige, feuchte, sandige bis humose Standorte bei pH 5,4.

Chromosomen 2n: 26

Unterarten: ssp. *autumnalis;* ssp. *pennelliana* (Fernald) Halda.

Gentiana bicuspidata (Don) Biquet

Synonym: *Pneumonanthe bicuspidata, G. ovatiloba* (Mexiko), *G. guatemala* und *G. pennelliana* (Florida)

Vorkommen: Serra Madre Oriental sowie Occidental Chihuatal, Mexiko.

Beschreibung: dicke, lange verzweigte, rübenartige Wurzeln mit bis zu 40 cm langen dünnen Trieben, die mitunter zum Liegen neigen, Blätter schmal elliptisch ausgeprägt.

Blüte: einzelne, endständige, blaue Blüten mit violetten Innenstreifen, Plicae und Zipfel tiefblau, Krone bis zu 5 cm lang.

Blütezeit: August bis Dezember.

Ansprüche: feuchte und humose Standorte bei pH-Werten von 5,4 bis 5,8.

Chromosomen 2n: 26.

Gentiana bigelovii Gray

Synonym: wird auch als Var. von *G. affinis* geführt

Vorkommen: Rocky Mountains von Colorado bis Arizona, sowie in Bergregionen von Harney, Oregon (über 2000 m).

Beschreibung: kräftiger Wurzelstock, kompakter Wuchs mit bis zu 40 cm langen, unverzweigten, purpurgrünen Trieben und paarigen Blättern.

Blüte: die königsblauen, ungestielten Blüten sind achsel- und endständig und bis zu 2,5 cm groß.
Blütezeit: ab August bis September.
Ansprüche: humose, durchlässige aber feuchte Substrate bei pH 5,2 bis 5,5.

Gentiana boissieri Schott und Kotschy

Vorkommen: Kleinasien, Bolkar Dag in der Türkei (unter 2700 m).
Beschreibung: kleine Pflanze mit belaubten, bis 15 cm langen liegenden Stängeln, Blättern nur bis zu 1 cm groß.
Blüte: blaue, einzelne, endständige Blüten bis 4 cm groß, Krone mit dreieckigen Zipfeln sowie Plicae mit bis zu vier ungleichen Zähnen.
Blütezeit: Mai bis Juni, mitunter auch September.
Ansprüche: offene alpine Wiesen auf humosen, durchlässigen und feuchten Böden mit Beimengungen von Kalkmergel bei pH-Werten von 5,6 bis 6,2.

Gentiana bisetea Howell

Vorkommen: Oregon.
Beschreibung: niederliegende und aufsteigende Triebe bis 40 cm lang, mit triebumfassenden Blattpaaren.
Blüte: glockig, endständig, blau bis violett.
Blütezeit: Juli bis August.
Ansprüche: recht feuchte, humose und durchlässige Standorte bei pH 5,6.

Gentiana caliculata Lundarza

Synonym: *G. salpinx* Grisebach
Vorkommen: Mexiko.
Beschreibung: aufrecht wachsende Triebe bis über 1 m lang mit elliptischen, gegenständigen Blättern.
Blüte: zylindrische, gelblich, grünliche Blüten bis zu 4 cm groß.
Blütezeit: März bis Juni.
Ansprüche: durchlässige, sandig bis humose, halbschattige Standorte mit einem pH-Wert von 5,4.

Gentiana calycosa Grisebach

Synonym: *G. newberryi* (Gray), *Pneumonanthe calycosa* Grisebach
Verbreitungsgebiet: British Columbia bis Kalifornien und Oregon.
Beschreibung: bis zu 30 cm lange Triebe auf starkem Wurzelstock mit breitovalen, mitunter bis herzförmigen Blättern, die bis zu 5 cm lang werden.
Blüte: endständige, ungestielte, glockige, leuchtend blaue bis dunkelblaue Blüten bis zu 4 cm groß, mit heller Kehle versehen.
Blütezeit: Ende Juli bis September.
Ansprüche: bevorzugt durchlässigen, humosen Boden und bei ausreichender Feuchtigkeit Vollbesonnung.
Formen: f. *stricta*.

Gentiana catesbaei Walter

Synonym: *G. elliottii* Chapm., *G. parviflora* (Chapm.) Greene
Vorkommen: New Jersey bis N-Florida.

Gentiana calycosa (Foto: Brew)

Beschreibung: Art mit bis zu 70 cm lang werdenden, flaumhaarigen Trieben, Blätter lanzettlich bis zu 7 cm lang.

Blüte: endständig und in den Achseln sitzende, blaue Blüten mit Hochblattpaaren, mitunter bis zu 10 Blüten, die bis zu 5 cm groß werden, Krone nahezu geschlossen mit leicht zurück gebogenen Zipfeln, sie sind leicht geschlitzt.

Blütezeit: September.

Ansprüche: feuchte, halbschattige und humose Lagen bei pH 5,4 bis 5,8

Hybriden: *G. catesbaei* × *G. saponaria* (Delaware, North-Carolina); *G. catesbaei* × *G. villosa* (North-Carolina).

Gentiana clausa Rafinesque

Verbreitungsgebiete: Kanada, North-Carolina, NO-Tennesse.

Beschreibung: aufrecht wachsende Triebe bis 65 cm lang werdend mit bewimperten, glänzenden und zugespitzten, recht langen Blättern.

Blüte: die weißlichen, ins blaue übergehenden, Blüten sind in endständigen Büscheln angeordnet, sie besitzen Hochblattpaare, die Kronen sind geschlossen und die Zähne abgerundet; seltener sind rotblütige Spezies zufinden.

Blütezeit: August bis Oktober.

Ansprüche: bevorzugt Halbschatten und feuchte, durchlässige, humose Standorte, pH 5,2 bis 5,5.

Chromosomen 2n: 26

Hybride: *G. clausa* × *G. andrewsii* (Massachusetts).

Gentiana decora Pollard

Synonym: wird häufig mit der nah verwandten *G. saponaria* verwechselt.

Vorkommen: NO-Küste der USA.

Beschreibung: aufrecht wachsende, bis 30 cm lange Triebe mit kräftigen Blättern, Triebe neigen zum niederlegen.

Blüte: bis zu 15 endständige, becherförmige Blüten mit weißen bis hellblauen Tuben, Blüten mit Hüllblättern umgeben, in Büscheln in den oberen Achseln angeordnet, Krone mit abstehenden, spitzen Zipfeln und zweiteiligen, gezähnten Plicaes.

Blütezeit: August bis zum November.

Ansprüche: anspruchslos, verträgt mäßig feuchte und leicht humose Standorte mit geringem Schirm.

Chromosomen 2n: 26

Hybriden: *G. decora* × *G. austromonata* (North-Carolina).

Gentiana eonae Halda

Synonym: *G. pneumonanthe* ssp. *depressa* (Boissier) Malagarriga

Vorkommen: Sierra Estella (Portugal), Sierra Guadarrama, Sierra Nevada (bis 3000 m).

Beschreibung: Art mit niederliegenden bis aufsteigenden Trieben bis zu 8 cm lang, mit kleinen dichtstehenden, ovaten Blättchen.

Blüte: endständige, aufrechte, hell- bis dunkelblaue Blüten bis zu 3 cm groß.

Blütezeit: Juni bis September.

Ansprüche: durchlässige, mäßig feuchte, halbschattige bis offene Standorte.

Gentiana szena Bornmüller und Freyn.

Verbreitungsgebiet: Anatolien, seltener im W-Kaukasus, O-Türkei (bis 3400 m).

Beschreibung: der Kleinasien-Enzian bildet bis zu 35 cm hoch werdende Triebe mit schuppenähnlichen, paarigen Blättchen an der Triebbasis.

Blüte: zumeist einzeln und endständig, leuchtend blau bis purpurblaue, ungestielte, becherförmige Blüten mit offenen und keulenförmigen Kronen mit geringer oder keiner Bewimperung.

Blütezeit: Juli bis September.

Ansprüche: anspruchslos, verträgt humosen Gartenboden mit wenig Kalkzusatz, bei mäßiger Feuchtigkeit und einem pH-Wert von 5,5 bis 5,8 ist auch volle Sonne möglich, vorteilhafter ist jedoch Halbschatten.

Chromosomen 2n: 26

Unterart: evtl. eine Unterart von *G. septemfida*.

Gentiana gelida Bieberstein

Vorkommen: Armenien, Anatolien, Iran, Kaukasus, N-Persien, Baskale Dag in der Türkei (ab 400 bis 3000 m).

Beschreibung: bis zu 30 cm lange, liegende, manchmal aufsteigende Triebe, keine Rosette bildend, im Habitus *G. septemfida* ähnlich

Blüte: weiß bis cremegelbe, glockige Terminalblüten.

Blütezeit: Juli bis September.

Ansprüche: die Art gehört zu den mäßig kalkliebenden Enzianarten, sie bevorzugt Lehm in Verbindung mit kohlensaurem Kalk, sie ist wenig anspruchsvoll, wächst bei voller Sonne in jedem Gartenboden bei ausreichender Feuchtigkeit bei pH 5,4 bis 5,8 analog *G. septemfida*.

Chromosomen 2n: 26.

Gentiana hooperi Pringle, Hooper

Vorkommen: Bergketten der Sierra Madre Occidental, Mexiko.

Beschreibung: niederliegende und aufsteigende, bis zu 20 cm lange Triebe mit wenigen Verzweigungen und dicklichen, linearen Stängelblättern.

Blüte: zu meist endständige, trichterförmige Blüten, vom obersten Blatt umgeben, violett bis bläulich und unten grünlich gefärbt, bis 5 cm groß.

Blütezeit: zeitiges Frühjahr sowie Spätherbst.

Ansprüche: tolerante Art, die sowohl auf trockenen, wie auch feuchten Standorten im Halbschatten wächst.

Chromosomen 2n: 26.

Gentiana laevigata Martens und Galeotti

Vorkommen: Guatemala, Chiapas Sierra Madre, Mexiko.

Beschreibung: bis 8 lange, niederliegende bis aufsteigende Triebe, bis 60 cm lang, mit langen Internodien, mit gegenständigen, spitzen, lanzettlichen Blättern, welche rötlich erscheinen

Blüte: zylindrische, blau bis violett erscheinende, innen leicht gestreifte Blüten bis 1,5 cm groß, in Gruppen bis 6 angeordnet und bis 4 cm lang, sie scheinen an der unteren Röhre weißlich, die Plicae ist tiefblau.

Blütezeit: August bis zum Spätherbst.

Ansprüche: halbschattige bis offene, mäßig feuchte, durchlässige Standorte mit einem pH-Wert von 5,4 bis 5,6 werden bevorzugt, hohe Luftfeuchte ist angebracht.

Gentiana linearis Froelich

Vorkommen: NO-Amerika bis nach Ontario, Neufundland, Quebec und SW-Labrador.

Beschreibung: die bereits 1796 von Froelich beschriebene Art zeichnet durch bis zu 90 cm lange, aufrechte Triebe mit linear bis lanzettlichen, einnervigen Blättern aus.

Blüte: endständige, mit nur wenig geöffneten Blüten, in Büscheln angeordnet, bis 5 cm groß, unten weiß und nach oben bläulich bis violett ausgefärbt, oftmals von Hochblättern umgeben, innen dunkelblaue Linien.

Blütezeit: Juli bis Oktober.

Ansprüche: halbschattige bis sonnige, feuchte, humose bis moorige Standorte ohne Kalkeinfluss.

Chromosomen 2n: 26

Varietäten: var. *levigata*; var. *hintoniorum* (Turner) Ho.

Gentiana makinoi Kusnezow

Vorkommen: Zentral-Japan (bis 3000 m) und von dort in die USA und nach Europa verbracht.

Beschreibung: mit *G. scabra* verwandte Art, die oftmals mit *G. triflora* var. *japonica* verwechselt wird, Stiele werden bis zu 60 cm lang und besitzen lanzettlich bis ovale Blätter bis zu 5 cm Länge.

Blüte: hellblau bis violett, gefleckt mit ungleichen Kelchzipfeln, röhrige bis glockige Blüten bis 4 cm groß, sie sitzen an der Spitze und in den oberen Blattachseln, zumeist in Büscheln, seltener sind die Blüten weiß, rosa oder gelb gefärbt.

Blütezeit: August bis September.

Chromosomen 2n: 26.

Gentiana setigera ist auf feuchten Wiesen in der Nähe der Rot-Tanne *(Abies magnifica)* gemeinsam mit *Gentiana newberryi* var. *tiogana* zu finden.

Blaublütige Form von *Gentiana newberryi* var. *tiogana* mit violetten Außenstreifen.

Ansprüche: feuchte, humose und torfhaltige, aber durchlässige, halbschattige Standorte ohne jeglichen Kalkeinfluss bei pH 4,6 bis 4,8, Winterschutz ist angeraten.

Formen: f. *stenophylla*, Winterschutz notwendig

Hybriden: G. × *brevidens*, selektiert in Japan aus Nachkommen kontrollierter Kreuzungen von *G. makinoi* × *G. scabra* var. *buergeri*.

Gentiana manshurica Kitagawa

Vorkommen: China, Mandschurei, Russland (bis zu 1800 m).

Beschreibung: bis 60 cm lange Triebe

Blüte: violette bis blaue Blüten, bis 5 cm groß, innen etwas grün gepunktet.

Blütezeit: August bis Oktober.

Ansprüche: bevorzugt wenig halbschattige bis sonnige, jedoch feuchte, lehmige und dränierte Standorte, Art ist pH-tolerant, verträgt Teilungen besser als andere Arten.

Chromosomen 2n: 26.

Gentiana mirandae Paray

Verbreitungsgebiet: Mexiko (bis 2500 m).

Beschreibung: kriechende, mitunter leicht aufsteigende Triebe bis 85 cm lang, gegenständige lanzettliche Stängelblätter.

Blüte: bis zu sechs endständige, orangerote Blüten in Trugdolden, bis 2 cm groß, mit Hochblättern.

Blütezeit: Ende März bis April.

Ansprüche: halbschattige, durchlässige, feuchte, humose Standorte ohne Kalkeinfluss bei pH 5,4.

Gentiana paradoxa kommt im Handel zumeist als Hybride vor (links und rechts). Die natürliche Art mit feinen, einnervigen Blättern ist im West-Kaukasus an Kalkfelsen, wie dem 'Balka Kapustinca', zu finden.

Gentiana newberryi Gray

Synonym: *G. eximia*

Vorkommen: Kalifornien, Oregon (auf der Sierra Nevada bis auf 4000 m).

Beschreibung: die auch als Kalifornischer Alpen-Enzian bezeichnete Art besitzt bis 12 cm lange, lockere Triebe mit basalen Rosettenblättern.

Blüte: weiß bis gelbliche sowie hellblaue bis violette Blüten, bis 3 cm groß, mit grünen Punkten und rostrot bis bräunlichen Innen- und Außenstreifen sowie gefransten Plicaes versehen.

Blütezeit: Juli bis Oktober.

Ansprüche: auf feuchten, gut durchlässigen, kalkfreien und humosen Standorten, bei guter Feuchtigkeit ist Vollbesonnung möglich, bevorzugt einen pH-Wert von 5,4; kommt auf der Westseite der Sierra Nevada (nördlich Mammut Lake) vor.

Chromosomen 2n: 26

Varietäten, Formen: var. *newberryi*; var. *tiogana* Heller, Halda; f. *xantha* mit gelben Blüten.

Gentiana owerinii (Kusn.) Grossheim

Vorkommen: Dagestan.

Beschreibung: blüht nicht immer jährlich .

Blüte: bis zu acht violette bis ins Hellblaue variierende Blüten.

Blütezeit: Ende April, mitunter bis in den Spätherbst hinein.

Ansprüche: bevorzugt humose, durchlässige und mäßig feuchte Standorte bei pH 5,6.

Gentiana paradoxa Albov

Vorkommen: südwestlicher Großer Kaukasus bis Abchasien (über 2400 m).

Der bevorzugt auf leicht basischem, durchlässigen und feuchtem Substrat wachsende *Gentiana paradoxa* (als häufige Sorte 'Blauer Herold' im Angebot) mit seinen großen und schönen Blüten ist in der Garten- und Topfkultur kaum noch fortzudenken.

Beschreibung: niederliegende, wenig aufsteigende Triebe bis 40 cm lang (bei der aus dem Kaukasus stammenden Form nur 15 cm lang), mit schmal lineal- bis nadelförmigen Blättern.

Blüte: trompetenförmige, wasser- bis hellblaue, schöne, endständige Einzelblüten bis 5 cm groß, im Schlund violett bis weiß gestreift, Plicaes gefranst.

Blütezeit: August bis September.

Ansprüche: wächst auf humosen, feuchten, durchlässigen Standorten auf basischer Kalkunterlage, sollte halbschattig im Garten bei pH 6,2 bis 6,5 kultiviert werden. Selektierte Klone sind für die Schnitt- und Topfkultur gut geeignet, als Schnittenzian muss ein Bestand unbedingt genetzt werden, reagiert individuell empfindlich auf Wuchshemmstoffe, einige selektierte Klone zeichnen sich durch Stabilität und aufrecht wachsende Triebe aus, wenn nicht direkt in die Blüte beregnet wird.

Bemerkungen: da von dieser beliebten Enzianart überwiegend nur Sämlinge, auch aus Hybridisierungen im Umlauf sind, ist die genetische Streubreite immer noch hoch. So gibt es Klone mit Stielen bis zu 40 cm Länge, Blättern bis zu 2 cm Breite sowie einer Vielzahl von Kopfblüten.

Chromosomen: 26

Formen: f. *latifolia* Blätter dreinervig

Hybriden: hybridisiert mit G. *septemfida* var. *lagodechiana*.

Sorten:

'Beauty' schöne Hybride aus G. *paradoxa* × G. *cachemirica* blüht ab Juli bis zum September mit wasserblauen Blüten, diese besitzen fünf Kronblattzipfel, zwischen diesen sind stark gefranste Plicae angeordnet, die Kronen werden bis zu 3,5 cm groß und sind mit dunklen Schlundstreifen versehen.

'Blauer Herold' zeichnet sich durch variierende Phänotypen mit großblumigen, leuchtend blauen Blüten aus, zumeist Sämlingsnachkommen im Handel. Die im August bis September blühenden Pflanzen besitzen einen hellen Schlund, der bräunlich bis violett gepunktet ist. Die Plicae ist stark gefranst, die Triebe werden bis 35 cm lang und kippen leicht ab, weshalb oft Wuchshemmstoffe wie Topflor oder Desmel in der Praxis eingesetzt werden. Die Pflanzen reagieren unterschiedlich empfindlich auf diese Wirkstoffe, deshalb nur vorsichtig und von der BBA zugelassene (!) Stauchungsmittel anwenden.

Gentiana pennelliana Fernald

Synonym: G. *alba* sensu Croom, G. *angustifolia* Michx, G. *tenuifolia* (Rafinesque.) Fernandez

Verbreitungsgebiet: W-Florida.

Beschreibung: niederliegende, bis zu 35 cm lange Einzeltriebe.

Blüte: endständige, solitäre, weiße Blüten bis zu 6 cm groß mit grünlichen Zonen und rötlichen Innenpunkten, geschlitzte Plicaes bis 1 cm lang.

Blütezeit: Oktober.

Ansprüche: halbschattige bis sonnige, sandige, feuchte und humose Standorte bei pH 5,4 bis 5,8.

Chromosomen 2n: 26.

Autochthoner *Gentiana septemfida caucasica* (Standort Mesmai, 1400 m aus dem Forst von Apsheronsk in NW-Russland).

Der gedrungene Wuchs des *G. × hascombensis* ist bei angebotenen Sorten nicht immer ausgeprägt, da sich zunehmend unterschiedlich ausfallende Hybriden am Markt befinden.

Gentiana pneumonanthe L.

Synonym: Lungen-Enzian

Vorkommen: in Sümpfen, Mooren und Randgewässern in Europa, in Deutschland z. B. vereinzelt in Brandenburg und Mecklenburg, am Niederrhein, im Münsterland, in den Voralpen, Kaukasus, Altai bis Sibirien einschließlich der Tschuktschen Halbinsel, vereinzelt auch in W-Asien (bis 2500 m).

Beschreibung: Art mit lanzettlichen, nadelförmigen Blättern, bei Kulturformen sind die Blätter breiter, je nach Standort an bis zu 50 cm lang werdenden Stielen.

Blüte: die violetten, hellblau bis tief blauen, glockigen bis trichterförmigen, einzeln und traubig stehenden Blüten sind zumeist mit hellen und grün gepunkteten Längsstreifen versehen, Blütengröße bis 5 cm, sie sitzen in den oberen Blattachseln; mitunter auch weiße und rosa Varietäten.

Blütezeit: Juli bis Oktober.

Ansprüche: recht feuchtes, durchlässiges und kalkfreies Substrat, sandige Moorbeete und Sümpfe bei pH 5,4 bis 5,8, Vollbesonnung wird bevorzugt, im Halbschatten ist die Art kaum zu finden.

Chromosomenzahl 2n: 26, 36

Hybriden: *G. pneumonanthe × G. septemfida* var. *lagodechiana* ('Birch Hybrid'); *G. pneumonanthe × G. scabra* (5001500006-Klt-07)

Formen: f. *depressa*, f. *diffusa* Grisebach, f. *latifolia* Scholler, f. *minor* Brot.

Gentiana saponaria L.

Synonym: *G. axillaris* Rafinesque; *G. elliottea* Rafinesque.; *G. fimbriata* Vahl.; *G. puberula* Michx.; *G. scaberrima* Kusnezow.

Vorkommen: Alabama, North-Carolina, N-Florida, Georgia, Michigan, New Jersey, Texas.

Beschreibung: niederliegende bis aufsteigende Triebe bis 70 cm lang, mit zumeist linearen bis elliptischen Blättern.

Blüte: endständige, in Büscheln angeordnete, grünlich-weiße bis blaue, röhrige, beinahe geschlossene Blüten mit grünlichen Adern, bis zu 5 cm groß werdend.

Selektion des *Gentiana septemfida* (links: Kindlund, 2005) im Vergleich zu *Gentiana freyniana* (rechts).

Blütezeit: August bis November.

Ansprüche: anspruchslose Art, wächst bevorzugt auf feuchten, kalkfreien, lehmigen Böden, kommt aber auch an weniger feuchten Standorten, am liebsten im Halbschatten, vor.

Chromosomen 2n: 26

Hybriden: *G. saponaria* × *G. andrewsii*; *G. saponaria* × *G. decora* (South-Carolina).

Gentiana sceptrum Grisebach

Synonym: *G. menziesii* Grisebach

Vorkommen: British Columbia, Kalifornien, Oregon, Washington.

Beschreibung: Art wächst auf starkem Wurzelstock, Triebe bis zu 65 cm aufrecht wachsend, mit länglichen bis 7 cm langen, paarigen, lanzettlichen Blättern.

Blüte: dunkelblau bis violett und gepunktet, keulen- bzw. glockenförmig, endständig, mitunter im oberen Drittel auch achselständig in Dreiergruppen angeordnet, bis 4 cm groß.

Blütezeit: Juli bis Ende September.

Ansprüche: halbschattige, feuchte, sandig-moorige Standorte ohne Kalkeinfluss, ein Winterschutz ist bei dieser Art empfehlenswert.

Chromosomen 2n: 26.

Gentiana septemfida Pallas

Synonym: *G. cordifolia* Koch; *G. fimbraeplicata* Koch; *G. freyniana* Bornmüller; Kranz- oder Sommer-Enzian

Vorkommen: Altai, Armenien, Europa, Iran, Irak, Kleinasien, Kaukasus, Turkestan (bis zu 3400 m).

Beschreibung: die Sonne liebende Staude zeichnet sich durch vieltriebige Wurzelstöcke mit bis zu 35 cm langen Trieben aus, die fünf- bis siebennervigen Blätter sind herzförmig bis ovallanzettlich, die Stängelblätter sind gegenständig angeordnet.

Blüte: in dichten Köpfen von bis zu 15 hell- bis azurblaue Blüten, sie werden bis zu 5 cm groß, der Blütenschlund ist dunkelviolett bis blau gepunktet, die Blüten sind glockenförmig und fünfzipfelig und mit deutlichen, federartigen Faltenlappen versehen.

Blütezeit: Juli bis Oktober.

Ansprüche: die wenig anspruchsvolle Art gehört zu den kalkliebenden Enzianarten, sie bevorzugt Mergel, d.h. Lehm in Verbindung mit kohlensaurem Kalk, wächst im Halbschatten aber auch bei voller Sonne in jedem durchlässigem Gartenboden bei mäßiger Feuchtigkeit bei einem pH-Wert von 5,6 bis 6,2.

Dominik (pers. Mitteilung 2000) brachte Selektionen der Unterart im Jahre 1980 aus Japan nach Hörstel und bezeichnete diese mit dem geschützten Handels-Namen 'Dominik's Royal Blue'. Aus Sämlingsnachkommen selektierten wir gemeinsam geeignete Klone als Mutterpflanzen für weitere züchterische Arbeiten.

Bemerkung: während im O-Kaukasus vorwiegend *G. septemfida* ssp. *overinii* vorkommt, ist im W-Kaukasus *G. freyniana*, *G. septemfida*, *G. septemfida* var. *cordifolia*, *G. septemfida* ssp. *großheimii*, *G. septemfida* var. *procumbens* und *G. septemfida* var. *lagodechiana* zu finden. Vereinzelt findet man an den Standorten Individuen mit einem recht gedrungenen Wuchs. Die Trieblänge der Pflanzen ist mit 15 cm reduzierter, als bei den handelsüblichen *G. septemfida* und die Blüten recht dunkelblau (3,5 cm). Mitunter werden Klonpflanzen von Spezialgärtnereien als Sorte 'Superblau' angeboten. Die Blütezeit dieser Pflanzen beginnt erst im September, sie endet im Oktober. Die langstieligen Rassen und daraus selektierte Klone werden als Schnittenziane genutzt. Für die Topfkultur bewähren sich kurzstielige Klone und Absaaten, sie müssen mitunter chemisch gestaucht oder wenigstens einmal mechanisch gestutzt werden.

Chromosomen 2n: 26

Hybriden: anspruchslose Hybriden aus *G. lago-dechiana* × *septemfida* var. *cordifolia* sowie als *G.* × *paradoxa* mit schönen hellblauen Blüten in Köpfen, müssen vegetativ vermehrt werden, da die Aufspaltungsrate nach generativer Vermehrung recht hoch ist.

Sorten:

'**Alba**' als reinweiße Auslese

'**Topas**' reich blühende und einfach zu kultivierende, anspruchslose Selektion des Autors; die gut treibende und winterharte Sorte ist bestens für den Vortrieb als Topf-, Schnitt- und Staudenkultur geeignet.

Unterarten, Varietäten: var. *cordifolia* (Koch) Boissier, kleinere Blüten als die Art, jedoch vielblütiger und mit abgestumpften Blättern (Armenien, Asien, Kaukasus); var. *doeringiana;* var. *fischeri* Hoting-Nong niedrig, starkwüchsige und recht kompakt wachsende Art des Altais; var. *freyniana* Freyn.; ssp. *großheimii* (Doluch.) Halda; ssp. *ishubishi;* var. *latifolia;* var. *olivana;* ssp. *overinii* (Grossheim) Halda; var. *procumbens;* ssp. *septemfida*

ssp. *kolakovskyi* (Doluch.) Halda

Vorkommen: SW-Kaukasus, Tatra (2300 m).

Beschreibung: kleinere als die bekannte Art mit schmallanzettlichen bis ovalen Blättern

Blüte: azurblau mit weißlichem Schlund und bräunlichen Punkten.

Blütezeit: Juli bis September.

Ansprüche: zu finden an sonnigen Kalkfelshängen, anspruchsloser als die Art, kann daher problemlos in humoser Gartenerde im Halbschatten kultiviert werden.

Chromosomen 2n: 26.

var. *lagodechiana* Kusnezow

Synonym: *G. septemfida* var. *lagodechiana*

Vorkommen: feuchte Wiesen bis hin zu felsigen Standorten im Kaukasus.

Beschreibung: diese Unterart ist auf steinigen Plätzen und Weiden zu finden, die zarten Triebe werden bis zu 25 cm und besitzen breitovale bis herzförmige, spitze Basalblätter die bis zu dreinervig sind.

Blüte: endständig und zumeist solitär angeordnete, kurzgestielte Blüten mit tiefblauer Farbe, innen heller werdend, bis zu 3,5 cm groß.

Blütezeit: August bis Oktober, zumeist an Koniferenbeständen vorgelagerten, feuchten und z. T. genutzten Weiden, nach deren Mahd Blüte erst ab Ende September.

Ansprüche: anspruchslose Art, welche feuchte, durchlässige Standorte bevorzugt, verträgt dann auch Vollbesonnung.

Sorten: viele Kreuzungen (Pringle 1971) sind mit *G. septemfida* var. *lagodechiana* gelungen, so mit *G. alba*, *G. paradoxa*, *G. pneumonanthe*, *G. scabra* sowie *G. septemfida* var. *cordifolia*, sie ergaben interessante Nachkommen von denen Individuen zur weiteren vegetativen Vermehrung ausgelesen wurden, so von *G.* × *hascombensis* die Sorten 'Doeringiana', 'Elite', 'Select' oder 'Topas' als reichblühende, kompakt wachsende Selektionen mit schönen, blauen Blüten.

ssp. *großheimii* (Doluch.) Halda

Gentiana × *leucantha* ist eine intensiv blühende, reinweiße Form mit feinen Schlundpunkten und gelblich bis grünlichen Aussenstreifen. Interessant ist die Blütenverfärbung von rötlich bis weiss mit zunehmendem Alter der Blüten des selektierten Klones.

Vorkommen: östlicher, seltener auch westlicher Kaukasus.

Beschreibung: Triebe mitunter bis über 15 cm lang.

Blüte: über 3,5 cm werdend, dunkelblau, im Schlund heller, fünfzipfelig mit federartiger Plicae, Blütenspitzen krempeln stark bei intensiver Sonneneinstrahlung.

Blütezeit: Juli bis Oktober.

Ansprüche: wie die Art.

Sorten, Varietäten: ssp. 'Coerulea' recht wüchsige, große Pflanzen mit weißlich bis lilablau erscheinenden Blüten, deren niederliegenden Stängel bis zu 45 cm lang werden können; var. *versicolor.*

Einige Botanische Gärten, Universitäten, Züchtungsstationen und Agriculturcenter in Japan (Niigata, Nagano/Hokkaido, und Narita, Kitakami, Iwate, Nagoya, neuerdings auch in Chile) beschäftigen sich seit Jahren mit der Züchtung und Vermehrung des schönen *G. triflora* var. *japonica* sowie interspezifischen Hybridisierungen. Unter Einbeziehung verschiedener Arten, insbesondere des *G. scabra* (Tsukuba Medicinal Plant Research Station, Hachimandai, Tsukuba, Ibaraki, Japan) entstanden interessante Schnitt- und Topf-Sorten für den Gartenbau.

Gentiana sikokiana Maximowicz

Vorkommen: Japan.

Beschreibung: Art mit rhizomartigen Wurzeln, aufrecht wachsende Triebe bis 25 cm lange mit elliptischen, paarweise angeordneten Blättern.

Blüte: endständige und aus den Achseln kommende, trichter- bis röhrenförmige, hellblaue Blüten bis zu 5 cm groß, welche mit grünlichen Innenpunkten versehen sind.

Blütezeit: Oktober bis November.

Ansprüche: halbschattige, feuchte, humose und durchlässige Standorte, Winterschutz angeraten.

Chromosomen 2n: 26.

Gentiana triflora Pallas

Synonym: *G. jesoana* Nakai, *G. naitoana* Leveille

Vorkommen: NO-China, NW-Hokkaido, bevorzugt im Sarobetsu-Moor, Korea, Kurilen, Sachalin, O-Sibirien bis in die Gebiete von Magadan.

Beschreibung: aufrecht wachsende Triebe bis zu 85 cm lang mit elliptischen Basalblättern und kreuzgegenständigen Stängelblättern, auf starkem, rhizomartigen Wurzelstock

Blüte: endständig und aus den Achseln kommende, röhrig bis glockig, hellblaue bis blaue Blüten bis zu 6 cm groß, mit grünlichen Innenpunkten.

Blütezeit: Juli bis September.

Ansprüche: halbschattige, feuchte, humose, kalkfreie und durchlässige, saure Standorte.

Chromosomen 2n: 26.

Formen, Varietäten:

f. alboviolacea Paik und Lee.

   Chromosomen: 26, Morgan und Hofman (2003) erreichten mit Hilfe von Oryzalin (15,5 ppm) tetraploide Pflanzen mit 52 Chromosomen.

var. *angustifolia* Kudo; var. *crassa* Toyokino und Satomi; var. *horomuiensis* von Hara (könnte mit *Gentiana axillariflora* identisch sein); var. *latifolia* Kudo; var. *leucantha* Toyokuni; var. *montane* Toyokuni und Tanaka (es kann nicht mit Sicherheit gesagt werden, ob die als Schnittstaude in Japan gezüchteten Sorten ursprünglich der *Gentiana makinoi*, der *f. montana* der var. *japonica* oder aber var. *triflora* entstammen, Köhlein (1986) geht davon aus, dass besonders interessante Schnittenziansorten, aus den Arten *Gentiana triflora* × *Gentiana makinoi* in Japan entstanden sind.

var. *japonica* (Kusnezow, Hara)

   Synonym: *G. rigescens japonica* Kusnezow

   G. triflora var. *yezoensis* Nakai (Japan, Korea, Kurilen, Sachalin)

   Vorkommen: Gebirgsregionen Ostasien: Japan, Korea, Kurilen, Sachalin (bis 2.100 m).

   Beschreibung: ausdauernde, winterharte Staude, Triebe 50 bis 80 cm lang, besitzt gegenständige, lanzettliche Blätter, optimal für den Schnitt geeignet, da eine Haltbarkeit der Blütenstiele je nach Kulturmethode und Behandlung in der Vase von bis zu 20 Tagen erwartet werden kann; Eason et al. (2004) untersuchten im Institute for Crop and Food in Neuseeland das Nachernteverhalten von Sorten, wie der weißen Selektion 'Nasu No-Hakuryo' und den blauen Sorten 'Late Blue' sowie 'Ashiro No-Aki'.

Die Qualität der Blütenstiele, die Intensität der Blütenfarbe und das Nachernteverhalten war von verschiedenen Faktoren abhängig und kann durch Saccharose (2 bis 5 %) sowie GA$_3$ begünstigt werden.

Blüte: end- sowie achselständig, hell- bis dunkelblaue glockenförmige Blüten, die bis zu 6 cm groß werden können.

Blütezeit: August bis Oktober, reagiert auf Langtag und Lichtsumme photoperiodisch.

Ansprüche: bevorzugt kalkfreie, saure, humose Böden, die Art wächst in der gärtnerischen Kultur bevorzugt in einem feuchten, durchlässigen, leicht tonhaltigem Humus-Weißtorf-Substrat, verträgt am besten Ost- oder Westsonne, Temperaturoptimum bei 18 bis 22 °C, Dränage in der Freilandkultur erforderlich, der pH-Wert sollte zwischen 4,5 bis 4,8 liegen, vorsichtig düngen und bei Jungpflanzen keine Nährlösung über 1,2 mS/cm verwenden, Altpflanzen vertragen bis zu 1,8 mS/cm oder 250 g/m^2, vorausgesetzt es kann eine Luftfeuchte bei Temperaturen über 25 °C von über 80 % gewährleistet werden, intensive Einstrahlung ist für die Blütenausfärbung vorteilhaft, in Impulsen verabreichter Sprühnebel ist bis zur Blütenausprägung bei Temperaturen über 25 °C vorteilhaft; ansonsten wie *G. scabra* kultivieren.

Bemerkungen: im Botanischen Garten Jena soll eine Subspezies mit der Bezeichnung *G. axilliflora* von Klotz stehen (Mittlg. Lauterbach, 2003) Verschiedentlich gelangen Hybridisierungen mit *G. scabra* (Mittlg. Yamamura, 2001, seit 1977),

G. paradoxa (Eschmann, Mittlg. 2001) sowie mit *G. asclepiadea*, *G. paradoxa* sowie *G. scabra* (Matschke, 2000).

Chromosomenzahl 2n: 26

var. *yezoensis* bekannt als 'Dominiks Royal Blue' (hort.) wahrscheinlich aus einer Population aus den Alpen von Hokkaido stammend, es handelt sich hierbei um eine Unterart mit blauen, bis zu 6 cm großen Blüten, diese sind außen schieferblau und innen himmelblau, die Triebe werden je nach Kulturmethode bis über 80 cm lang, die Blütezeit der meisten Klone dieser Variätet liegt zwischen den Monaten August bis Oktober, intensiv wurde die Kulturform in der Linienzüchtung bearbeitet.

Hybriden, Sorten:

G. × *leucantha* schöne, reinweiß blühende Form, Blüten mit feinen Schlundpunkten, blüht ab Juli bis zum September; die ebenfalls weiß blühende **'Royal White'**, hat keine Schlundpunkte; Triebe werden bis zu 60 bis 80 cm lang und sind für den Schnitt geeignet.

japanische Sorten: neben den weißen bis weißrosa Selektionen 'Nasu No-Hakuryo' sind die blau blühenden Sorten 'Late Blue' und 'Ashiro No-Aki', 'Mädchen von Iwate' und 'Akita Blue' in Europa bekannt geworden.

deutsche blaue Sorte: 'Dominiks Royal Blue 51201' (Züchter: Matschke und Dominik) sowie 'Juma-Blue-5474304' (Matschke), beide intensiv wachsenden Sorten sind hervorragend für den Schnittanbau im Freiland und unter Gewächshausbedingungen geeignet; bei letzterem muss man allerdings einen geringen Verlust der Bläue der Blüte in Kauf nehmen, welche man durch kontrollierten Anbau in Bergregionen (über 1500 m) in Ländern der südlichen Hemisphäre (z. B. Chile, Südafrika) zeitabhängig intensivieren kann.

niederländische Sorte: 'Marsha' (angegeben von Vaste Plantenkwekerij de Leuw, Someren Hoogeveen als *G. makinoi*, Sortenschutz: EU # 15473, Ppaf #10/950871).

Spät blühende Sorte 'Blue Mt.' des *Gentiana scabra* von Andree (Züchter: Kuipers, NL (links)). Mit Hilfe von Mutagenzien (Colchizin) wurde der Klon 'Blue Mt.' verändert (rechts). Dabei verkürzten sich die Internodien um mehr als die Hälfte, die Blütenlänge nahm zu und die Belaubung des Klones lies zum Zeitraum Anfang November noch intaktes Blattgrün/keine Herbstverfärbung erkennen.

Gentiana ovatiloba Kusnezow

Synonym: *G. caespitosa* Mart. und Gal., *G. guatemalensis* Staudley und Steyerm., *G. lewisiae* Staudley und Steyerm.

Vorkommen: Guatemala, Oaxaca, Mexiko.

Beschreibung: niederliegend bis aufrecht wachsende Triebe bis zu 50 cm lang, je nach Standort kurze oder lange rübenähnliche Rhizome.

Blüte: in traubigen Büscheln wachsende, hellblaue und trichterförmige Blüten, die von oberen Blättern umgeben sein können, Blüten mit rötlichen Streifen und grünlichen Punkten versehen .

Blütezeit: ab August, mitunter früher, aber auch später blühend.

Ansprüche: bevorzugt tiefgründige, feuchte, durchlässige, humose und halbschattige Standorte bei pH 5,4.

Chromosomen 2n: 26.

Unterarten, Varietäten: ssp. *ovatiloba;* ssp. *michoacana* Villarreal; ssp. *chazaroi* (Iltis) Ho.

Gentiana parryi Engelmann

Synonym: *G. bracteosa* Greene

Vorkommen: Arizona, Colorado, New Mexiko, Utah, Wyoming (unter 3900 m).

Beschreibung: breite bis ovale Blätter bis zu 4 cm lang an etwa 45 cm langen Stielen angeordnet.

Blüte: purpurblaue, glockige Blüten bis zu fünf Stück in Köpfen, verkehrt keulenartig angeordnet, Blüten umgeben von Blattpaaren und etwa 4,5 cm groß.

Blütezeit: Ende Juli bis September.

Ansprüche: die Silikat bevorzugende Art verlangt humose, feuchte und durchlässige/steinige Standorte bei pH-Werten zwischen 5,2 bis 5,5 und kann bei ausreichender Feuchtigkeit Vollbesonnung vertragen.

Bemerkung: schöne Exemplare dieser Art konnten in Höhen ab 1700 m auf vorgelagerten, feuchten Wiesen vor und in der Nähe von Blau-Fichten gefunden werden. Die mitunter unter dieser Art geführte Selektion *Gentiana × pyramidalis* (hort.), ist hier keinesfalls einzuordnen. Bei dieser handelt es sich um eine Selektion des *Gentiana scabra* von Kuipers, NL mit großen, mittelblauen Blüten auf etwa 12 cm langen Stielen mit schmalen, ovallanzettlichen Blättern.

Chromosomenanzahl 2n: 26.

Gentiana platypetala Grisebach

Verbreitungsgebiet: Alaska, Sitka Inseln.

Beschreibung: dicke Rhizome und kriechende bis aufsteigende, 30 cm lange Triebe, Blätter dreinervig, leicht gebogen, elliptisch.

Blüte: blaue, endständige, becherförmige Blüten bis zu 4 cm groß, innen grün gesprenkelt.

Blütezeit: Juli bis September.

Ansprüche: mäßig feucht, sandig bis humos.

Gentiana plurisetosa Mason

Vorkommen: SW-Oregon bis Kalifornien unterhalb Klamath National Forst (bis 1900 m).

Beschreibung: Art mit bis zu 40 cm langen Trieben, in halbschattigen, feuchten Regionen den Rot-Tannen vorgelagerten Wiesen zu finden, bevorzugt südlich und unterhalb des Mt. Longline ab Ashland Mt., Oregon (1400 bis 1900 m).

Blüte: in Gruppen stehende, endständige, offene, schöne, blaue Blüten, bis 5 cm groß, innen gezeichnet mit grünlichen Punkten.

Blütezeit: Juli bis September.

Ansprüche: durchlässige, humose, feuchte bis mäßig feuchte, kalkarme Standorte bei pH 5,4.

Gentiana puberulenta Pringle

Synonym: *G. puberula* Michx., Prärie-Enzian

Vorkommen: Arkansas, Indiana, Kansas, Lousiana, S-Manitoba, Ontario, Wisconsin.

Beschreibung: mehrjährige Art mit leicht behaarten, liegenden bis aufsteigenden Trieben bis 40 cm Länge mit lanzettlichen, einnervigen Basalblättern.

Blüte: von unten nach oben von Weiß oder Violett ins leicht bläuliche verlaufende Blütenfarbe, bis 5 cm groß, mit grünlichen Streifen sowie blauen Innenstreifen versehen, geschlitzte Plicae violett bis rötlich gefärbt.

Blütezeit: August bis Oktober.

Ansprüche: Die Art bevorzugt steinige, durchlässig, feuchte und humose Standorte, auch in voller Sonne.

Mitunter sind die Unterschiede der phänotypischen Merkmale zwischen den Sorten von *Gentiana triflora* var. *japonica* nicht sehr deutlich. Einige Sorten unterscheiden sich phänotypisch so wenig voneinander, dass die Unterschiede mit Sicherheit nur mit Hilfe von genetischen Fingerprints zu erkennen sind.

Chromosomen 2n: 26.

Hybriden: *G. puberulenta* × *alba; G. puberulenta* × *G. affinis; G. puberulenta* × *G. andrewsii; G. puberulenta* × *G. scabra* var. *buergeri; G. puberulenta* × *G. saponaria; G. puberulenta* × *G. septemfida; G. puberulenta* × *G. septemfida* var. *lagodechiana*.

Hybride *Gentiana × ishizucchii* aus *Gentiana scabra* var. *buergeri* f. *procumbens × Gentiana septemfida* mit bis zu 20 cm langen Trieben und rosa bis roten Blüten (Foto: Rockstroh 2007).

Gentiana rubricaulis Schweinitz

Synonym: *G. grayi* (Kusnezow) Britt.

Vorkommen: W-Manitoba, Michigan, Minnesota, S-Ontario, Wisconsin (unter 900 m).

Beschreibung: rötlich angehauchte, aufrechte Triebe bis 80 cm lang, mit fleischigen, schuppenförmigen, linearen, dreinervigen Blättern.

Blüte: hellgelbe, endständige Blüten mit grün- bis bläulichen Adern bis 4,5 cm groß, von Hüllblättern umgeben und in Büscheln stehend.

Blütezeit: Juli bis September.

Ansprüche: bevorzugt saure, durchlässige, torfige bis humose, feuchte Standorte bei pH 5,4 bis 5,6.

Chromosomen 2n: 26.

Gentiana scabra Bunge

Vorkommen: China, SO-Honshu, Kiushu, Kurilen, Korea, Japan, Mandschurai, Sachalin (unter 3200 m).

Beschreibung: kurze dicke, auch verholzte Rhizome mit Feinwurzeln, Triebe von der Basis her verzweigt, je nach Sorte aufrecht oder liegend wachsend, einige Sorten mit rötlich gefärbten Stiel versehen, Blätter oval bis lanzettlich, unterschiedliche Kulturformen befinden sich im Handel, einerseits hängende Selektionen mit bis zu 60 cm langen, niederliegenden sowie aufsteigenden Trieben die an *G. scabra* var. *saxatilis* erinnern, aber auch aufrecht und kompakt wachsende Sorten, die je nach Kulturführung bis zu 40 cm hoch werden können, sie besitzen zumeist lanzettliche, dreinervige Stängelblätter, die paarig angeordnet sind und bis zu 4,5 cm lang werden.

Blüte: bis zu fünf ungestielte, dunkel- bis hellblaue, zumeist gepunktete, röhrige bis glockige Blüten, bis 7 cm groß, je nach Selektion reichlich blühend, aber nicht immer gut remontierend; wesentliche Nachteile einiger Sorten sind das späte Aufblühen der Blüten ab Oktober, das Drehen der Blütenzipfel bei Sonneneinstrahlung, die Virus-, Trauermücken-, Thrips- und die Botrytisanfälligkeit, spät blühende Sorten müssen frühzeitig vorgetrieben werden.

Blütezeit: Ende September bis Ende November.

Bemerkung: in der traditionellen Medizin wird beschrieben, dass Inhaltsstoffe des *G. scabra* wirkungsvoll gegenüber Erkrankungen der Atemwege erfolgreich eingesetzt werden können.

Ansprüche: Diese wichtige Topfkultur sollte in 10-er- oder 11-er-Töpfen, für Woche 20 bis 23 oder für Woche 25 in 9-er Töpfe getopft werden. Man behandelt die Pflanzen wie Erica, d. h. man kulti-

Von *Gentiana scabra* sind Sorten japanischen Ursprungs verschiedener Kultivateure/Züchter (Kuipers, Kienzler, Bock, Andree, Liebig, Viehweg, u. a.) im Handel. Beispielsweise seien einige Sorten aufgezeigt: 'Blue Mt.', 'Mt. Blue' (1), 'Blue Magic', 'G-99' (2) und 'JAB-TET' (3). Einige dieser reichlich blühenden Sorten zeichnen sich durch klare, beispielhaft erwünschte Blüten aus. Krempeln der Blütenblätter mit zunehmender Sonneneinstrahlung ist ein unerwünschtes Zuchtmerkmal vieler dieser Sorten.

Die am Markt befindlichen Sorten des *Gentiana scabra* var. *orientalis*' 'Zuiko Rindo', Rose Star' oder 'Rose' ähneln der intensiv blühenden japanischen Sorte 'Belicidori' (1, 2), hier im Vergleich zum rosa blühenden Hybriden *Gentiana triflora* × *Gentiana scabra* (3).

viert in durchlässigem, mit Osmocote (2,0 g/Ltr.) aufgedüngtem Substrat aus Weißtorf, Ton, Sand und Perlite bei einem pH-Wert von 4,5 bis 4,8. Es sollte weiches Gießwasser verwendet werden, um eine kontrollierte Flüssigdüngung unter Einsatz von sauren Mehrnährstoffdüngern, wie Flory 3 (15:11:15:2) oder Peters Exel bei einem max. EC-Wert von 1,2 mS/cm vorzunehmen zu können. Hygiene auf den Tischen oder Rinnen ist bei der Kultur dringend angeraten, da sie schnell von pilzlichen Schaderregern befallen wird. Das bedeutet auch altes Laub und Stängelreste im Spätherbst restlos zu entfernen. Man sollte Vorsicht beim Einsatz von Topflor (< 0,05 %!) zur Triebregulierung walten lassen. Mit Ausnahme der Kulturform 'Shusui White' sollten die Züchtungen 'Shin Krishna' mitunter auch als 'Shusui Blue' geführt, 'Shusui Pink' und 'Belicidori' wenigstens zweimal im Jahr gestutzt werden, damit diese kompakter wachsen. Dadurch verschiebt sich allerdings der Blütezeitpunkt um mindestens 14 Tage. Etwa acht Wochen nach dem Stutzen kann mit Blüten gerechnet werden. Ein zweites Stutzen ist zwar vorteilhaft, verschiebt jedoch noch weiter den Blühtermin. Bei unsachgemäßer Kultur ist schnell mit einem Befall von Trauermücken, Thripsen sowie Pilzen, vorzugsweise *Botrytis* sp. und *Fusarien* sp. zu rechnen. Zu feucht und von oben gegossene Pflanzen werden stark vom aufkommenden Lebermoos bedrängt. Eine Behandlung mit Moosvernichtern in erhöhten Konzentrationen kann zu Missbildungen und zu kleineren Blüten der Pflanzen führen. Gegen übermäßiges Wachstum von Lebermoos haben sich gebrochene Mandelschalen von Biotop sowie Mogeton bewährt. Um die Blütezeit der Art entscheidend vorzuverlegen ist bis zum Monat Mai ein Vortrieb der Kulturen im Gewächshaus erfolgreich. Dieses kann nach einer Kühlperiode von etwa 45 Tagen bereits ab Ende November erfolgen.

Gegenüber pilzlichen Schaderregern, welche ein Triebsterben verursachen (insbesondere *Pythium*, *Rhizoctonia*, *Fusarien*, *Botrytis*), sollten sich prophylaktisch Mikroorganismen, wie FZB 24 aus dem ehemaligen FZB Müncheberg bewähren. Inwieweit die Pflanzenstabilität dadurch gefördert werden kann, ist aus den laufenden Versuchen nicht hinreichend abzuleiten. Gleichfalls berichten Lindemann und Schrage (Versuchsberichte 2006), dass sie mit diesem Stamm keine Reduktion des Pflanzenausfalls bei *G. makinoi* unter optimalen Kulturbedingungen erreichten, jedoch ein stärkeres Wachstum der Blattfläche im Vergleich zur unbehandelten Kontrolle beobachteten. Für getopfte *G. septemfida* wurde nach einer einmaligen Behandlung mit FZB 24 eine höhere Überlebensrate der Pflanzen unter suboptimalen Bedingungen beobachtet.

Interessant sind in diesem Zusammenhang die Versuche von Sykorova (pers. Mittlg. 2005) zu werten, die bewies, dass die Vitalität der Enziane durch arbuskuläre Mykorrhizapilze wie *Glomus mosseae* gesteigert werden kann. Dazu werden die Enziane mit Hyphennetzen von *G. mosseae* versetzt, die in einem sterilisierten Substrat aus Sand, Terragreen und getrockneten Wurzeln von Mais, Klee oder Wegerich als Wirtspflanzen angezogen wurden.

Weniger anfällig gegenüber pilzlichen Schaderregern sind die Hybriden des *Gentiana scabra* 'Shinkirishima' × *Gentiana triflora* var. *japonica* oder 'Blue Mt.' × *Gentiana triflora* var. *japonica* wie '155011' oder '155008' (Züchter Matschke, 2004), diese langstieligeren Hybriden sind einfacher zu kultivieren als ihre mütterlichen Eltern.

Wichtig ist in jedem Falle eine optimal geführte Kultur für jede Art anzustreben. Ein Befall der Kultur mit pathogenen Schaderregern ist zu meist sekundär zu werten und deutet auf suboptimale Kulturbedingungen hin. Überwiegend sind ein zu hoher Salzgehalt, eine unzureichende Durchlüftung der Substrate, eine Vernässung der Kultur einschließlich Befall mit Larven der Trauermücke und ein überhöhter, oftmals falscher Einsatz von Pflanzenschutzmitteln die auslösenden Ursachen, auf welche insbesondere Sorten des *G. scabra* ansprechen und beschleunigt auswintern. Ein wesentlicher Umstand, das diese schöne Art wegen der zumeist verminderten Qualität nur unzureichend im Handel abgesetzt werden kann.

Chromosomen 2n: 26

Varietäten, Hybriden, Formen: var. *scabra;* var. *buergeri* (Miquel) Maximowicz, hierzu zählt die bekannte Sorte 'Herbstzauber', die dunkelblau und bereits Mitte August zu blühen beginnt, diese Selektion wird gerne für den Schnitt eingesetzt; *G. × iseana* als natürlicher Bastard des *G. scabra* var. *buergeri* subvar. *G. orientalis × G. sikokiana* mit glockigen, bis zu 5,5 cm großen violettblauen Blüten aus der japanischen Provinz Ise; *G. × ishizuchii* als Hybride aus *G. scabra* var. *buergeri f. procumbens × G. septemfida* mit bis zu 20 cm langen Trieben und rosa bis roten Blüten; f. *fortunei* (Hook) Maximowicz; var. *kitadakensis* (Yonezawa) Halda; subvar. *orientalis* Hara (japanische Topfkultur); f. *procumbens* Toyokuni; subv. s*axatilis* Honda, Toyokuni; f. *stenophylla* (Hara), Paik und Lee, Toyokuni, sollte *G. pneumonanthe* ähneln.

Selektionen/Sorten: seit 1977 beschäftigte man sich u.a. in Iwate, Niigata und Narita in Japan mit der Züchtung und insbesondere mit der Hybridisierung und Auslese von Nachkommen der *G. scabra, G. scabra × G. triflora, G. scabra × G. makinoi* sowie *G. scabra × G. septemfida* (Mittlg. Yamamura, 2001). Zahlreiche interessante F1-Hybriden wurden selektiert, vegetativ vermehrt und zu Sorten angemeldet. Alle sind Kalkflieher und bevorzugen Substrate mit pH-Werten zwischen 4,2 und 4,8. Bei intensiver Sonneneinstrahlung, besonders in der Mittagszeit, rollen sich die Blütenzipfel vieler Sorten nach außen. Für ausreichende Boden- und Luftfeuchte ist dann in jedem Fall zu sorgen. Im Handel befinden sich viele, leider auch virusinfizierte, Hybriden als Topf- und Ampelpflanzen. Jährlich wurden bis zu 6 Mio. Pflanzen für den europäischen Raum vermehrt, wegen der unzureichenden Winterhärte und der abnehmenden Qualitäten der Sorten mit sinkender Tendenz.

'**Belicidori**' zeichnet sich durch hell karminrosa Blüten aus, beginnt ab Ende August bis zum September zu blühen, ähnlich der '**Succino**' als eine schöne, rosa bis purpurn blühende Selektion.

'**Blue Mt.**' (Kuipers, Nl) und ähnelnde Selektionen wie '**Alpine Success Blue**' '**Ice Blue**', '**Pink**', '**Blue und** '**White**', '**Big Mt.**' und '**Blue Magic**' sind attraktive Herbstenziane mit bis zu 7 cm großen Blüten auf verzweigten Trieben. Die Pflanzen müssen allerdings zeitig gestutzt werden, da die Triebe bis zu 30 cm lang werden können. Eine wertvolle Alternative dafür ist die kompakt wachsende, gut blühende Sorte '**Nana**' mit blauen Blüten.

'**Olgas Pale**' von Cristie Alpines, Schottland.

'**Rosea**' und '**Zuiko Rindo**' (*G. scabra* var. *orientalis*) mit dunkelpunktierten, purpurvioletten Blüten mit hellem Schlund werden bis zu 3,5 cm groß; leider blüht diese Selektion erst spät ab September bis in den November an bis zu 20 cm langen Trieben.

'**Shinkirishima**' besitzt purpurviolette Blüten und beginnt Ende August mit der Blüte, bei mehrfachem Stutzen jedoch entsprechend später.

'**Shin Krishna**' besitzt tief dunkelblaue Blüten und wächst aufrecht mit bis zu 20 cm langen Stielen, die weniger anfällige Sorte blüht ab Ende August bis in den November hinein.

'**Shusui White**' rein weiße Selektion.

Gentiana spathacea
Humboldt, Bonpland und Kunth

Synonym: *G. coerulea*, Sesse und Mocino; *G. ovalis*, Mart. und Gal., *G. plicata* Wild, *G. sessaei* (Don) Grisebach

Verbreitungsgebiet: Mexiko.

Beschreibung: die Art bildet viele aufsteigende Triebe mit etwa 20 cm Länge, zum Teil eine Länge von bis zu 1 m erreichend, mit gegenständigen, dreinervigen Blättern, sie wächst auf kräftigem Wurzelstock.

Blüte: glockige, endständige, weiße Blüten bis zu 5 cm groß mit blauen Zipfeln in Gruppen aus der Spitze und den Achseln kommend.

Gentiana clarkei mit hellblauen Blüten (Foto: Yuan 2005).

Blütezeit: April bis Mai, mitunter August bis September.

Ansprüche: halbschattige, durchlässige, mäßige feuchte, moorig bis sandige Standorte bei pH 5,4.

Chromosomen 2n: 26.

Gentiana villosa L.

Synonym: *G. clavata* Stend., *G. deloachii* Shinners, *G. heterophylla* Rafinesque., *G. incarnata* Sims., *G. intermedia* Sims., *G. ochroleuca* Froel., *G. serpentaria* Rafinesque

Vorkommen: Delavare, N-Florida, S-Indiana, O-Lousiana, W-Tennessee, S-Pennsylvania.

Beschreibung: bildet aufrechte Triebe bis 60 cm Länge, Basalblätter fast rund, spatelig angeordnet.

Blüte: in Büschel stehende, endständige, grünlich bis gelbe, seltener blaue Blüten bis 5 cm groß, mit leicht bläulichem Ton, leicht grün geadert.

Blütezeit: September bis November.

Ansprüche: bevorzugt feuchte, humose, durchlässige Standorte bei pH 5,5 bis 5,8.

Chromosomen 2n: 26.

Sektion Dolichocarpa Ho

Gentiana caeruleo-grisea Ho

Vorkommen: China (bis zu 4000 m).

Beschreibung: einjährige Art, welche kleine Rosetten und Triebe bis zu 10 cm Länge ausbildet, diese sind mit nur kleinen Blättchen versehen.

Blüte: grau-blaue bis weiße, endständige, kleine Blütchen.

Blütezeit: Juli bis August.

Ansprüche: bevorzugt sandig bis humose, durchlässige, feuchte Standorte bei pH 5,5 bis 5,8.

Chromosomen 2n: 16.

Gentiana clarkei Kusnezow

Synonym: *G. pygmaea* Clarke

Verbreitungsgebiet: Himalaja, Indien, W-Tibet, Pakistan, Qinghai, Sibirien (bis 4500 m).

Beschreibung: ein- bis zweijährige Art mit dünnen, unverzweigten Trieben, welche bis 4,5 cm lang werden und nur kleine, geränderte Blättchen aufweisen.

Blüte: blau bis hellblaue, bis 0,5 cm groß, endständig, Krone mit Zipfeln, Plicae gespalten.

Blütezeit: Juli bis September.

Ansprüche: Halbschatten, feuchte und durchlässige Standorte bei pH 5,4.

Chromosomen 2n: 24

Varietäten: var. *clarkei;* var. *conduplicata* (Ho); var. *lutescens* Ho und Liu.

Gentiana gyirongensis Ho

Vorkommen: Gyirong, Tibet (bis 4800 m).

Beschreibung: einjährige Art mit aufrechten, bis zu 5 cm langen Trieben und schmalen elliptischen Blättchen.

Blüte: solitäre, blau bis graue Blütchen.

Blütezeit: Juli bis August.

Ansprüche: volle Sonne bei ausreichender Feuchtigkeit im humosen, durchlässigen Substraten bei pH-Werten von 5,5 bis 5,8.

Gentiana haynaldii Kanitz

Vorkommen: Sichuan, Yunnan (bis zu 4900 m).

Beschreibung: Art mit aufrechten bis zu 7 cm langen Trieben mit eng anliegenden, spitzen Blättern.

Blüte: hell- bis dunkelblaue, endständige, Blüten bis zu 3 cm lang mit lila bis blauen Punkten.

Hellblau blühender *Gentiana nanobella* aus dem Gebiet N-Chamdo des Ost-Trola Passes (Foto: Zschummel 2007).

Blütezeit: August bis September.
Ansprüche: feuchte, durchlässige, humose Standorte bei pH-Werten von 5,5 bis 5,8.
Chromosomen 2n: 20.

Gentiana micans Clarke

Synonym: *G. argentea*
Verbreitungsgebiet: Afghanistan, China, W-Himalaja, Pakistan, Sikkim, Tibet (bis 5000 m).
Beschreibung: einjährige Art mit bis zu 6 cm langen, unverzweigten Trieben.
Blüte: endständige, solitäre, blaue Blüten bis 2 cm Größe.
Blütezeit: August.
Ansprüche: mäßig humose, feuchte, durchlässige Böden bei pH 5,5 bis 5,8
Unterarten, Varietäten: var. *kwansiensis* (Ho) Halda; var. *latifolia* Ho; ssp. *micans*.

Gentiana nanobella Marquand

Vorkommen: SW-Sichuan, NW-Yunnan (bis 4200 m).
Beschreibung: einjährige Art mit aufrechten, verzweigten bis zu 8 cm langen Trieben, ähnelt *G. anisostemon*, besitzt paarige, basale und lanzettliche Blätter.
Blüte: einzelne, kurzgestielte hell- bis dunkelblaue

Blüten mit blauen Innenpunkten, bis zu 2,5 cm lang mit Röhren von 0,5 cm, dreieckigen Zähnen und breiter Plicae.
Blütezeit: August.
Ansprüche: bevorzugt offene, feuchte und humose Lagen bei Vollbesonnung.

Gentiana prostrata Haenke

Vorkommen: NW-Amerika, Anden, Patagonien, Sibirien, Turkestan, SO-Tibet, Südtirol (2800 m).
Beschreibung: einjährig, rosettig mit bis zu 10 cm langen Trieben und spatenförmigen, kleinen, dicht stehenden Blättchen.
Blüte: endständig, weiß oder blau, schnell schließend, Grund grünlich, erscheinen durch die gleichlangen Plicaes und Kronblattzipfel zehnzipfelig.
Blütezeit: Juli bis September.
Ansprüche: bei ausreichender Feuchtigkeit und humosen, durchlässigen Standorten ist eine Vollbesonnung möglich; auch *G. prostrata* var. *ludlowii* aus dem Herkunftsgebiet S-Tibet, Hengduan, Yunnan bevorzugt mäßig feuchte, steinige und halbsonnige Plätze, Hänge, Weiden- und Rasenflächen mit geringem Humusanteil bei einem pH-Wert von 5,6 bis 6,0.
Chromosomen 2n: 36.
Unterarten, Varietäten: var. *crenulata-truncata* Marquand; var. *karelinii* (Grisebach) Kusnezow; var. *ludlowii* Marquand (Chromosomen 2n: 16, 22, 32); var. *nutans* Bunge, Halda; var. *prostrata;* ssp. *podocarpa;* var. *pudica*.

Gentiana sedifolia
Humboldt, Bonpland und Kunth

Synonym: *G. caespitosa*
Vorkommen: Bolivien, N-Chile, Ekuador, SW-Peru (bis 4800 m).
Beschreibung: polsterbildende, einjährige Art mit verzweigten, kurzen Trieben bis 6 cm Länge und lanzettlichen, fleischigen, spitzen Stängelblättern.
Blüte: himmelblaue oder gelbliche bis weiße, trichterförmige, endständige Blüten bis 2 cm groß

mit dunkelblauen Streifen, geflecktem Schlund und gelber Mitte.

Blütezeit: April bis Juli.

Ansprüche: mäßig feuchte lehmige Standorte bei pH 5,5 bis 5,8, verträgt Vollbesonnung.

Chromosomen: 40

Unterarten, Varietäten: var. *compacta* Grisebach; var. *elongata* Grisebach; var. *imbricata* Grisebach; var. *grandiflora* Kusnezow; var. *lineata* Philippi; var. *nana* Kusnezow; var. *sedifolia;* var. *casapaltensis* Ball.

Gentiana stellata Turril

Vorkommen: Afganisthan, Indien, Nepal, Pakistan, Tibet (bis zu 6000 m).

Beschreibung: einjährige Art mit bis zu 8 cm langen, verzweigten Trieben und lanzettlichen Blättern.

Blüte: blaue, konische Blüten.

Blütezeit: Juli bis September.

Ansprüche: durchlässige, feuchte bis mäßig feuchte, humose Standorte bei pH 5,5 bis 5,8

Varietät: var. *acuminata* (Clarke) Ho.

Gentiana tetrasticha Marquand

Vorkommen: W-Yunnan, S-Tibet (bis zu 5100 m).

Beschreibung: einjährige, kleinwüchsige Art mit bis zu 3 cm langen Trieben und eng anliegenden Blättchen.

Blüte: endständige, blaue Blüten bis 1,2 cm groß, mit grünlichen Flecken versehen.

Blütezeit: Juni bis August.

Ansprüche: halbschattige, feuchte, durchlässige, humose Standorte bei pH 5,5 bis 5,8.

Chromosomen 2n: 24.

Gentiana producta Ho

Vorkommen: Garze, Sichuan (bis 3500 m) .

Beschreibung: einjährige Art mit kleinen Rosetten und kurzen, bis zu 8 cm langen Trieben.

Blüte: violett bis blaue, endständige Blüten, bis 2 cm lang.

Blütezeit: August bis September.

Ansprüche: feuchte, durchlässige, humose Standorte bei pH 5,5 bis 5,8.

Sektion Chondrophyllae Bunge

Die nach dem Tertiär entstandenen Arten sind weit über Amerika, Asien und Europa verbreitet. Die Arten dieser Sektion bilden zumeist Rosetten mit einzelnen, becherförmigen Blüten in Trugdolden aus.

SERIE FIMBRIATAE MARQUAND

Gentiana burmensis Marquand

Vorkommen: NO-Myanmar, SO-Tibet (unter 4200 m).

Beschreibung: bildet lockere Polster mit bis zu 6 cm hoch werdenden, aufrechten Trieben ohne basal angeordnete Blätter.

Blüte: trichterförmige, bis 1,5 cm große violett bis rosa erscheinende, gestielte Blüten mit kleinen hellen Härchen im Schlund, Zipfel dreieckig, gefranste Plicae beinahe stumpf und so lang wie die Zipfel, Art zeigt geringe Phototaxis.

Blütezeit: Juli bis August.

Ansprüche: feuchte, durchlässige und halbschattige bis sonnige Standorte bei pH 5,4 bis 5,6.

Gentiana deltoidea Smith

Vorkommen: S-Sichuan (bis zu 3500 m).

Beschreibung: einjährige Art mit wenig verzweigten Trieben, bis zu 4 cm lang.

Blüte: endständige, hell- bis graublaue, kleine Blütchen.

Blütezeit: Ende August bis September.

Ansprüche: halbschattige, sandige bis leicht humose, durchlässige und mäßig feuchte Standorte bei pH 5,5 werden bevorzugt.

Gentiana musicola mit weißen Blüten und einem zwischen den Kronblättern gelegenen gefransten Saum (Foto: Yuan 2005).

Blick auf das Chontae Valley mit seinem Sokga Peak in den Bergen von Myohyang, N-Korea, in welchen man vereinzelt *Gentiana jamesii* und *Gentiana chosenica* unter Rhododendron-Büschen finden kann. *Gentiana jamesii* hat große Ähnlichkeit mit *Gentl. germanica*. In feuchten Regionen ist *Swertia pseudoclinensis* vereinzelt in diesen Regionen zu finden.

Gentiana divaricata Ho

Vorkommen: Sichuan (2300 m).

Beschreibung: recht feine, kurze, kriechende Rhizome mit Basalblättern und weichen, wenig verzweigten, bis zu 15 cm langen Trieben, welche bis zu sieben Internodien aufweisen können.

Blüte: endständige, hellblaue Blüten bis 1,5 cm lang, mit dunklen Flecken auf den Stielen.

Blütezeit: Ende August bis September.

Ansprüche: schattige sandige bis humose, durchlässige und feuchte Standorte bei pH 5,5 bis 5,8.

Gentiana grata Smith

Vorkommen: Myanmar, Tibet, NW-Yunnan (bis 4400 m).

Beschreibung: Art mit recht feinen, kriechenden Rhizomen mit Basalblättern und weichen, wenig

verzweigten, bis zu 15 cm langen Trieben, die bis zu sieben Internodien aufweisend.

Blüte: endständige, hellblaue Blüten bis 1,5 cm lang, mit dunklen Flecken auf aufrechten Stielen mit langer Krone.

Blütezeit: Ende August bis September.

Ansprüche: humose, durchlässige und feuchte Standorte bei pH 5,5 bis 5,8

Unterarten: ssp. *bryophylla* (Smith), Halda; ssp. *burmensis* (Marquand), Halda; ssp. *grata*.

Gentiana formosa Smith

Vorkommen: Tibet, NW-Yunnan (bis 4600 m).

Beschreibung: rasenbildende Art mit bis zu 6 cm langen Trieben.

Blüte: becherförmig, endständig, weiß oder hellblau mit dunklen Flecken und blauen Zipfeln versehen, Krone mit breiten Zipfeln, Plicae gefranst.

Blütezeit: Juli bis August.

Ansprüche: mäßig feuchte, humose Standorte bei pH 5,5 bis 5,8.

Form: f. *albiflora* (Yunnan).

Gentiana jamesii Hemsley

Synonym: *G. nipponica* var. *kawakamii* Makino, *Rishiri rindo* (Japan)

Vorkommen: Hokkaido, Japan, N-Korea, Kurilen, Mandschurei, Sachalin (bis 2000 m).

Beschreibung: bildet dicht schließende Polster mit kleinen, kurzen, rötlichen und kräftigen Stielen ohne Stängelblätter, kurze Internodien, mit breiten, lanzettlichen Blättern.

Gentiana panthaica mit endständigen, nickenden, bläulich bis hellvioletten Blüten (Foto: Yuan 2005).

Blüte: blau oder rosa bis purpurn scheinende, kleine röhrige bis glockige Blütchen.
Blütezeit: August bis September.
Ansprüche: durchlässige humose, feuchte, halbschattige Lagen bei pH 5,5 bis 5,8.
Chromosomen 2n: 36.

Gentiana mairei Leveille
Vorkommen: SW-Sichuan, Yunnan (bis 3800 m).
Beschreibung: einjährige Art mit bis zu 10 cm langen Trieben.
Blüte: weiße oder blaue Blüten, bis zu 1,2 cm groß, mit auffallender, gefranster, ovater Plicae.
Blütezeit: Juli bis August.
Ansprüche: steinige, humose Standorte mit mäßiger Feuchtigkeit bei pH 5,5 bis 5,8.
Chromosomen 2n: 18, (20).

Gentiana muscicola Marquand
Vorkommen: Myanmar, Tibet (unter 3000 m).
Beschreibung: Art mit feinem Wurzelsystem und kriechenden Trieben, die bis 5 cm lang werden.
Blüte: trichterförmige, endständige, violette und weiße Blüten.
Blütezeit: Juli bis August.
Ansprüche: feuchte, durchlässige, halbschattige Standorte bei pH-Werten zwischen 5,5 bis 5,8, Winterschutz angeraten.

Gentiana sumatrana Ridley
Vorkommen: Sumatra (bis 3500 m).
Beschreibung: ein- oder mehrjährige, aufrecht wachsende, verzweigte Triebe bis 5 cm lang werdend.
Blüte: weiß mit blauem Schimmer, bis 0,5 cm groß.
Blütezeit: März bis April.
Ansprüche: feuchte, durchlässige, humose Standorte bei pH 5,5 bis 5,8.
Varietäten: var. *sumatrana;* var. *humifusa* (Moore) Ho.

Gentiana oligophylla Smith und Marquand
Vorkommen: Hupeh, Sichuan (2000 bis 4000 m).
Beschreibung: bis zu 15 cm lange, zierliche, verzweigte Triebe mit rosettigen Basalblättern.
Blüte: weißbläuliche, glockige Blüten bis 1 cm groß, auffällige, gefranste Plicae.
Blütezeit: Juli bis August.
Ansprüche: mäßig feuchte, humose, durchlässige Standorte bei pH 5,5 bis 5,8.

Gentiana panthaica Prain und Burkill
Vorkommen: Yunnan (bis 3900 m).
Beschreibung: einjährige Art mit wenigen Trieben, bis 30 cm lang, mit rosettigen Basalblättern.
Blüte: mit endständigen, nickenden, bläulich bis hellvioletten Blüten mit fädigen, langen Plicaes, Blüten bis 1,5 cm groß, außen grünlich überhaucht.
Blütezeit: Mai bis Juni.
Ansprüche: durchlässige, moorige, feucht-humose Standorte bei pH 5,6.
Chromosomen 2n: 20.
Varietäten: var. *epichysantha* (Hand. Mazzetti) Smith; var. *panthaica*.

Gentiana recurvata Clarke
Vorkommen: Nepal, Sikkim (4000 m).
Beschreibung: einjährige Art mit verzweigten, bis zu 12 cm langen Trieben.
Blüte: blaue, solitäre Blüten.

Gentiana rubicunda aus der Region Wolong, Sichuan mit leuchtend rosa Blütchen an etwa 4 cm langen Stielen (Foto: Zschummel 2006).

Blütezeit: Mai bis September.
Ansprüche: feucht, humos, durchlässig.
Unterart: ssp. *prainii.*

Gentiana saltuum Marquand

Vorkommen: N-Myanmar, Yunnan (bis 3900 m).
Beschreibung: einjährige Art mit aufrechten, bis 8 cm langen Trieben.
Blüte: hellblaue, blaue bis violette, endständige, gestielte kleine Blüten bis 1,5 cm Länge.
Blütezeit: August.
Ansprüche: feuchte, humose und durchlässige Standorte bei pH-Werten von 5,5 bis 5,8, verträgt Vollbesonnung.

Gentiana qiujiangensis Ho

Vorkommen: Myanmar, Tibet, Yunnan (bis 4000 m).
Beschreibung: recht feine, kurze, kriechende Rhizome mit Basalblättern und weichen, wenig verzweigten, bis zu 15 cm langen Trieben mit bis zu sieben Internodien.
Blüte: endständige, hellblaue Blüten bis 1,5 cm lang, mit dunklen Flecken auf aufrechten Stielen.
Blütezeit: Ende August bis September.
Ansprüche: humose, durchlässige und feuchte Standorte bei pH 5,5 bis 5,8.

Gentiana delicata Hance

Vorkommen: China (bis 1000 m).

Beschreibung: einjährige Art mit verzweigten Trieben, bis 8 cm lang, welche einer Rosette entspringen.

Blüte: kleine gestielte, trichterförmige bläulich bis grünliche Blüten bis 1,5 cm groß werdend, diese entspringen den Achseln.

Blütezeit: August.

Ansprüche: anpassungsfähig, an feuchte aber auch trockene, humose Standorten bei pH 5,5 bis 5,8.

Gentiana flavo-maculata Hayata

Vorkommen: Taiwan (bis 3400 m).

Beschreibung: einjährige Art mit mehreren Trieben, die bis zu 10 cm lang werden können.

Blüte: endständige, glockige, gelbe Blüten mit schwarzen Flecken, die bis 1,5 cm groß werden.

Blütezeit: Juli bis August.

Ansprüche: verträgt bei mäßig feuchten, humosen und durchlässigen Böden auch vollsonnige Standorte.

Chromosomen 2n: 24.

Unterarten, Varietäten: var. *flavo-maculata;* ssp. *tatakensis* (Masamune), Halda.

Gentiana luzoniensis Merrill

Varietäten: var. *luzoniensis;* var. *tarokensis* (Chen und Wang) Ho.

Gentiana microphyta Franchet

Verbreitungsgebiet: Myanmar, Tibet, Yunnan (bis 4000 m) .

Beschreibung: einjährige Art mit bis 10 cm langen Trieben und kurzen Blättchen.

Blüte: endständige, solitäre, hellblaue bis blaue, glockenförmige Blütchen.

Blütezeit: August.

Ansprüche: feuchte, humose durchlässige und sonnige Standorte.

Gentiana myrioclada Franchet

Vorkommen: W-Sichuan, NW-Yunnan (bis in Höhenlagen von 4100 m).

Beschreibung: einjährige Art mit feinen Wurzeln, fädigen Trieben und rosettigen, lanzettlichen Basalblättern.

Blüte: kleine, blaue, endständige und gestielte Blütchen bis 0,5 cm Größe.

Blütezeit: Juni bis August.

Ansprüche: mäßig feuchte, durchlässige und humose Standorte bei pH 5,5 bis 5,8.

Varietäten: var. *myrioclada;* var. *wuxiensis* Ho und Liu.

Gentiana rubicunda Franchet

Vorkommen: W-Sichuan, Yunnan (bis in Höhenlagen von 4000 m).

Beschreibung: einjährige Art mit feinen Wurzeln, fädigen Trieben, rosettigen, lanzettlichen Basalblättern .

Blüte: kleine, endständige rosa-violett und rote, gestielte Blütchen, bis zu 0,6 cm groß werdend.

Blütezeit: Mai, manchmal bis in den August.

Ansprüche: mäßig feuchte, durchlässige und humose Standorte bei pH 5,5 bis 5,8, die Art ist anpassungsfähig und anspruchslos

Varietäten: var. *biloba* Ho; var. *bellidifolia* (Franchet) Marquand; var. *delicata* (Hance) Marquand; var. *filisepala;* var. *purpurata* (Maximowicz und Kusnezow) Ho; var. *rubicunda;* var. *samolifolia* (Franchet) Marquand.

Gentiana stellulata Smith

Vorkommen: NW-Yunnan (bis 4000 m).

Beschreibung: einjährige Art mit verzweigten Trieben, ohne Basalblätter während der Blüte.

Blüte: endständige, trichterförmige, weiße Blüten mit undeutlichen Streifen, bis 0,5 cm groß werdend.

Blütezeit: September bis Oktober.

Ansprüche: halbschattige, feuchte, humose Silikat-Standorte bei pH 5,5 bis 5,8.

Gentiana vandellioides aus Hubai mit schönen hellblauen, gepunkteten Blüten und gelb gezeichneter Mitte (Foto: Yuan 2005).

Varietäten: var. *dichotoma* (NW-Yunnan) Smith; var. *epichysantha;* var. *stellulata.*

Gentiana vandellioides Hemsley

Vorkommen: Hubai, Sichuan (bis zu 2.100 m).

Beschreibung: einjährige Art mit verzweigten, niederliegenden Trieben, bis 15 cm lang werdend, mit rosettigen Basalblättern

Blüte: trichterförmige, endständige, hellblaue bis blaue, gepunktete Blüten mit gelb gezeichneter Mitte an kurzen Stielen, Blüten bis 1,8 cm groß.

Blütezeit: August.

Ansprüche: mäßig feuchte, sandige bis humose Standorte.

Varietäten: var. *vandellioides;* var. *biloba* Franchet.

Gentiana crassuloides wächst bevorzugt auf feuchten, sandigen und durchlässigen Substraten; wichtige Standorte sind Qinghai, Dagri, Little Snow Mt., Shisa Snow Mt. und Ratabu Mt. (3900m) (Foto: Zschummel 2007)

Gentiana bryoides Burkill

Vorkommen: Bhutan, Sichuan, O-Himalaja, Nepal, Sikkim, SO-Tibet (bis 4200 m).

Beschreibung: einjährige Art mit basalen Blättern und nur wenigen Trieben bis zu 8 cm lang.

Blüte: blaue, gestielte und solitäre Blüten mit weißlichem Schimmer an den Spitzen, bis 1,2 cm groß werdend.

Blütezeit: April bis August.

Ansprüche: bevorzugt durchlässige, mäßig feuchte und halbsonnige Standorte bei pH 5,4 bis 5,8.

Varietät: var. *japonica*, Japan und Korea.

Gentiana crassula Smith

Vorkommen: SW-Sichuan, NW-Yunnan (bis zu 4400 m).

Beschreibung: einjährige Art mit verzweigten, büscheligen Trieben.

Blüte: die endständigen, blauen bis dunkelblauen Blüten werden bis zu 2 cm groß.

Blütezeit: Juli bis August.

Ansprüche: wächst bevorzugt auf kalkigen und durchlässigen, mäßig feuchten Sandböden im Halbschatten.

Chromosomen 2n: 20.

Gentiana crassuloides
Bureau und Franchet

Vorkommen: Bhutan, Himalaja, Nepal, Shaanxi, Sikkim, W-Sichuan, Yunnan, SO-Tibet (bis in Höhen von 4500 m).

Beschreibung: einjährige Art mit feinen, verzweigten und bis zu 7 cm langen Trieben.

Blüte: intensiv blaue aber auch hellblaue, endständige Blüten, nur bis 0,5 cm groß werdend.

Blütezeit: Juli bis August.

Ansprüche: anspruchslose Art, wächst auf steinigen, mäßig feuchten, halbschattigen bis sonnigen Torfsubstraten mit nur wenig Kalkzusatz bei pH-Werten von 5,5 bis 5,8.

Gentiana sqarrosa sowie *Gentiana pseudosqarrosa* kommen überwiegend in Herkunftsgebieten des NW-Yunnan vor (Fotos: a: Zschummel 2006, b: Jans 2008).

Chromosomen 2n: 40.

Unterarten, Varietät: ssp. *crassuloides;* ssp. *curviphylla* (Ho) Halda; var. *mailingensis* (Ho) Halda; ssp. *nyingchiensis* (Ho) Halda.

Gentiana moniliformis Marquand

Vorkommen: Yunnan (bis 3400 m).

Beschreibung: einjährige, rosettig wachsende Art mit 6 cm langen, verzweigten Trieben sowie bis zu 2 cm langen Basalblättern mit sechs Blattnerven.

Blüte: endständige, kurz gestielte hellblaue Blüten mit grünlichem Anflug, bis zu 1 cm groß.

Blütezeit: April bis Mai.

Ansprüche: bevorzugt feuchte, humose durchlässige Standorte.

Gentiana pedicellata
(Wallich und Don) Grisebach

Vorkommen: Bhutan, Nepal, Pakistan, Sikkim, S-Tibet (3800 m).

Beschreibung: einjährige Art mit Rosette und längeren Rosettenblättern sowie bis zu 7 cm Blütentrieben und elliptischen Blättchen.

Blüte: solitäre, glockige, himmelblaue oder weiß-lich bis gelbe Blüten mit grünlichem Anflug auf der Außenseite.

Blütezeit: März bis Juni.

Ansprüche: bevorzugt feuchte, durchlässige, humose Standorte.

Chromosomen 2n: 18, 20.

Unterarten: ssp. *daochengensis* (Ho) Halda; ssp. *glabriuscula;* ssp. *riparia;* ssp. *zeylanica* (Grisebach) Halda.

Gentiana pseudosquarrosa Smith

Vorkommen: Sichuan, NW-Yunnan (bis 3800 m).

Beschreibung: verzweigte, einjährige Triebe bis 10 cm lang, mit schnell alternden Basalblättern.

Blüte: blaue, trichterförmige und endständige Blüten, die bis zu 1 cm groß werden.

Blütezeit: Juni bis Juli.

Ansprüche: Art bevorzugt halbsonnige Standorte, wie feuchte Weiden- und Rasenflächen mit Humusanteilen auf Sand- und Kalkgestein, bei pH-Werten zwischen 5,5 bis 5,8.

Chromosomen 2n: 20.

Unterarten: ssp. *ludingensis* (Ho) Halda; ssp. *pseudosquarrosa.*

Gentiana quadrifaria Blume

Synonym: *G. orbiculata* Heyne, *G. zeylanica* Blume

Vorkommen: Java, Malaysia (bis 3500 m).

Beschreibung: mattenbildende Art mit bis zu 12 cm langen Trieben, schindelartigen kreuzgegenständigen, runden Blättern, Pflanzen wachsen auf langen Pfahlwurzeln.

Blüte: dunkelblaue bis violette, endständige, bis zu 1,2 cm große, glockige Blüten.

Blütezeit: April bis Juli.

Ansprüche: sandige, humose und feuchte Standorte.

Chromosomen 2n: 18, 20.

Varietäten: var. *quadrifaria;* var. *wightii* (Kusnezow) Ho; var. *zeylanica* Grisebach.

Gentiana abaensis aus dem Sichuan mit schönen gepunkteten, rosaroten Blüten (Foto: Yuan 2005).

Gentiana scabrida Hayata

Vorkommen: Taiwan (bis 3500 m).

Beschreibung: einjährige Art mit bis zu 20 cm langen Trieben.

Blüte: gelbliche oder weiße, glockige Blüten bis 1,8 cm groß, an der Basis mitunter mit dunklen Punkten versehen.

Blütezeit: Juli bis August.

Ansprüche: feucht, sandig bis humoser Standort.

Chromosomen 2n: 44.

Unterarten, Varietäten: var. *horaimontana* (Masamune) Liu und Kuo; ssp. *itzerhanensis* (Liu und Kuo) Halda; ssp. *luzoniensis* (Merill) Halda; var. *punctatula* Ying; var. *scabrida*.

Gentiana simulatrix Marquand

Vorkommen: S-Tibet (bis zu 3800 m).

Beschreibung: einjährige rosettige Art; Triebe bis 5,5 cm lang.

Blüte: endständige, blaue, zylindrische bis glockige Blüten, bis 5 cm groß.

Blütezeit: Mai bis Juni.

Ansprüche: bevorzugt sandige bis humose, feuchte Standorte.

Gentiana squarrosa Lebebour

Synonym: *G. aquatica* L. sensu Thunberg

Vorkommen: Altai, China, Gansu, Himalaja, Indien, Japan, Karakum, Kaukasus, Korea, Mongolei, Taiwan, Sibirien (bis 4400 m).

Beschreibung: einjährige Art mit verzweigten, kurzen Trieben bis 12 cm Länge, mit rosettigen Basalblättern.

Blüte: endständige, trichterförmige, hellrote Blüten bis zu 1,2 cm groß.

Blütezeit: Juli bis August.

Ansprüche: humose, feuchte und durchlässige Standorte bei pH 5,5 bis 5,8.

Chromosomen 2n: 20, 36, 38 (48?).

Gentiana suchuenensis Franchet

Vorkommen: Sichuan (bis 3500 m) .

Beschreibung: einjährige Art mit verzweigten Trieben bis 10 cm Länge.

Blüte: endständige, trichterförmige, blaue, kleine Blüten.

Blütezeit: Juli.

Ansprüche: verträgt mäßig feuchte, durchlässige, humose, schattige Standorte bei pH 5,5 bis 5,8.

Gentiana aperta zu finden in den Herkunftsgebieten von Gansu, Qinghai, Qilianshan (Foto: Yuan 2005).

Gentiana yokusai Burkill

Vorkommen: Hubei, Japan, Kiangsu, Taiwan, Tibet (bis zu 4000 m).

Beschreibung: einjährige Art mit Rosette und bis zu 7 cm langen, verzweigten Trieben.

Blüte: endständige, graublaue Blüten mit weißem Schlund, bis 1,2 cm groß.

Blütezeit: Juni bis Juli.

Ansprüche: anspruchslose Art verträgt mäßig feuchte durchlässige, humose, schattige Standorte bei pH-Werten von 5,5 bis 5,8

Varietäten: var. *cordifolia* Ho; var. *japonica* Burkill; var. *yokusai*.

SERIE HUMILES MARQUAND

Gentiana abaensis Ho

Synonyme: Moos-Enzian, *G. humilis* Steven, *G. nutans* Bunge, *G. pseudohumilis* Makino, *G. pudica* Maximowicz, *G. prostrata* Haenke

Vorkommen: alpine Regionen in Europa, Asien, Afghanistan, Altai, N-Amerika, Baikal, Himalaja, Japan, Kamschatka, West-Kaukasus, Mongolei, Sichuan, Türkei (Zygama Pass), Pamir, Persien, Peru, N-Sibirien, Turkestan, NO-Tibet (bis zu 6000 m).

Beschreibung: die ein- und zweijährige Art zeichnet sich durch kleine Rosetten, feine Wurzeln, runde Blättchen, mehrere Trieben sowie endständige Blüten aus, die Art wird mit liegenden und leicht aufsteigenden Trieben nur bis 10 cm hoch.

Blüte: endständige und leicht gestielte, röhrige hellblaue, aber auch weiß bis gelblich gefärbte Blüten mit grünweißlicher oder gelber Basis, sie werden bis zu 1,5 cm groß.

Blütezeit: Juni bis August.

Ansprüche: recht feuchte, humose bis moorige Wiesen, Senken und Matten, bevorzugt einen pH-Wert von 5,2 bis 5,5.

Chromosomen 2n: 36.

Violette Blüten mit breiten Zipfeln bei *Gentiana aristata* aus dem Sichuan (Foto: Yuan 2005).

Formen, Unterarten, Varietäten:

f. *afghanica* Kusnezow (Afghanistan); var. *americana;* ssp. *aquatica;* var. *baltistanica* (Omer) Halda; var. *bomiensis* (Ho) Halda; f. *engelmannii;* f. *intermedia* (Chile); f. *imbricata* (Chile); var. *karelini* Grisebach (Altan, Dshungarien, Karakul, Karakorum, Turkestan); ssp. *laeviuscula* (Ohwi), (Sampuka Pass, Japan); f. *mongolica* Kusnezow (Mongolei); f. *magellanica* (Argentinien); f. *spathulata* (Chile); var. *podocarpa* Grisebach (Südamerika); var. *pudica* Maxim. (NW-China, NO-Tibet).

Gentiana aperta Maximowicz

Vorkommen: Altin-Gomba, Mt. Qilian, Gansu, Nan-shan, Rako-gol, Szining-Fu, NW-China (bis 4100 m).

Gentiana asterocalyx aus dem Herkunftsgebiet des Mt. Ratabu (2500 m); (Foto: Zschummel 2007).

Beschreibung: die einjährige Art bildet kleine Rosetten mit schuppenförmigen Blättern aus.

Blüte: hellblau bis blau, trichterförmig, langgestielt, bis 0,6 cm groß mit aufrechten Zähnen und zweiteiliger, spitzer Plicae.

Blütezeit: Juni bis August.

Ansprüche: durchlässiges, feuchtes und kalkfreies Substrat bei pH 5,5, absonnig kultivieren.

Chromosomen 2n: 20, 26

Varietäten: var. *aperta;* var. *aureo-punctata* Ho und Li.

Gentiana aristata Maximowicz

Vorkommen: Gansu, Sichuan, NO-Tibet (bis 4200 m).

Beschreibung: die einjährige Art zeichnet sich durch locker verzweigte, mit bis zu 12 cm langen Trieben mit schmalen, basalen Blättern aus.

Blüte: endständig, trichterförmig, hellblau bis violett, breite Zipfel und gefransten Plicaes, bis 0,6 cm groß, deutliche, strichförmige Innenzeichnung.

Blütezeit: Mai bis Juli.

Ansprüche: bevorzugt feuchte, humose und aufgelockerte Substrate bei pH 5,4 bis 5,8.

Chromosomen 2n: 14, 18, 28

Unterarten: ssp. *aristata;* ssp. *asparagoides.*

Gentiana asterocalyx Diels

Vorkommen: Gravelly, Zhongdian, Lijiang Berge (Mt. Ratabu), Sichuan, Yunnan (bis 4200 m).

Beschreibung: die einjährige, rosettig wachsende Art verzweigt buschig, die rötlich schimmernden Stiele werden bis 12 cm lang.

Blüte: die endständigen, becherförmigen, hellblau bis blau gefärbten Blüten sind gepunktet und innen grünlich bis gelb gezeichnet, die Kronen haben dreieckige Zipfel, die Plicae ist nur halb so lang .

Blütezeit: Juni bis August.

Ansprüche: sonnige bis halbsonnige, halbfeuchte bis trockene, durchlässige, auch steinige Substrate unter Kalkeinfluss bei pH 5,8 bis 6,2.

Chromosomen 2n: 20.

Hybride: G. asterocalyx × G. lawrencei.

Gentiana bella Franchet

Vorkommen: SW-Yunnan (bis unter 4100 m).

Beschreibung: einjährige Art mit Rosette und bis zu 10 cm langen, verzweigten Trieben mit anliegenden Blättchen.

Blüte: trichterförmige, endständige, lilablaue sowie weiß gestreifte Blüten mit dunklen Punkten, bis 1,8 cm groß.

Blütezeit: Juni bis August.

Ansprüche: zu finden auf feuchten und humosen Lichtungen von Tannenwäldern, Weiden und Wiesen auf Schiefergrund bei pH 5,5 bis 5,8

Form: f. *simplex* (W-Yunnan).

Gentiana boryi Boissier

Vorkommen: Cordillera Cantabrica, Sierra Nevada, Türkei, Zentral-Pyrenäen (bis 3000 m).

Beschreibung: rasenbildende und nicht ausdauernde Staude mit vielen aufrechtstehenden Trieben bis zu 5 cm lang, eiförmige bis runde, ledrige Blätter.

Blüte: endständige, blaue Blüten mit grünlicher Außenseite bis 1 cm groß, mit weißem Schlund, Blütenkrone nur bis zu 1 cm lang, becherförmige blaue Zipfel, die nach unten hin grünlich werden,

Gentiana chungtiensis aus dem Herkunftsgebieten bei Litang und Zhongdian (Foto: Zschummel 2007).

Gentiana chungtiensis ssp. *macraucena,* gefunden bei Litang/Shanting, mit weißen, leicht blau gestreiften Blüten mit gelber Mitte und feiner schwarzen Innenzeichnung (Foto: Zschummel 2007).

Plicae weiß mit hellblauem Schimmer.
Blütezeit: Mai bis Juni.
Ansprüche: recht durchlässiges, feuchtes und kalkfreies Substrat, muss absonnig und bei pH 5,2 bis 5,5 kultiviert werden, Art benötigt Winterschutz.
Chromosomen 2n: 20, 26.

Gentiana burkillii Smith

Vorkommen: Himalaja, Sibirien.
Beschreibung: einjährige Art mit bis zu 10 cm langen Trieben.
Blüte: bis zu 1,8 cm große, blaue Blüten.
Blütezeit: Juni bis Juli.
Ansprüche: bevorzugt mäßig feuchte, humose und vor allem durchlässige Standorte bei einem pH-Wert von 5,6 bis 5,8, dann in voller Sonne.
Chromosomen 2n: 14, 32.

Gentiana chungtienensis Marquand

Vorkommen: Litang, Zhongdian, NW-Sichuan und Yunnan (bis 4000 m).
Beschreibung: einjährige Art mit aufrechten, bis zu 8 cm langen Trieben.
Blüte: blaue bis violette, endständige, kurz gestielte Blüten, mit grünlichen Außenstreifen versehen.
Blütezeit: Juni bis August.
Ansprüche: bevorzugt sonnige bis halbsonnige feuchte Plätze auf Abhängen, Weiden- und Rasenflächen mit Humusanteil sowie Sand- und Kalkgesteinbeimengungen bei einem pH von 5,2 bis 5,8
Unterarten: ssp. *chungtienensis;* ssp. *macraucena* (Marquand) Halda; ssp. *subuniflora* Marquand.

Gentiana choanantha Marquand

Synonym: *G. crassuloides*
Vorkommen: W-Sichuan, SO-Tibet (bis 4100 m).
Beschreibung: einjährige Art mit vielen Trieben, die bis zu 5 cm lang werden können.
Blüte: einzelne, violette bis blaue Blüten mit dunklen Innenstreifen.
Blütezeit: Juli bis September.
Ansprüche: bevorzugt mäßig feuchte, humose und durchlässige Standorte bei einem pH-Wert von 5,4 bis 6,2, kann dann volle Sonne vertragen
Unterarten: ssp. *choanantha;* ssp. *curvianthera* (Ho) Halda.

Gentiana flexicaulis Smith

Vorkommen: Shaanxi, NW-Sichuan (bis 4600 m).
Beschreibung: einjährige Art mit bis zu 12 cm langen, zumeist liegenden Trieben, welche einer Rosette entspringen.
Blüte: langgestielte, endständige, blaue Blüten.
Blütezeit: August bis September.

Gentiana heleonastes wächst auf vergrasten Moorstandorten von Gansu (Foto: Yuan 2005).

Ansprüche: feuchte und humose, durchlässige Standorte bei pH 5,4.
Chromosomen 2n: 28
Unterart und Varietäten: var. *complunda* (Ho) Halda; var. *flundicaulis*.

Gentiana forrestii Marquand
Vorkommen: NW-Yunnan (4200 m).
Beschreibung: ein- oder zweijährige Art mit Trieben bis zu 6 cm lang, mit breiten Blättern, aus der Rosette kommend.
Blüte: hellblaue, selten weiße, endständige, trichterförmige Blüten, außen mit grünlichem Anflug.
Blütezeit: Mai bis Juli.
Ansprüche: Art bevorzugt halbsonnige Plätze auf feuchten Weiden- und Rasenflächen mit Humusanteil auf Sand- und Kalkgestein bei einem pH-Wert von 5,6 bis 5,8.
Unterarten: ssp. *forrestii;* ssp. *yakumontana* (Masamune) Halda.

Gentiana grumii Kusnezow
Synonym: *G. maximowiczii*
Vorkommen: W-Kansu, Nan-shan, NW-Yunnan, O-Tibet (bis 4200 m).
Beschreibung: einjährige Art mit aufrechten bis 4 cm langen Trieben.
Blüte: blaue bis grünlich, gelblich, endständige, glockenförmige Blüte, mit dunkelblauen Punkten auf der Innen- und grünlichen auf der Außenseite.

Blütezeit: Juni bis August.
Ansprüche: durchlässige, steinige, feuchte und humose Standorte.

Gentiana heleonastes Smith
Vorkommen: Gansu, NW-Sichuan.
Beschreibung: einjährige Art mit Rosette und Trieben bis zu 15 cm sowie Basalblättern.
Blüte: endständige, gestielte, trichterförmige hellblaue Blütchen.
Blütezeit: Juli.
Ansprüche: feuchte, humose Standorte bei pH-Werten von 5,2 bis 5,6.
Chromosomen 2n: 24, 36.

Gentiana hirsuta Ho
Vorkommen: Sichuan (bis 3000 m).
Beschreibung: einjährige Art, Triebe bis 8 cm lang und runde, starke Basalblätter.
Blüte: rosa, solitäre Blüten bis 1,5 cm groß.
Blütezeit: Juli bis August.
Ansprüche: durchlässige, humose, feuchte Standorte mit einem pH von 5,4 bis 5,6.

Gentiana inconspicua Smith
Vorkommen: Sichuan (bis 4300 m).
Beschreibung: kleine, einjährige Art mit fleischigen Trieben mit Basalblättern, die bis zu 4 cm lang, teilweise bodendeckend wachsen.
Blüte: blaue, trichterförmige, endständige Blüten bis zu 1,5 cm groß.
Blütezeit: August.
Ansprüche: halbschattige, feuchte, wenig durchlässige, humose Standorte bei pH von 5,4 bis 5,6.

Gentiana leucomelaena Maximowicz und Kusnezow
Vorkommen: N-China, Mongolei, Sibirien, N-Tibet, Turkestan (bis zu 6.000 m).
Beschreibung: die einjährige Art wächst mit den niederliegenden, 10 cm langen Trieben mit kurzen Internodien rasenförmig, Blätter spitz zulaufend.

Gentiana leucomelaena aus Gansu mit weißen und dunkel-blau gepunkteten Blüten (Foto: Yuan 2005).

Blüte: weiß mit hellblauen Streifen, innen mit vielen dunkelblauen Punkten versehen.
Blütezeit: August bis September.
Ansprüche: feuchte, durchlässige, humose Standorte bei Vollbesonnung.
Chromosomen: 18, 32.
Form: f. *alba* (Sibirien).

Gentiana licentii Smith

Vorkommen: NO-Gansu.
Beschreibung: einjährige Art mit liegenden bis leicht aufsteigenden, bis 10 cm langen Trieben mit stumpfen Blättchen.
Blüte: bis zu 2 cm groß, blau, Röhre grünlich.
Blütezeit: August.
Ansprüche: mäßig feuchte, steinige, humose Böden bei pH 5,6 bis 5,8.

Gentiana micantiformis Burkill

Vorkommen: Bhutan, O-Himalaja, Sichuan, Sikkim, Tangu, Tibet (bis 4.700 m).
Beschreibung: einjährige, rasenbildende, rosettig wachsende Art mit vielen Trieben bis zu 3,5 cm Länge.
Blüte: hell- bis himmelblaue Blüten, die bis zu 1,2 cm groß werden.
Blütezeit: April bis Juni.
Ansprüche: mäßig feuchte, torfige bis humose Böden bei pH 5,5 bis 5,8.
Chromosomen: 60

Varietäten: var. *ninglangensis;* var. *glabrescens* (Smith) Ho.

Gentiana pluviarum Smith

Vorkommen: Sikkkim (bis zu 4000 m).
Beschreibung: einjährige Art mit recht dünnen Wurzeln und kurzen, bis zu 3 cm langen Trieben.
Blüte: weiße Blüten mit dunkelblauen Flecken an der Basis.
Blütezeit: Juli bis August.
Ansprüche: durchlässige, mäßig feuchte, humose Standorte bei pH 5,6.
Unterarten: ssp. *pluviarum;* ssp. *subtilis* (Smith) Ho.

Gentiana prainii Burkill

Vorkommen: O-Himalaja, Sikkim (über 3800 m).
Beschreibung: einjährige Art mit verzweigten Trieben und rosettigen Basalblättern.
Blüte: nickende, weiße, endständige bis 1 cm große Blüten.
Blütezeit: August.
Ansprüche: halbschattige, feuchte, humose und durchlässige Standorte bei pH 5,5 bis 5,8.

Gentiana parvula Smith

Vorkommen: Sichuan, NW-Yunnan (bis in Höhen von 3300 m).
Beschreibung: einjährige Art mit niederliegenden, verzweigten Trieben bis zu 2 cm lang, mit rosettigen Basalblättern.
Blüte: blaue, endständige Blüten bis zu 1,5 cm groß, mit langgezogener Calyx.
Blütezeit: April.
Ansprüche: sandige, moorige und feuchte Standorte bei pH 5,5.

Gentiana prattii Kusnezow

Vorkommen: Gansu, W-Sichuan, Qinghai, Tibet (bis 4.700 m).
Beschreibung: einjährig, mehrtriebig, Triebe bis 7 cm lang, spitze, elliptische Stängelblätter.

Gentiana pubigera (oben) im Vergleich zu *Gentiana pseudoaquatica* (Karo La, Xizang 5015 m) mit hellblauen Blüten (links), (Foto oben: Yuan 2005, links: Jans 2008).

Blüte: kleine weiße, solitäre Blütchen bis 0,5 cm groß werdend, mit dunkelgrünen Streifen.
Blütezeit: Juli bis August.
Ansprüche: feuchte, durchlässige, humose Standorte bei pH 5,5 bis 5,8.
Chromosomen 2n: 18, 20.

Gentiana pseudoaquatica Kusnezow

Vorkommen: Himalaja, N-Indien, Kaschmir, Mongolei, Sibirien, Sichuan, Tibet (bis 6000 m).
Beschreibung: einjährige Art mit vielen aufrechten Trieben bis 5 cm lang, mit schindelartigen, spitzen Stängelblättern.
Blüte: hellblaue bis blauviolette, endständige, trichterförmige Blüte bis zu 5 cm groß werdend.
Blütezeit: Juli bis August.
Ansprüche: sandige bis humose feuchte Standorte bei pH 5,5 bis 5,8.
Chromosomen 2n: 20, 40.

Gentiana pubigera Marquand

Synonym: *G. puberula* Franchet non Michx.
Vorkommen: Sichuan, Yunnan, (bis 4300 m).
Beschreibung: einjährige Art mit mehreren Trieben bis 3,5 cm lang, mit angepressten kurzen Stängelblättern.
Blüte: hellblaue, endständige Blüten mit spitzen Zähnen.
Blütezeit: Juni bis September.
Ansprüche: durchlässige, mäßig feuchte, sandig bis humose Standorte bei pH 5,6
Unterarten, Varietäten: var. *glabrescens* Smith; ssp. *ninglangensis* (Ho) Halda; ssp. *pubiflora* (Ho) Halda; ssp. *pubigera*.

Gentiana radiata Marquand

Vorkommen: Sichuan (bis zu 4400 m).
Beschreibung: einjährige Art mit aufrechten Trieben bis 5,5 cm lang und spitzen, rosettigen, breiten Basalblättern.
Blüte: blaue, endständige, trichterförmige Blüten, variierend von 0,5 bis 2,5 cm groß.
Blütezeit: Mai bis Juni.
Ansprüche: feuchte, durchlässige, humose Standorte bei pH 5,6.

Gentiana cf. *spathulifolia* mit endständiger, blauer Blüte (Foto: Zschummel 2007).

Gentiana saginoides Burkill

Vorkommen: W-Himalaja, Kumaon, Sichuan (bis 5100 m).

Beschreibung: rasenförmig, einjährige Art mit einjährigen, sich aufrichtenden Trieben bis 5 cm lang und spitzen, rosettigen Basalblättern.

Blüte: gestielte, blaue, endständige, trichterförmige Blüten, in der Größe variierend von 0,5 bis 2,5 cm.

Blütezeit: Mai bis Juni.

Ansprüche: sandig bis humose, feuchte, durchlässige Standorte bei pH 5,6.

Gentiana spathulifolia
Maximowicz und Kusnezow

Vorkommen: O-Gansu, Sichuan, Yunnan (bis 4500 m).

Beschreibung: einjährige Art mit vielen Trieben bis zu 15 cm Länge, mit rosettigen Basalblättern.

Blüte: trichterförmige, endständige, blaue oder rosa Blüten von 1,2 cm Größe.

Blütezeit: Juni bis August.

Ansprüche: mäßig feuchte, humose, durchlässige Standorte bei pH 5,6.

Chromosomen 2n: 20.

Varietäten: var. *abaensis* (Ho) Halda; var. *spathulifolia;* var. *ciliata* (Gansu) Kusnezow.

Gentiana subuniflora
Marquand

Vorkommen: W-Yunnan (bis zu 4500 m).

Beschreibung: einjährige Art mit unverzweigten, liegenden sowie sich aufrichtenden Trieben bis zu 4 cm Länge.

Blüte: weiße, blaue oder hellblaue, endständige, glockenförmige Blüten bis 1 cm Länge.

Blütezeit: Juli bis September.

Ansprüche: sandig bis humose, mäßig feuchte Standorte bei pH 5,6.

Chromosomen 2n: 26.

Gentiana tatsienensis Franchet

Vorkommen: Sichuan, S-Tibet (bis zu 4800 m).

Beschreibung: einjährige Art mit aufrechten bis zu 4 cm langen Trieben.

Blüte: blau bis violett, endständig, gestielt.

Blütezeit: August.

Ansprüche: durchlässige, mäßige feuchte, humose und halbschattige Standorte bei pH 5,6.

Gentiana thunbergii (Don) Grisebach

Synonym: *G. aquatica* L. sensu Thunberg, *G. japonica*

Vorkommen: China, Japan, Korea, Mandschurei (3600 m).

Beschreibung: ein- bis zweijährige Rosetten bildende Art mit büscheligen Trieben bis zu 15 cm lang und rosettigen, ovalen, dreinervigen Basalblättern.

Blüte: azurblaue bis violette, solitäre, gestielte Kopfblüten bis 3 cm Größe.

Blütezeit: Mai bis Juni.

Ansprüche: feuchte, humose, halbschattige, durchlässige Standorte bei pH 5,6.

Chromosomen 2n: 36.

Varietäten: var. *thunbergii;* var. *minor* (Japan) (Maximowicz) Nakai.

Serie Capitatae Ho

Gentiana albicalyx Burkill

Vorkommen: Bhutan, Himalaja, Nepal, Sikkim, S-Tibet (über 2500 m).
Beschreibung: kleiner, einjähriger Enzian mit öhrchenförmigen Blättern.
Blüte: kleine, himmelblaue bis violette, trichterförmige Blüten mit helleren, grünlichen Zipfeln und kurzen Kelchzähnen.
Blütezeit: März bis Juli.
Ansprüche: sandige bis torfige, feuchte Standorte bei pH 5,4 bis 5,8.
Chromosomen 2n: 20.
Unterarten: ssp. *globosa;* ssp. *scytophylla.*

Gentiana albo-marginata (Don) Marquand

Vorkommen: NW-Himalaja, Kaschmir, Lankong, Mosoyn, Yunnan.
Beschreibung: einjährige Art mit bis zu 10 cm langen Trieben mit ovallanzettlichen Rosettenblättern.
Blüte: blaue, aufrechte und langgestielte Blüten mit lanzettlichen Kelchzähnen, Krone leicht weiß gestreift.
Blütezeit: Juli.
Ansprüche: auf trocknen Weiden- und Rasenflächen mit nur wenig Humus auf Sand- und Kalkgestein bei pH 5,4 bis 5,8.
Varietät: var. *G. recurvata* (Kaukasus) Kusnezow.

Gentiana arenicola Kerr

Vorkommen: Thailand (500 m).
Beschreibung: einjährige Art mit kräftigen Trieben bis 12 cm Länge.
Blüte: terminale, bis zu 20 weiße oder rosa Blüten tragende Dolden.
Blütezeit: März bis April.
Ansprüche: sandige bis humose, mäßig feuchte Standorte bei pH 5,6.

Gentiana atlantica Litardiere und Maire

Vorkommen: Marokko (bis 3200 m).
Beschreibung: einjährig, soll ausschließlich in Marokko vorkommen und wird bis 2,5 cm hoch.
Blüte: endständige, bis zu 1 cm große blaue, außen grün gestreifte Blüte.
Blütezeit: Mai bis Juli.
Ansprüche: absonnig bis sonnig, halbfeuchte und durchlässige Standorte bei pH 5,6.
Chromosomen 2n: 48.

Gentiana capitata
Buchanan-Hamilton und Don

Vorkommen: Bhutan, Himalaja, Indien, Nepal, Pakistan, Sikkim, SO-Tibet (bis zu 4500 m).
Beschreibung: einjährige Art mit aufrecht wachsenden Trieben bis 10 cm Länge mit büschelig angeordneten Blättern unter der Stielspitze.
Blüte: weißlich oder hellblaue kleine Blüten bis zu 0,5 cm groß aus dem Kelch ragend, Krone mit stumpfen Zipfeln und kurzer Plicae.
Blütezeit: März bis Ende April.
Ansprüche: mäßig feuchte, durchlässige und halbschattige Standorte bei pH 5,4.
Chromosomen 2n: 20.
Unterarten, Varietäten: var. *andersoni* Clarke (Himalya); var. *harwanensis;* var. *strobiliformis* Clarke (Bhutan, Himalaja, W-Tibet).

Gentiana chosenica Okuyama

Vorkommen: N-Korea (2.100 m).
Beschreibung: einjährige Art mit Trieben bis zu 7 cm Länge und ovaten Basalblättern.
Blüte: solitäre, weiße Blüten bis 2 cm lang.
Blütezeit: April bis Juni.
Ansprüche: feuchte, durchlässige, humose Standorte bei pH 5,6.

Gentiana hesseliana Hosseus

Vorkommen: Thailand.
Beschreibung: einjährige Art mit bis 15 cm hoch werdenden Trieben.

Blüte: blau, bis 3 cm groß.

Blütezeit: Juli.

Ansprüche: mäßig feuchte, humose, durchlässige Standorte bei pH 5,6.

Gentiana huxleyi Kusnezow

Vorkommen: Bhutan, Himalaja, Kumaon, Nepal, Pakistan, Tibet (bis 4400 m).

Beschreibung: einjährige Art mit bis zu 5 cm langen, liegenden aber auch aufrecht wachsenden Trieben, die kurzen, ovaten, beinahe ungestielten Stängelblätter ordnen sich schindelartig an.

Blüte: blau und endständig sitzend, mit abgerundeten Kronenzipfeln und stumpfen Plicaes.

Blütezeit: Juni bis August.

Ansprüche: durchlässige, steinige, humose, mäßig feuchte Standorte bei pH 5,6.

Gentiana loerzingii Ridley

Vorkommen: Sumatra (2400 m).

Beschreibung: einjährige Art mit kleiner Rosette und bis zu 2,5 cm langen Stielen.

Blüte: kleine, 0,5 cm große, blaue Blüte .

Blütezeit: Ende April bis Juni.

Ansprüche: halbschattige, feuchte, humose Standorte bei pH 5,6.

Varietäten: var. *loerzingii*; var. *timida* (Kerr) Ho.

Gentiana membranulifera Ho

Unterarten, Varietäten: ssp. *membranulifera*; ssp. *nasirii* (Omer, Ali und Kaiser) Halda; var. *intermedia* (Clarke) Ho.

Gentiana nudicaulis Kurz

Vorkommen: Assam, Bengal, Myanmar, Hymalaja, NO-Indien, Manipur, Sikkim, Thailand (2600 m).

Beschreibung: die Triebe der einjährigen Art werden bis 20 cm lang, ihre lanzettlichen, dreinervigen Basalblätter sind rosettig ausgebildet.

Blüte: blau oder rosa, endständig, in Achseln Trugdolden mit bis zu 40 Einzelblüten.

Blütezeit: März bis Juni.

Ansprüche: bevorzugt mäßig feuchte humose Standorte im Halbschatten bei pH 5,6.

Unterarten, Varietäten: ssp. *nudicaulis*; ssp. *tingnung-hoae* (Halda) Ho; ssp. *lakshnakarae* (Kerr) Halda; var. *assamensis* Ho.

Gentiana pedata Smith

Verbreitungsgebiet: NO-Yunnan (bis 2900 m).

Beschreibung: einjährige Art mit Trieben bis zu 5 cm lang, mit rosettigen, schindelartigen Basalblättern.

Blüte: endständige, blaue, trichterförmige Blüten bis zu 1,3 cm groß.

Blütezeit: März bis April.

Ansprüche: sandige, humose, feuchte Standorte bei pH 5,6.

Unterarten: ssp. *pedata*; ssp. *xingrenensis* Ho.

Gentiana perpusilla Brandegee

Vorkommen: Mexiko (3900 m).

Beschreibung: Art mit ganz kurzen Stielchen.

Blüte: grünlich bis weißen, leicht bläulichen endständigen Blütchen.

Blütezeit: April bis Juli.

Ansprüche: feuchte, durchlässige, mineralhaltige Standorte bei pH 5,6.

Gentiana pumilio Standley und Steyermark

Vorkommen: Guatemala, Mexiko (bis 4100 m).

Beschreibung: einjährige Art mit kleinen Rosetten und kurzen, max. 4 cm langen Blütentrieben.

Blüte: solitär in Gruppen stehende, grünlich bis weißliche Blüten mit bläulichem Anflug, außen violett gezeichnet.

Blütezeit: Ende März bis Mai.

Ansprüche: mäßig feuchte bis feuchte, durchlässige, sandige bis humose Standorte bei pH 5,6.

Gentiana alsinoides Franchet

Vorkommen: Yunnan (ab 2700 m).

Beschreibung: einjährige, kleine niederliegende und dicht beblätterte Triebe mit Rosettenblättern.

Blüte: blaue, solitäre Blüten mit stumpfen Zipfeln und lanzettlichen, spitzen Zähnen.

Blütezeit: Juni.

Ansprüche: bevorzugt sonnige bis halbsonnige Standorte auf mäßig feuchten Weiden- und Rasenflächen mit geringem Humusanteil auf Sand- und Kalkgestein bei einem pH-Wert von 5,6 bis 6,0.

Chromosomen 2n: 20.

Gentiana anisostemon Marquand

Vorkommen: Yunnan (bis 3600 m).

Beschreibung: ein- bis zweijährige Art ähnelt *G. nanobella*, besitzt verzweigte Triebe mit paarigen, basalen und lanzettlichen Blättern.

Blüte: einzelne, kurzgestielte und dunkelblaue Blüten auf runden, verzweigten Trieben, bis zu 1,5 cm lang, mit Röhren von 0,5 cm Durchmesser, dreieckige Zähnen und breiten Plicaes.

Blütezeit: Mai bis Juni.

Ansprüche: bevorzugt halbsonnige, mäßig feuchte Lagen.

Chromosomen 2n: 20.

Gentiana argentea
(Royle und Don) Grisebach

Vorkommen: Bhutan, W-Himalaja, Nepal, Pakistan, Tibet (bis 4300 m).

Beschreibung: einjährige Art wächst als Rosette mit aufrechten, bis zu 8 cm langen Trieben mit lanzettlichen Blättern.

Blüte: end- und achselständige, gestielte, hellblaue, kleine Blüten mit lanzettlichen Kelchzähnen, Krone mit Zipfeln sowie ovater Plicae versehen.

Blütezeit: April bis Juni.

Ansprüche: sonnige bis halbsonnige, feuchte und steinige Standorte bei pH 5,4 bis 5,8 .

Chromosomen 2n: 20.

Unterart, Varietäten: var. *albescens* Franchet; ssp. *alii* Olmer § Qaiser, Halda; ssp. *argentea*.

Gentiana beamanii Pringle

Vorkommen: Guatemala (bis zu 3700 m).

Beschreibung: einjährige Art mit verzweigten Trieben bis zu 15 cm lang, mit enganliegenden, leicht gerollten, elliptischen Blättern.

Blüte: weiße oder blaue Blüten mit violetten Streifen, bis 2 cm groß.

Blütezeit: Juli bis August.

Ansprüche: feuchte, durchlässige, humose Standorte bei pH 5,6.

Gentiana cristata Smith

Vorkommen: SO-Tibet, NW-Yunnan (3600 m).

Beschreibung: Rosette mit kräftigen Blättern und kurzen Blütentrieben bis zu 10 cm lang.

Blüte: terminal und axilliare, blaue Blüten.

Blütezeit: Mai.

Ansprüche: feuchte, durchlässige, sonnige Standorte bei pH 5,6.

Gentiana decemfida
Buchanan-Hamilton und Don

Synonym: *G. royleana*

Vorkommen: Himalaja, Nepal (über 2600 m).

Beschreibung: die ein-, mitunter auch mehrjährige Art besitzt bis zu 20 cm lange, aufrecht wachsende Triebe mit basalen Rosettenblättern.

Blüte: kleine, bis zu 1,5 cm große, endständige und axilliare, hellblau bis violett scheinende Blüten mit gelben Innen- und grünen Außenstreifen, die Krone ist mit lanzettlichen Zipfeln ausgerichtet, die Plicaes mehrfach und gezähnt.

Blütezeit: Mai bis Juli.

Ansprüche: halbschattige bis sonnige Lagen bei mäßiger Feuchtigkeit auf durchlässigen, leicht humosen Standorten bei pH 5,4 bis 5,8.

Varietäten: var. *decemfida*; var. *aprica* (Decaisne) Clark.

Gentiana linoides mit hellblauen, leicht violetten Blüten(Foto: Yuan 2005).

Gentiana douglasiana Bongard

Vorkommen: Alaska, British Columbien, Oregon (bis 2400 m).

Beschreibung: einjährige Art mit bis zu 15 cm langen Trieben.

Blüte: endständige, glockenförmige, blaue oder weiße Blüten mit blauen Zipfeln sowie grünweißlicher Röhre und sehr kurzen Plicaes.

Blütezeit: Mai bis Juli.

Ansprüche: feuchte, durchlässige, sandige bis humose Standorte mit einem pH-Wert von 5,6.

Chromosomen 2n: 26, 32.

Gentiana franchetiana Kusnezow

Synonym: *G. pulla*

Vorkommen: Yunnan (bis zu 3200 m).

Beschreibung: einjährige Art mit niederliegenden Trieben und angepressten Blättern.

Blüte: kleine gelbe, mitunter bis lila gefärbte, endständige Blüten bis zu 0,8 cm groß.

Blütezeit: Juli bis August, jedoch blüht im März der in Argentinien auf der Sierra de Tucuman vorkommende lila gefärbter *G. pulla*.

Ansprüche: anspruchslos, ist auf sandigen bis leicht humosen, mäßig feuchten Standorten bei pH 5,6 zu kultivieren.

Gentiana intricata Marquand

Vorkommen: Langkong, Schuidsai, Yunnan (3850 m).

Beschreibung: einjährige Art mit bis zu 5 cm langen rötlichen, aufrecht wachsenden Trieben und recht schmalen Basalblättern.

Blüte: bis zu vier endständige, bläuliche, glockenförmige Blüten mit grünlichem Anflug.

Blütezeit: Juli bis August.

Ansprüche: bevorzugt durchlässige, feuchte humose Standorte.

Chromosomen 2n: 20

Varietäten: var. *intricata;* var. *subintricata* (Ho).

Gentiana linoides Franchet

Vorkommen: Sichuan, Yunnan (3400 m).

Beschreibung: einjährige Art, bis zu 10 cm lang mit kurzen, verzweigten Trieben und lanzettlichen Stängelblättern.

Blüte: violette, hellblaue bis blaue, bis 0,5 cm große Blüten mit dreieckigen Plicaes.

Blütezeit: August.

Ansprüche: mäßig bis feuchte sandig bis humose Standorte bei pH 5,6.

Gentiana maeulchanensis Franchet

Vorkommen: Bhutan, Tibet, Yunnan (bis 3600 m).

Beschreibung: einjährige Art mit unverzweigten, bis zu 10 cm langen Trieben und spitzen, ledrigen Blättern.

Blüte: endständig, blassblau, bis zu 1,2 cm groß.

Blütezeit: April bis Juli.

Ansprüche: steinige, leicht humose Standorte mit mäßiger Feuchte bei pH 5,6.

Unterarten: ssp. *kunmingensis;* ssp. *maeulchanensis.*

Gentiana papillosa Franchet

Vorkommen: Yunnan (3200 m).

Beschreibung: einjährige Art mit verzweigten, niederliegenden Trieben und lanzettlichen, spitzen Basalblättern.

Blüte: blaue, endständige solitäre Blüten bis 1 cm Größe.

Blütezeit: September bis Oktober.

Ansprüche: halbschattige, feuchte, humose Standorte bei pH 5,6.

Gentiana riparia Karelin und Kirilow

Vorkommen: Afghanistan, Altai, N-China, Mongolei, W-Sibirien, N-Tibet, Turkestan (bis 3500 m).

Beschreibung: einjährige Art mit niederliegenden, wenig verzweigten Trieben und schindelartigen basalen Rosettenblättern.

Blüte: blaue, kleine, endständige Blüten.

Blütezeit: August .

Ansprüche: bevorzugt sandig bis humose mäßig feuchte Standorte bei pH 5,6.

Gentiana samolifolia Franchet

Vorkommen: Sichuan, Yunnan (bis 1500 m).

Beschreibung: einjährigen Art mit niederliegenden Trieben bis zu 8 cm lang, mit rosettigen Basalblättern.

Blüte: endständige, kurzgestielte, becherförmige, bis 2 cm große, grünliche Blüten mit blauen bis rötlichem Schein.

Blütezeit: August.

Ansprüche: verträgt mäßig feuchte, humose Standorte auf Tonschiefer bei pH 5,5 bis 5,8.

Gentiana wingicarribiensis Adams

Vorkommen: Australien (bis 800 m).

Beschreibung: mit aufrechten bis zu 10 cm langen Trieben.

Blüte: himmelblaue, endständige, glockenförmige Blüten.

Blütezeit: April und Oktober.

Ansprüche: feuchte, torfige bis humose, durchlässige Standorte bei pH 5,6.

Varietäten: var. *wingicarribiensis;* var. *wissmannii.*

Gentiana zollingeri Fawcett

Synonym: *G. aomorensis*, Leveille, *G. raddeana* Herder, *G. thunbergii* Grisebach

Verbreitungsgebiet: China, Japan, Korea, Mandschurei, Sachalin (2800 m).

Beschreibung: ein- bis zweijährige Art mit Trieben bis 15 cm Länge, mit paarigen, ovalen, kleinen Stängelblättern und nur wenigen Basalblättern.

Blüte: glockige, endständige, blau bis purpurblaue Blüten bis zu 3 cm groß auf kurzem Stiel.

Blütezeit: April bis Juni.

Ansprüche: feuchte, sandige bis humose, durchlässige Standorte bei pH 5,6.

Chromosomen 2n: 20.

Unterart: ssp. *tentyoensis* (Masamune) Halda.

SERIE NAPULIFERAE HO

Gentiana loureirii (Don) Grisebach

Vorkommen: Bhutan, Sichuan, Yunnan, S-Tibet, N-Vietnam (unter 3000 m).

Beschreibung: einjährige Art mit verzweigten, bis zu 8 cm langen Trieben auf kräftigen Stolonen.

Blüte: solitäre, gestielte, trichterförmige, blaue, weiße oder rosa Blüten.

Blütezeit: April bis Juli .

Ansprüche: sandige, humose, mäßige feuchte Standorte bei pH 5,6.

Unterarten: ssp. *loureirii;* ssp. *napulifera* (Franchet) Halda.

Gentiana napulifera Franchet

Vorkommen: Dali, Yunnan, Yungbei (bis 2000 m).

Beschreibung: mit zarten Trieben, kurzen Basalblättern, jedoch auf starkem, rübenförmigen Wurzelstock.

Blüte: blau, endständig, flaschenförmig bis 1,4 cm.
Blütezeit: August.
Ansprüche: sandig bis humose, feuchte Standorte bei pH 5,6.

Gentiana praticola Franchet

Vorkommen: Yunnan (bis zu 3100 m).
Beschreibung: wächst auf starkem Rhizom, mit Trieben bis 15 cm lang, mit lanzettlichen Basalblättern versehen, die Stängelblätter sind hingegen spitzer.
Blüte: bläulich gefärbte, endständige Blüten.
Blütezeit: August bis September.
Ansprüche: bevorzugt Halbschatten, steinige und durchlässige, mäßig feuchte und humose Standorte bei pH 5,4.
Chromosomen 2n: 20.
Unterart: ssp. *greenwyae* (Merrill) Halda.

SERIE CORIACEAE Ho

Gentiana apoensis Merrill

Vorkommen: Philippinen.
Beschreibung: nur bis 3 cm groß werdende, einjährige Art.
Blüte: blaue, 0,6 cm große Blüten.
Blütezeit: Juni.
Ansprüche: absonnig bei mäßiger Feuchtigkeit im lockeren Substrat auf Silikat unter geringem Kalkeinfluss bei pH 5,4 bis 5,8.

Gentiana arisanensis Hayata

Synonym: *G. caespitosa* Hayata
Vorkommen: Taiwan (bis 3900 m).
Beschreibung: einjährige Art mit Trieben bis zu 12 cm Länge.
Blüte: violette bis rosa gefärbte, etwas glockenförmige und bis zu 2 cm lange Blüten.
Blütezeit: Juni bis August.
Ansprüche: volle Sonne bei mäßig feuchten, sandigen bis humosen Standorten bei pH 5,6.

Gentiana borneensis Hooker

Vorkommen: Mt. Kinabalu, Borneo (bis 3800 m).
Beschreibung: mattenbildende, einjährige Art, die nur bis zu 5 cm hoch wächst und fleischige, gedrängt stehende Blätter aufweist.
Blüte: kleine, glockige bis zu 0,5 cm große und hellblaue bis blaue Blüten, Kelch weist lanzettliche Zähne auf, die Plicae ist wellenartig ausgeprägt, die Krone mit kurzen Zipfeln versehen.
Blütezeit: August bis November.
Ansprüche: mäßig feuchte, humose und durchlüftete Standorte bei pH 5,4 bis 5,8
Unterarten: ssp. *apoensis* (Merrill) Halda; ssp. *borneensis*.

Gentiana carinicostata Wernham

Synonym: *G. papuana* van Royen
Vorkommen: W-Neuguinea (bis 3300 m).
Beschreibung: Art mit bis zu 4 cm langen Trieben und rundlich zulaufenden, ledrigen Blättern mit Stacheln.
Blüte: endständige, blaue, kaum geöffnete Blüten bis zu 0,8 cm groß, mit dreieckigen Zipfeln und Plicaes.
Blütezeit: Juni.
Ansprüche: mäßig feuchte, humose und halbsonnige Standorte bei pH 5,6.
Unterarten: ssp. *carinicostata*; ssp. *sclerophylla* Wernham.

Gentiana caryophylla Smith

Vorkommen: Gombala, Yunnan (bis 4200 m).
Beschreibung: mehrjährige Art, polsterbildend, mit Trieben bis 8 cm Länge.
Blüte: endständige, blaue, glockige Blütchen.
Blütezeit: Juli.
Ansprüche: mäßig feuchte, humose, halbschattige Standorte bei pH 5,6.

Gentiana cruttwellii Smith

Synonym: *G. alpinipalustris* van Royen
Vorkommen: O-Neuguinea (bis 4400 m).

Beschreibung: niederliegende, leicht rötlich schimmernde, bis 15 cm lange und unverzweigte Triebe; kommt oft mit *G. ettingshausenii* vor.

Blüte: hell- bis tiefblaue, endständige, bis zu 1,5 cm große, glockenförmige Blüten mit dunkelblauen Zipfeln, Krone mit dreieckigen Zipfeln versehen, sind so lang wie die Plicaes.

Blütezeit: April bis Juli.

Ansprüche: mäßig feuchte, humose und halbschattige Standorte bei pH 5,6.

Chromosomen 2n: 20.

Gentiana ettingshausenii Mueller

Vorkommen: Neuguinea (unter 4200 m).

Beschreibung: variable, stark tropistisch reagierende Art mit zarten, bis 30 cm langen Trieben, Blätter recht spitz, Basalblätter mit Warzen.

Blüte: endständig, trichterförmig, in der Farbe von Blau bis Dunkelblau und Violett variierend, mit weißen Plicaes und Zipfeln an den Kronen.

Blütezeit: Mai bis August.

Ansprüche: auf moorigen, feuchten Standorten bei pH 4,8 bis 5,2 verträgt die Art volle Sonne, jedoch nicht immer winterhart.

Chromosomen 2n: 20.

Gentiana kwangsiensis Ho

Vorkommen: Fujian, Guangdong, Guangxi (bis 1700 m).

Beschreibung: wenig blühende Art mit dünnen, bis zu 6 cm liegenden Trieben, Blätter basal.

Blüte: purpurn, außen mit gelbgrünen Streifen.

Blütezeit: Juni bis Oktober.

Ansprüche: feuchte, durchlässige, sandige bis humose Standorte bei pH 5,6.

Gentiana lycopodioides Stapf

Vorkommen: Borneo (bis 4100 m).

Beschreibung: dünne bis 10 cm lange Triebe, Blätter eng anliegend, spitz, beinahe stängelumfassend.

Blüte: endständige, glockenförmige, innen weiß und außen pink gezeichneten Blüten mit rosa bis grünlichen Streifen versehen.

Blütezeit: März bis Juni.

Ansprüche: feuchte, durchlässige, sandige bis humose Standorte bei pH 5,6.

Gentiana macgregorii Hemsley

Vorkommen: Guinea (bis 4400 m).

Beschreibung: in größeren Tuffs wachsende Art mit bis zu 10 cm langen Trieben.

Blüte: blau bis violett mit grünlichem Schimmer.

Blütezeit: April bis Juli.

Ansprüche: feuchte, moosige bis humose, durchlässige Substrate bei pH 5,6.

Unterarten, Varietäten: ssp. *macgregorii;* ssp. *piundensis.*

Gentiana nipponica Maximowicz

Synonym: *G. makinoi* Leveille, *G. nipponica* var. *leucantha*

Vorkommen: Fukushima, Honshu, Hokkaido, Kurilen (Japan, bis 2800 m).

Beschreibung: mit bis zu 20 cm langen, kriechenden, wenig verzweigten Trieben mit recht kurzen Internodien, Basalblätter verschwinden während der Blüte.

Blüte: kurzgestielte, blaue bis purpurblaue, röhrige Blüten bis 2 cm groß, selten weiß blühend.

Blütezeit: August bis September.

Ansprüche: feuchte, durchlässige, moorige und kühle Standorte ohne Sonneneinfluss, Winterschutz angeraten.

Chromosomen 2n: 36 (*G. makinoi*: nur 26)

Varietät: var. *robusta*, aus Japan, mit größeren Blüten als die Art, Chromomen 2n: 96 bis 98.

Gentiana papuana Van Royen

Vorkommen: W-Neuguinea (bis 2900 m).

Beschreibung: polsterbildend, verzweigte Triebe bis zu 5 cm lang mit herzförmigen Blättchen.

Blüte: blau mit weißem Schlund, bis 1,5 cm groß.

Blütezeit: August.

Ansprüche: feuchte, sandig bis humose Standorte bei pH 5,6.

Gentiana piundensis van Royen
Vorkommen: O-Neuguinea (bis 3650 m).
Beschreibung: einjährige Art mit büscheligen Trieben bis 10 cm Länge, mit nadelartigen Stängelblättern.
Blüte: weiße bis purpurblaue Blüten mit dunkelblauen Streifen.
Blütezeit: April und September.
Ansprüche: feuchte, humose, durchlässige Standorte bei pH 5,6.
Chromosomen 2n: 20.

Gentiana protensa Van Royen
Vorkommen: Mt. Arfak, W-Neuguinea.
Beschreibung: mehrjährige Art mit unverzweigten, aufrechten, mitunter kippenden, dünnen Trieben bis zu 20 cm lang.
Blüte: blaue, endständige, solitäre, trichterförmige Blüten bis zu 1,5 cm groß.
Blütezeit: April, manchmal auch im Oktober.
Ansprüche: feuchte, durchlässige, humose Standorte bei pH 5,6.

Gentiana recurvifolia Van Royen
Vorkommen: O-Neuguinea (bis 3500 m).
Beschreibung: bis 15 cm lange Triebe mit gegenständigen, gebogenen, lanzettlichen Blättern.
Blüte: hellblaue, endständige, trichterförmige Blüten an der Basis dunkler werdend, mit rötlichen Streifen versehen.
Blütezeit: April, manchmal auch im Oktober.
Ansprüche: sandig bis humose, feuchte, durchlässige Standorte bei pH 5,6.

Gentiana sclerophylla
Smith und van Royen
Vorkommen: W-Neuguinea.
Beschreibung: wenig verzweigte Triebe bis zu 20 cm lang, mit ledrigen, elliptischen Blättern.

Blüte: blaue, endständige trichterförmige Blüten bis zu 2 cm groß.
Blütezeit: April, manchmal auch im November.
Ansprüche: sonnige, feuchte, humose Standorte bei pH 5,6.

Gentiana vandewateri Wernham
Synonym: *G. dimorphophylla* van Royen
Vorkommen: W-Neuguinea (3800 m).
Beschreibung: Art mit kleinen Rosetten und verzweigten, weichen Trieben bis zu 15 cm lang, mit spitzen, beinahe anliegenden Blättchen.
Blüte: trichterförmige, weiße oder blaue, endständige Blüten mit grünlichen oder rosa Streifen bis zu 1,5 cm groß sowie spatligen Zipfeln.
Blütezeit: April und Spätherbst.
Ansprüche: feuchte, durchlässige, humose und sonnige Standorte bei pH 5,6.

SERIE PIASEZKIANAE Ho

Gentiana piasezkii Maximowicz
Verbreitungsgebiet: Gansu, Sichuan, Schangxi, NO-Tibet (bis 3400 m).
Beschreibung: einjährige Art mit bis zu 8 cm langen, verzweigten Trieben und rosettigen Basalblättern, die lanzettlichen Stängelblätter sind spitz.
Blüte: blaue, becherförmige, endständige Blüten mit violetter Innenzeichnung, bis zu 2,5 cm groß.
Blütezeit: Ende Juli bis August.
Ansprüche: halbschattige, feuchte und humose Standorte bei pH 5,6.
Chromosomen: 36

SERIE GRANDIFLORAE
GROSSHEIM UND HO

Gentiana grandiflora Laxmann
Synonym: *G. altaica* Pall.
Vorkommen: bevorzugt auf dem Ulan Plateau (2090 m) auf feuchten Wiesen im Nord- und Zentral-Altai, Mongolei und S-Sibirien (bis 3200 m).

Leider ist der u. a. Seminsky Pass sowie am Teleskoe See im Altai vorkommende, attraktive *Gentiana grandiflora* (1) nur unzureichend in heimischen Gärten anzutreffen. Die Aufzucht der Art ist bisher nicht hinreichend gelungen, außerdem sterben die Pflanzen zumeist im zweiten Kulturjahr ab. Hier im Vergleich zu *Gentiana altaica* (2) (Foto (1): Sievert 2008, (2): Hadacek 2007. Die einjährige Art *Gentiana piasezkii* (3) besitzt leuchtend blaue Blüten (Foto 3: Yuan 2005).

Beschreibung: seit 1774 bekannte, schöne Art mit beinahe ledrigen, kurzen, spitz zulaufenden Blättern und kurzen, bis 4 cm langen Blütentrieben.

Blüte: glockenförmig, groß, dunkelblau bis violett.

Blütezeit: Juni bis August.

Ansprüche: Halbschatten, bei ausreichender Feuchtigkeit auch volle Sonne, auf torfigen und humosen feuchten Standorten bei pH 5,4 bis 5,6.

Bemerkung: wurde als Gartenpflanze bisher leider nur selten kultiviert.

Chromosomen 2n: 26.

Gentiana djimilensis Koch

Synonym: *G. pyrenaica* L.

Vorkommen: Altai, Anatolien, SW-Bulgarien, NO-Türkei, Tundra, Karpaten, Teberda im Kaukasus, Pyrenäen (2200 bis 3700 m).

Beschreibung: mattenbildend, Triebe bis 10 cm lang, Blätter lanzettlich zugespitzten, Rhizom mit bis zu 10 Stielen, Rosette mit lanzettlich zugespitzten Blättern bis 1,5 cm lang.

Blüte: endständige, einzeln stehende, dunkelviolett bis blau blühende Blüten mit weisslichem Schlund, welcher leicht gepunktet ist.

Blütezeit: Juli bis August, oftmals bis Oktober.

Ansprüche: nur von unten bewässern, verlangt ausreichend Feuchtigkeit, Substrat gut durchlässigen, steinig, torfige bis humos bei wenig Kalkeinfluss, Silikatpflanze, bei pH 5,2 bis 5,5 kultivieren, nicht problemlos. Kaukasusform bevorzugt im Vergleich zum Typ aus den Pyrenäen trockenere Plätze, dieser wächst an feuchten, torfigen bis heideähnlichen, sonnigen Standorten.

Chromosomen 2n: 26.

Gentiana pyrenaica L.

Synonym: *G. laciniata* Kit., *G. djimilensis* Koch

Vorkommen: Altai, Asien, europäische Gebirge, SW-Bulgarien, Iran, Karpaten, Kaukasus/Elbrus, NO-Türkei (bis 3700 m).

Beschreibung: mattenbildende Art, Triebe bis 10 cm lang und lanzettlich zugespitzten Blättern,

Blau, dunkelblau, pink und weiß bis rosa stellen sich die Blüten des *Gentiana pyrenaica* dar. (Foto: Hadacek 2007).

Rhizom mit bis zu 10 Stielen.

Blüte: endständige, trichterförmige, einzeln stehende, dunkelviolett bis blaue sowie vereinzelt pink gefärbte und bis zu 3 cm große Blüten, die zehnzipfelig erscheinenden Blüten besitzen einen weißen Schlund, welcher schwach dunkelblau gepunktet ist.

Blütezeit: Juli bis August, oftmals bis Oktober.

Ansprüche: nur von unten bewässern, sie verlangt ausreichend Feuchtigkeit auf gut durchlässigen und steinigen, torfigen bis humosen Grund bei nur wenig Kalkeinfluss, die Silikatpflanze sollte bei pH 5,2 bis 5,5 kultiviert werden, ist nicht problemlos zu kultivieren, Winterschutz ist angeraten.

Chromosomen 2n: 26.

Form: f. *minuta* Kozhukharov und Petrova.

Sektion Fimbricorona Ho

Gentiana coronata Don und Royle

Synonym: *G. carinata* Grisebach
Vorkommen: Himalaja, Kaschmir, Indien, Nepal, Tibet (bis 5000 m).
Beschreibung: einjährige Art mit niederliegenden, unterschiedlich langen und unverzweigten Trieben, mit lanzettlich bis spitzen Blättern.
Blüte: besitzt glockige, violette bis blaue, endständige Blüten, die in Büscheln angeordnet sind, Krone im Schlund bewimpert, Plicaes gezähnt.
Blütezeit: Juli bis September.
Ansprüche: feuchte, humose, durchlässige Standorte bei pH 5,4 bis 5,6.
Chromosomen 2n: 20, 40.

Gentiana cuneibarba Smith

Vorkommen: NO-Myanmar, Sichuan, NW-Yunnan (bis 3200 m).
Beschreibung: einjährige Art mit verzweigten, bis 7 cm langen Trieben mit basalen Rosettenblättern.
Blüte: endständige, blaue, bis zu 2 cm große Blüten mit röhrigen bis zylindrischen Kronen.
Blütezeit: Juli bis August.
Ansprüche: feuchte, sandige bis humose, halbschattige Standorte bei pH 5,4.

Gentiana faucipilosa Smith

Vorkommen: NW-Tibet, Sichuan, Yunnan (bis 3300 m).
Beschreibung: einjährige Art mit verzweigten, dicht beblätterten, aufsteigenden Trieben bis zu 10 cm lang und rosettigen, spitzen Blättern.
Blüte: endständige, wenig gestielte, becherförmige, blaue Blüten bis zu 2 cm groß, Krone mit dreieckigen Zipfeln versehen, sie sind leicht behaart.
Blütezeit: Juli bis August.
Ansprüche: im halbschattigen Gelände auf steinigen, durchlässigen, mäßig feuchten und humosen Standorten bei pH 5,4.
Varietät: var. *caudata* Marqu. (Sichuan, Yunnan).

Der im Himalaya, Nepal, Sikkim, Tibe und Sichuan (bis zu 5000 m) beheimatete *Gentiana stylophora* wird häufig noch als Megacodon stylophora Clarke geführt. Die Art bevorzugt sonnige bis halbsonnige Plätze auf mäßig feuchten Weiden- und Rasenflächen mit geringem Humusanteil, jedoch Sand- und Kalkgestein bei einem pH-Wert von 5,6 bis 6,0. (Foto: Zschummel 2007).

Gentiana hugelii Grisebch

Vorkommen: Kaschmir, Ladakh, W-Tibet (bis 3300 m).
Beschreibung: die ein- oder zweijährige Art ist zumeist eintriebig, Triebe sind bis zu 10 cm lang und mit ovalen Basalblättern versehen, die Stängelblätter sind hingegen spitzer ausgebildet.
Blüte: bläulich gefärbte, endständige Blüten, welche in Trugdolden stehen.
Blütezeit: Juli bis September.
Ansprüche: bevorzugt Halbschatten, steinige und durchlässige, mäßig feuchte und humose Standorte bei pH 5,4.
Bemerkung: durch die zunehmende Trockenheit ist *Gentiana hugelii* im Gebiet Ladakh bereits stark zurück gedrängt worden und nur selten noch zu finden.

Gentiana wangchukii Aitken und Long

Vorkommen: Bhutan (4800 m).

Beschreibung: einjährige, rosettig wachsende Art mit bis zu 5 cm langen Trieben mit eng anliegenden, spitzen Blättern.

Blüte: dunkelblaue Blüten mit weißen Härchen.

Blütezeit: Juli bis August.

Ansprüche: durchlässige, humose Standorte bei pH 5,6.

Sektion Stenogyne (Franch)

Gentiana rhodantha

Vorkommen: W-Sichuan, Yunnan (bis 3600 m).

Beschreibung: Art mit zahlreichen, vierkantigen Trieben, herzförmigen Blättern auf verholztem Wurzelstock.

Blüte: endständige, röhrige, rosa gefärbte Blüten bis zu 5 cm groß, auffallend sind die gefransten Plicaes.

Blütezeit: Oktober.

Ansprüche: durchlässige, kalkreiche, mäßig feuchte Standorte bei pH 5,5 bis 5,8.

Chromosomen 2n: 46

Varietät: var. *wilsonii* Marquand.

Sektion Stylophora (Clarke)

Gentiana stylophora

Synonym: *Megacodon stylophora* (Ckarke) Smith

Vorkommen: Tsomgo Lake, Sichuan, SO-Tibet (bis 4600 m).

Beschreibung: Art auf starkem Wurzelstock und mit bis zu 1 m langen, aufrechten Trieben, mit langen und breiten Blättern.

Blüte: endständige sowie aus den Achseln kommende, gelbe Blüten bis zu 5 cm groß.

Blütezeit: Juli bis August.

Ansprüche: humose, mäßig feuchte bis feuchte und durchlässige Böden bei pH 5,6.

Weitere Gattungen

Swertia anscherica mit wechselständigen Laubblättern und eiförmigen Blattspreiten, mit weißen Blütenblättern, welche leicht violett gefärbte Ränder und blaue Punkte aufweisen. Die Art wurde am Standort Zinubani bei Bakuriani (1380 m, Kleiner Kaukasus) gefunden. Der Tarant bevorzugt sehr feuchte und sonnige Standorte auf mergeligen, durchlässigen und humosem Grund bei pH 4,8 bis 5,2.

Swertia

Die unter den Enziangewächsen geführten Swertien, auch als Tarant bekannt, kommen in Mitteleuropa, vornehmlich in Mittelasien, Nordamerika, O-Asien und O-Afrika vor. Es gibt weltweit nahezu 100 Sumpf- oder Moorenzianarten. Im Kaukasus sind vor allem die Arten *Swertia anscherica*, *S. hausknechtii* und *S. iberica* zu finden. Die Ansprüche aller Arten ähneln *Swertia perennis*. Bei diesem Tarant handelt es sich um eine Feuchtigkeit und Sonne liebende Moorpflanzenart, welche sogar im Tibet (Dongda La Pass, 5100 m) und im Sichuan (Maniganggo, Qinghai–Huashixia, 4400 m) vorkommt. Bevorzugt stehen diese Arten an Standorten, welche mit frischem, Sauerstoff führenden Fließgewässern versorgt werden.

Swertien haben kaum Bedeutung für den Erwerbsgartenbau, sie werden allenfalls in die Floristik mit einbezogen. Die Arten haben violette, blaue, rötliche und weiße Blüten. Diese sind vier- und fünfteilig mit radförmigen Kronen versehen und mitunter mit auffälligen, kurzen Griffeln ausgestattet.

In Swertien, vornehmlich *Swertia chirata*, *S. japonica*, aber auch in *Gentiana scabra* soll das die Blutzirkulation stimulierende Amasorid Swertiamarin enthalten sein.

Bekannte Swertien-Arten	
Chromosomensatz	2n
S. alata	26
S. alternifolia	26
S. angustifolia var. pulchella	26
S. angustifolia	26 (auch 36?)
S. anscherica	26
S. aucheri	26
S. auriculata	26
S. beddomei	26
S. bimaculata	22, 24, 26
S. calcicola	
S. calycina	20
S. caroliniensis	
S. chinensis	20, 24
S. chirata	26
S. ciliata	
S. coloradensis	
S. cordata	26
S. corymbosa var. corymbosa	26
S. corymbosa var. grisebachiana	26
S. crassiuscula	20
S. cuneata	
S. cuspidata	28
S. decora	
S. densifolia	26

S. dichotoma	
S. dilatata	20
S. diluta	20
S. emarginata	16
S. engleri	
S. erythrosticta	
S. fedtschenkoana	
S. cf. forrestii	
S. franchetiana	20
S. hookeri	
S. iberica	26
S. japonica	20, 21
S. juzepczukii	
S. kilimandscharica	20, 26
S. komarovii	26
S. lactea	
S. lawii	26
S. leducii	
S. lurid	26
S. lugardii	
S. macropetela	26
S. macrosperma	
S. marginata	
S. mileensis	
S. multicaulis	
S. mussoti	
S. neglecta	
S. nervosa	
S. perennis	
S. perfoliata	
S. petiolata	
S. pseudochinensis	
S. punicea	
S. purpurascens	
S. radiata	
S. schimperi	
S. schugnanica	
S. striata	
S. tibetica	
S. tongluensis	
S. veratroides	
S. wardii	

Swertia iberica (1) mit leicht violetten und gepunkteten Blütenblättern, kommt ebenfalls in Feuchtbiotopen des Kaukasus vor; gefunden ab 1250 m an verschiedenen Stellen in georgischen Bergen (Foto: Sirotuk 2004). *Swertia engleri* (2), *Swertia hookerii* (3), *Swertia lugardii* (4). *Swertia multicaulis* (5) vom aus Shuri Tsho Tibet (5180 m), *Swertia schimperi* (6), und *Swertia crassiula* (7) (Fotos: Jans 2008).

Swertia perennis L.

Synonym: Moor-Tarant, Sumpfstern
Vorkommen: M- und S-Europa, N-Amerika und O-Asien.
Beschreibung: die Pflanzen erreichen eine Höhe von bis zu 15 cm, mit Blütenständen sogar bis 70 cm; die Blattform ist oval bis eiförmig ausgeprägt, der Wuchs ist locker, streng aufrecht.
Blüte: hell bis violett, mit rispigen bzw. doldenrispigen Blütenstand, mit sternförmigen bzw. strahlenförmigen einfachen Blüten.
Blütezeit: Juli bis September
Kulturhinweise: in Quell- und Flachmooren, an Fließgewässern, moorigen oder sickernassen Standorten mit pH-Werten von 4,8 bis 5,2, wächst langsam, kann bei ausreichender Feuchtigkeit in voller Sonne stehen. Unter optimalen Standortbedingungen kann man mäßig mit einem Depotdünger düngen.

Gentianella Moench

Eine Vielzahl der Arten der Gattung *Gentianella* sind kurzlebig und kommen meist in Australien und Südamerika vor. Nur wenige von ihnen sind in den gemäßigten Klimabereichen von Europa, Neuseeland, Australien, Asien, Nordwestafrika und Nordamerika verbreitet. Mitunter wurden die Gattungen der *Gentianella* als Kranzenziane, die Fransenenziane als *Gentianopsis* und die Haarschlundenziane als *Comastoma* bezeichnet. Ihr Unterscheidungsmerkmal ist der gefranste Schlund der Blütenkrone und die mit Leitbündeln versehenen Schuppen des Kronblattzipfels, wodurch der sogenannte Kranz ausgebildet wird. Kennzeichend für diese ein- oder zweijährigen Arten sind ihre violetten, orangefarbigen, roten oder gelben Blütenblätter, wie z. B. die des *Gent. weberbaueri*. Die Arten besitzen meist bis zu fünf Kronblätter, die zu einer Röhre verwachsen sind. Eine Plicae ist nicht vorhanden. Es gibt viele Hybriden bei denen eine Zuordnung nicht immer leicht fällt, so z. B. *Gent. tirolensis* (*Gent. aspera* × *G. campestris*).

Für den praktischen Gartenbau haben die Arten kaum Bedeutung, allenfalls für Sammler und Liebhaber.

Die Beschreibungen und Zuordnungen der Arten sind keinesfalls abgeschlossen. Wie kompliziert mitunter die Zuordnung ist, zeigt das Beispiel für den aus der subalpinen Stufe des nordwestlichen Illyrieschen Gebietes stammenden *Gentianella liburnica* MAYER (1969). Mayer beschrieb diesen seinerzeit als neue Art und ordnet ihn der kleinblütigen Sippe des *G. anisodonta* zu. Dieser Enzian soll jedoch von der Morphologie her ein Südost-Vikarist des *G. engadinensis* (WETTST.) HOLUB. sein.

Gent. weberbaueri

Synonym: Andenenzian, Einheimische nennen die bienne Art 'Pukamakaschba'

Vorkommen: viele *Gentianella* sind in Südamerika beheimatet, so auch der schöne, jedoch nur schwer zu kultivierende *Gent. weberbaueri* aus Peru und Pichium, oberhalb des Titicacasees. Er wächst auf dürftigem Steinschutt und felsigen Boden z.B. in der Cordillera Blanca (Peru) in Höhen von 4000 bis 4500 m.

Blüte: gelb oder rot blühend mit gelben Einschlüssen und Streifen.

Blütezeit: April bis Juni.

Ansprüche: das Habitat des Andenenzians am Rand der Gletscherregionen scheint ein wesentlicher Grund zu sein, dass Aufzuchten in Europa bisher nur unzureichend gelang. Meistens sind die auflaufenden Sämlinge trotz Fungizideinsatz immer wieder von Umfallkrankheiten betroffen. Man muss bei hoher Luftfeuchtigkeit den Stängelgrund der Sämlinge möglichst trocken halten. Eine Akklimatisation der Art an europäische Verhältnisse ist wichtig. Die Art wächst meist auf durchlässigem, leicht humosen, mäßig feuchten Standorten bei pH 5,8 bis 6,2 und verträgt unter diesen Bedingungen Vollbesonnung.

Gentianopsis

Die Arten dieser Gattung besitzen meist gefranste, vierteilige Blüten. Sie umfasst nahezu 30 ein- und zweijährige Arten, welche für den Erwerbsgartenbau kaum in Frage kommen.

Zu dieser Gattung (Chromosomen 2n) zählen u. a.: *Gentianop. atkinsonii*, *Gentianop. barbata* f. *simplex* (70), *Gentianop. barbata* (26, 52, 78), *Gentianop. blepharophora*, *Gentianop. ciliata* ssp. *doluchanovii* (78), *Gentianop. ciliata* (44, 78), *Gentianop.*

Abb. gegenüber und folgende Seiten:
Gentianella sind auf offenen und feuchten Wiesen alpiner Regionen zu finden. Hier im Vergleich *Gent. bibersteinii* (1: Mesmai, NW-Kaukasus), *Gent. cerastioides* (2: S-Ecuador), *Gent. chrysosphaaera* (3: Zentral Peru), *Gent. hirculus* (4: S-Ecuador, 3788 m), *Gent. incurva* (5: N-Cordiller Negra, Peru, 4242 m), *Gent. nitida* (6: Cordillera Blanca, Peru, 3939 m), *Gent. nummularifolia* (7: Cayambe, Ecuador), *Gent. oreosilene* (8: Cordiler Negra, Peru, 3788 m), *Gent. peruviana* (9: La Paz, 4848 m), *Gent. primulifolia* (10: Huay Pallana Peru), *Gent. primuloides* (11: N-Cordillera Blanca, Real-Bolivia, 3879 m), *Gent. roseo-lilacina* (12), *Gent. saxicola* (13: N-Cordillera Blanca, Peru, 4242), *Gent. scarlatinostriata* (14: O-Lima, 4848 m), *Gent. sedifolia* (15: S-Peru), *Gent. tristicha* (16: Cordillera Blanca, Peru, 4000 m), *Gent. vaginalis* (17: N-Cordillera Blanca, Peru, 4242); im Vergleich dazu *Gent. sp.* als noch nicht zugeordnete Arten der Gebiete aus der Region Abra Chonta (18, 19: Zentral Peru, 4700 m) sowie der Azuay-Region (20: Ecuador). (Fotos: 5, 6, 8, 11, 12, 13, 14, 16, 17: Hale 2007; 2, 3, 4, 7, 9, 10, 15, 18, 19, 20: Rolfe 2007).

Gentiana – Enziane und verwandte Gattungen

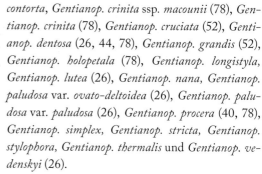

contorta, *Gentianop. crinita* ssp. *macounii* (78), *Gentianop. crinita* (78), *Gentianop. cruciata* (52), *Gentianop. dentosa* (26, 44, 78), *Gentianop. grandis* (52), *Gentianop. holopetala* (78), *Gentianop. longistyla*, *Gentianop. lutea* (26), *Gentianop. nana*, *Gentianop. paludosa* var. *ovato-deltoidea* (26), *Gentianop. paludosa* var. *paludosa* (26), *Gentianop. procera* (40, 78), *Gentianop. simplex*, *Gentianop. stricta*, *Gentianop. stylophora*, *Gentianop. thermalis* und *Gentianop. vedenskyi* (26).

Viele der erwähnten Arten und Sorten wecken das Interesse bei Liebhabern und Praktikern. Es wäre vermessen, hier alle die Adressen für einen Bezug von Enzianarten und -sorten anzugeben. Daher sei auf die im Anhang erwähnten Botanischen Gärten, Spezialgärtnereien sowie Liebhaber verwiesen, welche sich u. a. mit der Züchtung, Kultur und Vermehrung spezieller Arten und Sorten beschäftigten.

Kultur von Enzianen

Überwiegend werden Enziane in Steingärten von Liebhabern kultiviert. Dazu zählen vor allem *G. acaulis*, *G. clusii*, *G. dinarica*, *G. paradoxa*, *G. septemfida* *G. szechenyi*, *G. sino-ornata* und/ oder *G. verna*. Bei Sammlern und Spezialisten sind zahlreiche Arten und unterschiedliche Hybriden anzutreffen. Für den Schnittanbau, besonders im bayerischen und norddeutschen Raum, wurden Sorten des *G. acaulis*, *G. clusii*, *G. ligustica* und *G. septemfida* zeitweise bevorzugt, kaum jedoch der japanische Schnittenzian oder Schwalbenwurz-Enzian. Für diese beiden Arten werden Methoden erarbeitet, um diese Arten im Glas- oder Folienhaus vorzukultivieren und somit zeitabhängig betriebswirtschaftliche Erträge zu erzielen.

Substrat

Die winterharten Enziane bevorzugen halbschattige, dränierte, feuchte bis mäßig feuchte humose Standorte und ein pH-Werte zwischen 4,0 bis 6,8. Einige Arten benötigen Substratzusätze von Kies, Sand, Ton, Kalkgestein bzw. kohlensauren Kalk oder Mergel. Von Vorteil sind für letztere Arten salzsäureunlösliche, gekörnte (4 bis 6 mm) Perlkalke bzw. das Kalziumkarbonat der Damman KG, Söhlde. Diese Perlkalke enthalten zusätzlich bis zu 1,0 % Magnesiumcarbonat und 0,5 % Eisen-III-Oxid.

Für viele Arten ist eine kontrollierte Kultur auf artifiziellen Medien oder Substraten unter Zusatz einer kontinuierlicher Nährlösung (EC < 1,2 mS/ cm) von besonderem Vorteil. Nicht zu hohe Temperaturen, Halbschatten, eine hohe Luftfeuchte und vor allem eine optimale Bodenfeuchte bei guter Luftführung im Boden sind für die meisten Enziane zwingend notwendig.

Die Vielfalt der Enziane ist beachtlich. Ihr Vorkommen reicht von den Subtropen bis hin zu den Permafrostböden des fernen Sibiriens. Ebenso unterschiedlich sind ihre Ansprüche an Boden und Klima. Während die einen völlig anspruchslos sind und auf trockenen Sandböden oder Gesteinen noch überlebensfähig sind *(G. decumbens, G. cruciata, G. septemfida)* können andere Arten, was die Feuchtigkeit anbelangt, anspruchsvoll sein *(G. pneumonanthe, G. frigida)*. Viele Arten sind nur mit Aufwand in einem Alpinen- oder Kalthaus zu überwintern, wie z.B. *G. amplicrater*, *G. boryii*, *G. depressa*, *G. farreri*, *G. futtereri*, *G. georgei*, *G. helophila*, *G. lawrencei*, *G. lhassica*, *G. muscicola*, *G. obconica*, *G. olivieri*, *G. ornata*, *G. pyrenaica*, *G. rigescens*, *G. sceptrum*, *G. sikokiana*, bedingt *G. sino-ornata*, *G. szechenyi*, *G. ternifolia* sowie *G. tetraphylla*.

Wenn Praktiker sich über die Enzian-Substrate verständigen, wird als erstes der pH-Wert genannt, ohne zu bedenken, dass eine den Arten angepasste, optimale Luft- und Wasserführung (Sauerstoff angereichert) die wichtigsten Voraussetzungen für das Wachstum der Pflanzen sind. Bei der Substratzusammenstellung sollte das für die Arten geeignete Urgestein (Silikat- oder Kalk-Mergelgestein) der Herkunftsgebiete auch im Zusammenhang mit der Versorgung mit Mikronährstoffen beachtet werden. Enziane unterscheiden sich hinsichtlich ihrer Herkunftsgebiete und damit der Urgesteine in kalkliebende, kalkfliehende und kalktolerante Arten.

Substratmischungen

Für den praktischen Gartenbau empfehlen sich nachstehende, auch zu modifizierende Zusammensetzungen für die Substrate:

Kalkliebende Enziane
» 40 % Kalkmergel-Lehm (> 5 mm Körnung)
» 15 % Cocopor
» 15 % Weißtorf (0 bis 40 mm)
» 10 % Weißtorf (10 bis 40 mm)
» 20 % irischer Torf (0 bis 40 mm)
» 500 g kohlensaurer Kalk
» 150 g Spurenelemente bzw. Micromax/m³
» 500 g Substratdünger/m³ (Osmocote START)
» nichtionogenes Tensid
» pH: 5,8 bis 6,2

Kalkfliehende Enzianarten
» 15 % Ton (gekörnt, nicht für *G. scabra*)
» 15 % Cocopor
» 15 % Weißtorf (0 bis 40 mm)
» 25 % Weißtorf (10 bis 40 mm)
» 30 % irischer Torf (0 bis 40 mm)
» 150 g Spurenelemente bzw. Micromax/m³
» 750 g Substratdünger/m³ (Osmocote START)
» nichtionogenes Tensid
» pH: 4,5 bis 4,8

oder
» 15 % Ton (grob)
» 10 % Cocosfaser

» 10 % Cocosschäben oder Mandelschalen
» 40 % isländischer Weißtorf (0 bis 40 mm)
» 25 % isländischer Weißtorf (10 bis 22 mm)
» 150 g Spurenelemente/m³
» pH: 4,5 bis 4,8
(für japanischen Schnittenzian und *G. scabra* besonders geeignet)

Kalktolerante Enzianarten
» 10 % Ton (gekörnt)
» 10 % Mergel
» 30 % Weißtorf (10 bis 40 mm)
» 25 % Perlite
» 25 % scharfer Sand
» 150 g Spurenelemente bzw. Micromax/m³
» 750 g Substratdünger/m³ (Osmocote START)
» nichtionogenes Tensid
» pH: 5,4 bis 5,8

oder
» 60 % Weißtorf (10 bis 40 mm)
» 20 % Perlite
» 20 % Styromull
» 150 g Spurenelemente bzw. Micromax/m³
» 750 g Substratdünger/m³ (Osmocote START)
» nichtionogenes Tensid
» pH: 5,4 bis 5,8

oder
» 20 % Perlite (>5 mm gekörnt)
» 15 % Cocopor
» 15 % Ton (granuliert) besser nicht für *G. scabra*
» 20 % baltischer Weißtorf (20 bis 40 mm)
» 10 % baltischer Weißtorf (10 bis 20 mm)
» 20 % irischer Torf (20 bis 40 mm)
» 500 g kohlensaurer Kalk
» 150 g Spurenelemente bzw. Micromax/m³
» 350 g Substratdünger/m³ (Mehrnährstoffe)
» nichtionogenes Tensid
» pH: 5,4 bis 5,8 (pH-Wert für *G. scabra* auf 4,8 absenken)

Kopfständige Samenkapseln des *Gentiana dinarica* (a), und geöffnete Samenkapsel und Samen des *Gentiana triflora* var. *japonica* (b). In der Regel sollte man die Kapsel erst kurz vor deren Öffnen ernten, eine kurz Zeit trocknen und das Saatgut bei wenigstens −2 °C bis zur Aussaat in luftdicht abgeschlossen Röhrchen einlagern. Von Vorteil und Zeit sparend ist allerdings die sofortige Aussaat in der In-vitro-Kultur.

Zusatzstoffe

Als Zusatz kann mit Lignocel-Cocos-Substrat gearbeitet werden; die Lagerung und Zubereitung dieser Cocos-Briketts ist an sich unproblematisch, für die Aufbereitung eines Briketts werden fünf Liter Wasser benötigt, um davon 8,5 l Substrat zu erhalten; für die empfindlichen Enziane erscheint es angeraten den pH-Wert und Salzgehalt dieses Substrates vor Bestückung zu kontrollieren; bewährt hat sich eine Mischung aus 2/3 Enzian-Substrat nach Balster oder Ständer und ein Zusatz von 1/3 Cocos-Substrat.

Enziane sind dankbar für einen trockenen Wurzelhals, dafür hat sich ein Abstreuen der Kulturen mit Cocosschäben oder Mandelschalen (Fa. Tilburg, Nutricote, Novasan) bewährt. Bei kontrollierter Wasserführung bewährt sich die Abstreumethode vor allem gegenüber Verunkrautung und Vermoosung. Wer aus Bequemlichkeitsgründen auf eine einfache Standardmischung von Torfkultursubstrat 2 (TKS 2) mit Sand und Bims (Mischungsverhältnis 5:9:4) zurückgreift, sollte beachten, dass der pH-Wert des verwendeten Bims je nach Herkunft, trotz angeblicher vorheriger Waschung bis zu 9,0 beträgt!

Grundsätzlich sollte darauf geachtet werden, dass der Schnittenzian sowohl aus der In-vitro-Kultur als aus der Vegetativvermehrung in kleinen Tuffs mit mindestens sechs Trieben produziert und an Kunden so abgegeben wird. Die optimale Überführung von In-vitro-Pflanzen sollte in Fertisss-Vliestöpfen Typ 2,7 cm z. B. von der Fa. van der Knaap BV erfolgen. Jungpflanzen mit weniger als fünf embryonalen Trieben sind für eine optimale Stielproduktion für das Folgejahr keinesfalls zu vertreten.

Generative Vermehrung

Für die generative Vermehrung steht interessierten Anbauern eine Vielzahl von Enzianarten für den Anbau als Sämlinge und Klonpflanzen zur Verfügung. So z.B. *G. acaulis*, *G. algida*, *G. andrewsii*, *G. straminea*, *G. tibetica*, *G. angustifolia*, *G. asclepiadea*, *G. bavarica*, *G. brachyphylla*, *G. clusii*, *G. cruciata*, *G. dahurica*, *G. dinarica*, *G. georgei*, *G. gracilipes*, *G.* × *hexafarreri*, *G. imbricata*, *G. kochiana*, *G. kurroo*, *G. lutea*, *G. makinoi*, *G. paradoxa*, *G. ornata*, *G. paradoxa*, *G. pneumonanthe*, *G. punctata*, *G. purpurea*, *G. szechenyi*, *G. septemfida* var. *lagodechiana*, *G. sino-ornata*, *G. triflora* var. *japonica*, *G. verna* sowie *G. verna* var. *angulosa*. Dazu bieten verschiedene Firmen Saatgut an, so z. B. Chiltern Seeds Cumbria, UK, Holubec Wild-Seed, CZ, M. Pawelka Seed, CZ sowie V. Piatek, World-Seed, CZ. Die Staudensamen-Firma Jelitto (Schwarmstedt) bietet sogar das Saatgut als sogenannte Goldsamen® an. Diese Samen werden mit Gibberellin (A$_3$) vorbehandelt, um die Keimruhe des Saatgutes zu brechen. Diese aufbereiteten Goldsamen der frostkeimenden, vor allem der europäischen und amerikanischen Enziane, benötigen zur Aufhebung ihrer Keimruhe keine zusätzliche Kühlperiode (Vernalisation) mehr. Die Samen keimen im Gegensatz zu unbehandeltem Saatgut je nach Art bereits nach 10 bis 25 Tagen. Normal überwinterndes Saatgut benötigt wenigstens zwei Wochen bis zu sechs Monate bis es keimt. Mitunter liegt das Saatgut einiger Arten über und keimt erst in der Folgeperiode wie z. B. das von *G. verna* ssp. *oschtenica*.

Die Mindestkühlperiode beträgt in der Regel bei Enzianen 45 Tage, wobei das Saatgut der Arten auch im Kühlschrank vorgelagert werden kann. Vorteilhaft kann sich eine Lagerung des Saatgutes für etwa 200 Tage bei 5˚C auf die Keimung und vor allem die Ausbeute an Sämlingen auswirken. In der Regel wird das Saatgut mit Cytokininen, besser jedoch dem polaren Hormon Gibberellin A$_3$ (< 300 bis 800 ppm), behandelt. Hierdurch wird, analog der Kältebehandlung, die Keimruhe durch den Abbau von Hemmstoffen, wie Abscisinsäure und Phenolen, aufgehoben.

Aussaat

Das wertvolle Saatgut der verschiedenen Enzianarten ist aus freier Abblühte oder aus gelenkten Kreuzungen von Züchtern und Liebhabern zu erhalten. Das Gewicht des Saatgutes der verschiedenen Enzianarten ist dabei recht unterschiedlich, was sich im Tausendkorngewicht (TKG) der Arten verdeutlicht. So liegt das TKG der Sorten des *G. acaulis* im Mittel bei 0,35 g, das von *G. asclepi-*

adea bei 0,15 g und das von *G. septemfida* bei nur 0,1 g. Das bedeutet, dass ein Gramm Saatgut von *G. asclepiadea* ausreicht, um etwa 1000 Sämlinge aufzuziehen. Das Saatgut von Enzianen sollte mit einem Wassergehalt von etwa 5 % bei 0 °C in luftdicht abgeschlossenen Gefäßen oder abgeschmolzenen Glasröhrchen beschriftet, gelagert werden, bevor man es endgültig bei –2 bis 0 °C einlagert. Empfehlenswerter ist allerdings die Einlagerung des Saatgutes bei Temperaturen unter –18 °C, jedoch steht nicht allen Anzuchtbetrieben oder Liebhabern diese Möglichkeit zur Verfügung.

Die Samenruhe wird bereits bei Temperaturen von –2 bis 1 °C gebrochen, mitunter keimt so gelagertes Saatgut bereits nach 14 bis über 45 Tagen in feuchtem Sand oder lockerem, auch sterilisiertem Substrat. Man kann andererseits zur Brechung der Keimruhe auch eine fünf- bis fünfzehnstündige Vorbehandlung (einstündiges Schütteln) in einem wässrigen Medium mit Gibberellinsäure A3 (< 300 bis 800 ppm) vornehmen. Bei einigen Arten konnte Benzyladeninpurin- bzw. Topolin-Lösungen (10 bis 30 ppm vortesten) erfolgreich verwendet werden. Das Saatgut kann nach der Vorbehandlung leicht getrocknet und im temperierten Haus oder Labor bereits im Erntejahr ausgesät werden. Das Saatgut einiger asiatischer Arten benötigt keine Vorbehandlung, diese ist jedoch für europäische und amerikanische Arten notwendig. Allerdings reagiert auch *G. scabra* positiv auf eine GA3-Behandlung (> 150 ppm), indem es schneller bei niederen Temperaturen keimt. Saatgut aus interspezifischen Kreuzungen keimt mitunter unzureichend. Für keimfähiges Saatgut empfiehlt sich daher, die Keimung und Aufzucht der Sämlinge in der In-vitro-Kultur vorzunehmen.

Keimung

Hinsichtlich der Keimung der Enziane unter Licht oder Dunkelheit existieren unterschiedliche Ansichten für die eigentlichen Lichtkeimer. Grundsätzlich habe ich die Dunkelkeimung nach vierwöchiger Stratifikation bei –2 °C oder nach Gibberellin-A3-Behandlung, artenabhängig zwischen 16 bis 22 °C, mit Erfolg in- oder ex-vitro praktiziert. Natürlich kann man diese Angaben weiter verfeinern und artenspezifisch differenzieren. So bevorzugt das Saatgut der meisten Enzianarten, wie z. B. *G. acaulis*, *G. andrewsii*, *G. angustifolia*, *G. asclepiadea*, *G. bavarica*, *G. brachyphylla*, *G. calycosa*, *G. clusii*, *G. crinita*, *G. dinarica*, *G. freyniana*, *G. frigida*, *G. froelichii*, *G. hexafarreri*, *G. kochiana*, *G. lutea*, *G. makinoi*, *G. nivalis*, *G. ornta*, *G. pannonica*, *G. paradoxa*, *G. parryi*, *G. pneumonanthe*, *G. punctata*, *G. puberula*, *G. purpurea*, *G. quinquefolia*, *G. septemfida*, *G. sino-ornata*, *G. triflora* und *G. verna* eine zweiwöchige Vortemperatur von etwa 16 °C. Anschließend sollte für vier bis sechs Wochen eine Absenkung auf –2 bis –4 °C erfolgen. In der Folge ist dann eine Anhebung der Temperatur auf 5 °C, und dann allmählich weiter bis auf 16 bis 18 °C vorzunehmen. Die Aussaattemperatur für die Arten *G. algida*, *G. cruciata*, *G. dahurica*, *G. divisa*, *G. flavida*, *G. gracilipes*, *G. kurroo*, *G. olivieri*, *G. saxosa*, *G. straminea*, *G. thianshanica* und *G. tibetica* sollte etwas höher, bei 20 bis 22 °C, gewählt werden. Die Keimung wird durch eine Temperaturabsenkung auf – 2 bis +4 °C für wenigstens zwei bis vier Wochen beschleunigt, bevor die Temperaturen langsam auf 16 °C zur Keimung angehoben werden. Das Saatgut kann als Mehrkornablage mit etwa fünf Körnern je Plug oder aber breitwürfig auf der Fläche erfolgen. Enziane sollten als Kaltkeimer vor der Aussaat mit einer Fungizidmischung gegenüber Erreger der Umfallkrankheit *(Fusarium, Pythium, Rhizoctonia, Phytophthora, Thielaviopsis, Verticillium)* behandelt werden. Nach der Aussaat die Samen mit Vermiculite oder Sand abdecken.

Umtopfen

In der Regel werden die Sämlinge vier bis acht Wochen nach dem Pikieren in 9-er, 10-er oder 13-er Töpfe (drei Pflanzen/Topf) umgetopft, um die Töpfe danach im Freiland in ein Sand-Kies-Gemisch zu versenken. Topfenziane, wie *G. scabra*-Hybriden, sind in der Regel in 10-er bis 12-er Töpfen zu kultivieren, der Endabstand beträgt 32 Pflanzen/m².

Als Topfsubstrat empfiehlt sich der Einsatz eines artspezifischen Substrats, gemischt mit einem Depot-Langzeitdünger (1,5 bis 2,0 kg/m³ Substrat), welcher für maximal sechs Monate ausreichen sollte. Der Zusatz von Spurenelementen ist von Vorteil, insbesondere in Verbindung mit Gaben von Eisenchelaten (Sequestren Fertileader, Ferleaf 100, Fersoil, Optifer, Sequestren) und Magnesiumsulfat (0,025 %). Sollte wöchentlich gedüngt werden, so ist mit einem Mehrnährstoffdünger (90 bis 110 mg/L N) unter Zusatz von unter 2 kg/m³ eines Langzeitdüngers dem Substrat beizumengen. Eine einmalige Düngung pro Woche ist für die empfindlich auf Nährsalze reagierenden Enziane ausreichend. Die Anzahl der wöchentlichen Düngergaben mit einer Standardnährlösung (EC < 1,5 mS/cm) kann mit zunehmendem Alter der Pflanzen erhöht werden. Dadurch kann man bei Schnittenzianen die Länge der Internodien reduzieren und die Standfestigkeit deutlich erhöhen. Die Düngung ist in Freilandkulturen ab Ende August einzustellen. Die Kulturen sollten ab September ohnehin nur noch mäßig gewässert werden, Staunässe ist unbedingt zu vermeiden.

Optimal kann die Anzucht in Staender- oder Balster-Sondermischungen für Enziane, wie etwa (Pikomat Projekt: 166467) sowie Torfsubstrat Typ A mit wenig Hochmoortorf und mäßig zersetzten Cocopor erfolgen. Je nach Art und deren Bedürftigkeit sollte der Salzgehalt des Substrates bei etwa 0,9 g/L liegen, resultierend aus einem Nährsalzzusatz von N: 140 mg/L, P: 160 g/L und K: 180 mg/L (je nach Art Einstellung des pH-Wertes: zwischen 4,2 bis 6,8).

In manchen Jahren ziehen Enziane aufgrund einer übermäßig betonten Düngung und durch dei Klimaveränderungen verursachten zunehmend länger andauernden und wärmeren Herbsttemperaturen nicht ein, sondern beginnen teilweise artuntypisch erneut im November zu blühen. In derartigen Fällen haben sich Behandlungen der Kulturen ab Mitte Oktober mit Lösungen von $CuSO_4$ (Konzentration: 70 ppm) oder Chlorethylenphosphonsäure bewährt. Je nach Wirkstoffgehalt angebotener Präparate sollte eine Konzentration von 80 ppm nicht überschritten werden. Die Verabreichung der Lösung muss bei Temperaturen über 14 °C erfolgen, damit das Ethylen freigesetzt werden kann. Durch diese Behandlung wird die Winterruhe der Pflanzen eingeleitet, und so Schäden vermieden, die durch einen beschleunigten Übergang vom physiologisch aktiven in den morphologischen Ruhezustand der Pflanzen in den schnell folgenden Frostperiodenauftreten könnten.

Weiterkultur

Für die Anzucht und Weiterkultur von Enzianen kann man nicht wie für andere Kulturen allgemeine Empfehlungen abgeben. Je nach Art, Sorte und Absatzzielen ist zwischen Enzianen für das Alpinum bzw. den Steingarten sowie Topf- und Schnittenzianen für die gärtnerische Vermarktung zu unterscheiden. Danach richtet sich wie die Arten mit ihren Sorten in entsprechenden Töpfen, Containern oder aber frei im Boden zu kultivieren sind. Bewährt hat sich die lockere Aussaat, um die Pflanzen nicht nach kurzer Zeit wieder pikieren zu müssen. Von Vorteil ist bei der Aufzucht von Sämlingen der enge Kontakt der Pflänzchen untereinander. Ein einmaliges und vorsichtiges Pikieren

Optimal entwickelte Sämlinge verschiedener Arten unter Kalthausbedingungen (1) aus der Linienzucht des *G. triflora* var. *japonica* vor Herbstbeginn im Wuchs (2) vor Beginn der Ruhephase (3) sowie *G. purpurea* nach Austrieb im Monat April (4).

ist empfehlenswert, dennoch ist dies eine nicht zu unterschätzende Ursache für Pflanzenausfälle. Die Sämlinge sollten bei einer hoher Luftfeuchte bei 16 bis 18 °C gut schattiert kultiviert werden.

Enziane sowohl aus der In-vitro-Kultur wie aus der Substratanzucht sollten nicht mehr nach dem 30. Juni umgetopft werden. Die Pflanzen sollten unbedingt mit einem gut ausgebildeten Wurzelsystem in den Winter gehen und ab Monat Juli zahlreiche embryonale, winterharte Triebe anlegen können.

Enziane werden vorwiegend in zwei Substrattypen kultiviert, diese leiten sich von dem Urgestein Silikat- und dem Kalkmergelgestein ab. Neben dem pH-Wert ist eine ausreichende Luft- und Wasserführung für das Wachstum der Pflanzen entscheidend. Bei der Substratzusammenstellung sollte das für die Arten notwendiges Urgestein des Herkunftsgebietes, auch im Zusammenhang mit der Versorgung mit Mikronährstoffen, beachtet werden. Enziane, die Silikatböden bevorzugen verlangen einen Humusgehalt von wenigstens 2 bis 10%. Die andere Gruppe der Enziane bevorzugt Humuskarbonatböden. Sie sind an Kalkstein angepasst, auf welchem eine mehr oder weniger mächtige Bodenschicht mit einem Humusanteil von bis zu 10% bei ebensolchem Tongehalt liegen kann. Meistens sind diese Standorte zusätzlich mit Basen gesättigt. Sandige Böden und Tonböden mit Kalkgehalten bis zu 40% Kalziumkarbonat und Humusanteilen sind gleichfalls bevorzugte Substrate für einige dieser Arten, solange sie nicht zu reich mit Nährstoffen versorgt sind.

Außerdem gibt es Enziane, die ausschließlich sandige Moore mit Vollbesonnung bevorzugen.

Alle Enzianarten bevorzugen ein luftdurchlässiges, d.h. grob strukturiertes Substrat, das weder vernässen noch austrocknen darf. Zu beachten ist dabei der Kalkgehalt und der pH-Wert des Substrates. Enziane lassen sich in drei Gruppen einteilen:

» Kalkliebende Arten: z. B. *G. clusii*, *G. dinarica*, *G. lutea*, *G. septemfida*, *G. sceptrum*.

» Kalktolerante Arten: z. B. *G. angustifolia*, *G. dahurica*, *G. farreri*, *G. verna*.

» Kalkmeidende Arten: z. B. *G. acaulis*, *G. exisa*, *G. kochiana*, *G.* × *macaulayi*, *G. macinoi*, *G. scabra*, *G. triflora* oder *G. sino-ornata*.

Je nach Art sollte der pH-Wert des Substrats zwischen 4,2 bis maximal 6,8 eingestellt werden. Das lockere, humose Substrat sollte man mit einem Mehrnährstoffdünger (0,25-0,5 kg/m^3 unter Zugabe von Spurenelementen, insbesondere Magnesium, Eisen) aufdüngen. Enziane sind im Jugendstadium sehr salzempfindlich. Anzuchtsubstrate sollten nicht mehr als 0,5 g/L Salz enthalten. Eine Grunddüngung von etwa 70 mg/L Stickstoff, 80 mg/L Phosphor und 90 mg/L Kalium ist ausreichend. Als Grundregel gilt, dass je höher die Einstrahlung auf die Kulturen und je höher das Salzangebot sind, desto intensiver muss auf eine kontinuierliche und hohe Luftfeuchte bzw. Befeuchtung der Pflanzen über Benebelungsanlagen geachtet werden.

Wird ein Vortreiben unter Glas oder Folie angestrebt, müssen die Kulturen bei ansteigenden Temperaturen ausreichend gelüftet werden. Die Temperaturen sollten möglichst nicht über 18 °C liegen, keinesfalls sollten sie 24 °C übersteigen. Dies schließt eine Kultur von Enzianen im Gewächs- oder Folienhaus ab Mai völlig aus.

In Abhängigkeit der Anzuchtbedingungen und der Qualität des Saatguts (Keimfähigkeit, Triebkraft) ist sowohl mit tierischen und vor allem mit pilzlichen Schadeinflüssen ab der Keimung zu rechnen, sodass ein Einsatz von Fungiziden, insbesondere gegen Erreger der Umfallkrankheit, notwendig wird. Bei Altkulturen sind besonders die sporentragenden alten Stängel und das Laub vor dem Neuaustrieb im Frühjahr zu beseitigen.

Pilzliche Schaderreger der Gattungen *Alternaria*, *Botrytis*, *Cylindrocarpon*, *Fusarium*, *Pythium*, *Rhizoctonia*, *Phytophthora*, *Thielaviopsis* und *Verticillium* bewirken durch ihre celluloseabbauenden und pektolytischen Enzyme den Abbau und die Auflö-

Zu bevorzugende Klonsorten (Beispiel: *Gentiana triflora* var. *japonica, Gentiana scabra*) sind durch Auslese aus einer Vielzahl von Nachkommen und deren vegetativen Vermehrung aufgebaut sowie zum Teil rechtlich geschützt worden. Optimal entwickelte Klon-Pflanzen des *Gentiana triflora* var. *japonica* in Multitopfzellen (1) sowie zügiges Wachstum des *Gentiana scabra* ab Mitte Mai im Freiland (2).

sung der kutinhaltigen Zellwände der auflaufenden Keimlinge und der austreibenden Altpflanzen. Bevor gegen die Erreger nach dem Auflaufen der Keimlinge oder dem Austrieb der Altpflanzen Bekämpfungsmaßnahmen eingeleitet werden, sind die Anzuchtbedingungen so optimal wie möglich zu gestalten, um damit einem Befall der Keimlinge mit Schaderregern vorzubeugen. Das bedeutet, auf Pflanzenhygiene zu achten, um Infektionen, insbesondere mit Viren und vor allem mit Trauermückenlarven, auszuschließen. Optimale Substrate verhindern Staunässe (auch im Herbst und Winter) in den Kulturen. Dieses gelingt recht gut auf Kulturtischen mit Ebbe-Flutbewässerung. Dabei ist weiches (salzarmes) Wasser zu verwenden, um den Kulturen ausreichend Nährstoffe anbieten zu können. Bei der Bewässerungsdüngung sind Konzentrationen von 0,1 % bzw. ein EC-Wert von 1,2 mS/cm bei Jungpflanzen keinesfalls zu übersschreiten. Diese Grundregeln sollten bereits ab dem Jung-

pflanzenstadium aus der In-vitro-Kultur kommende Jungpflanzen beachtet werden. In-vitro-Pflanzen benötigen eine kurzzeitige Abhärtung, um später zügig weiterzuwachsen. Der Erfolg einer In-vitro-Kultur hängt daher von einer möglichst erfolgreichen Überführungsphase ab.

Aussaaten sollten möglichst in einem Substrat aus scharfem Sand und Kocosfasern unter Zusatz von Blähton (2 mm) bei einem pH-Wert von etwa 4,2 bis 6,2 erfolgen. Sollte das Saatgut in Saatkisten ausgebracht werden, so können diese bis zu vierzehn Tage stehen bleiben, bevor sie tiefen Temperatur (unter −2 °C) ausgesetzt werden. Nach dieser Zeit laufen die Keimlinge von einwandfreiem Saatgut bei Temperaturen von 16 bis 18 °C schnell auf. Beschleunigter keimen die Samen, wenn sie nach dem Verfahren von Jelitto mit polarem Gibberellin vorbehandelt wurden.

Besonders wertvoll sind präventive Schutzmaßnahmen durch Steuerung der Wasserkapazität des

Substrates im Keimbeet, die gegen Schädlinge, wie etwa Trauermücken, gerichtet sind. Diese sollte bis zum Auflaufen der Sämlinge bei etwa 120 hPa und danach bei 150 bis 200 hPa liegen. Eine Abtrocknung im Bereich des Wurzelhalses ist durch ein Abdeckung der Substratoberfläche mit Perlite oder Vermiculite zu erreichen. Während mit abnehmender Bodenfeuchte ein Rückgang des Keimprozentes verbunden ist, nimmt mit ansteigender Bodenfeuchte der Anteil umfallender Sämlinge, bedingt durch pathogene Pilze, deutlich zu. Auch die Bodentemperatur hat Einfluss auf den Befall mit Erregern der Umfallkrankheit. Temperaturen unter 12°C begünstigen den Befall der Sämlinge durch *Pythium*-Arten. Eine wirkungsvolle Bekämpfung der Erreger der Umfallkrankheit (*Pythium*-, *Rhizoctonia*- und *Fusarium*-Arten) kann nur durch Bodenentseuchungsmaßnahmen oder Substratdämpfung erreicht werden. Suboptimale Kulturbedingungen führen bei geschwächten Sämlingen, vor allem im Dichtstand und bei intensiver Taubildung in den Morgenstunden, zu einem Befall mit Sekundärbesiedlern, insbesondere mit den häufig gemeinsam vorkommenden Erregern *Alternaria*, *Botrytis* und *Thielaviopsis*.

Überwiegend werden diese Schäden den pilzlichen Schaderregern zugeordnet, obwohl sie meist erst sekundär auftreten.

Primär werden die Schäden durch Befall der Wurzeln durch Larven der Trauermücke bei zu hoher Wasserkapazität der Saat- oder Deckschicht des Substrats (bei Altpflanzen) eingeleitet. Eine Kontrolle der Trauermückenpopulation mit Hilfe von gelben Leimtafeln (blaue Leimtafeln werden zur Bekämpfung/Kontrolle des Kalifornischen Blütenthrips eingesetzt) ist empfehlenswert, um alle tierischen Erreger zu identifizieren und von den Keimlingen und Altpflanzen fern zu halten. Durch wurzelschädigende Nematoden (vornehmlich *Meloidogyne javanica*) bedingte Welkesymptome ab Anfang Juni gehören heute zum Glück der Vergangenheit an.

Klonsorten

Die Begriffe „Verklonen" bzw. „Klonsorten" haben durch das Klonen menschlicher und tierischer Zellen ein negatives Image in der Öffentlichkeit erfahren. Dabei wird kaum bedacht, dass seit Jahrzehnten Klonsorten aus der Landwirtschaft, dem Obst- und Baumschulanbau und dem Gemüse- sowie dem Zierpflanzenbau täglich von Verbrauchern genutzt werden. Die vegetative Vermehrung von Sorten vieler Arten bringt zwar viele Vorteile mit sich, ist aber auch kostenaufwendiger als die Aufzucht von Sämlingen aus Saatgut von Linien- oder Hybridzuchten. Leider sind bisher nur wenige Linienzuchten für Enzianarten bekannt geworden.

Als Klon wird eine Gruppe von Organismen bezeichnet, die durch ungeschlechtliche Vermehrung aus einer oder mehrerer erbgleicher Zellen hervorgegangen ist. Diese sind genetisch identisch. Klonen bedeutet nichts anders als die Erzeugung von erbgleichen Zellen durch mehrfache Teilung der Zellen oder einer Kolonie genetisch einheitlicher Zellen bzw. Geweben aus Stängel- oder Wurzelstücken bevorzugt zu vermehrender Pflanzen. So bemüht man sich, Sorten von verschiedenen Enzianarten sowie von Hybriden aus gelenkten Kreuzungen über die vegetative Vermehrung zu vermehren, wozu bevorzugt die In-vitro-Kultur genutzt wird. In den Anfängen beginnt man in diesem Zusammenhang auch für Enziane das Verfahren der somatischen Embryogenese zu nutzen. Allerdings resultieren hierbei die Erfolge nicht aus der Vervielfältigung erwünschter, bereits vorgeprüfter Klone, sondern man geht von Saatgut der betreffenden Arten aus. Hierbei nutzt man die juvenile Potenz weniger Samen zur Fähigkeit zur Embryogenie aus. Dieses gelingt bisher nicht aus Geweben von gealterten, zu vermehrenden Pflanzen. So gelang es bereits Mikula und Rybcinki (2001, pers. Mittlg. 2002) embryogene Kulturen von *G. cruciata*, *G. kurroo*, *G. lutea* und *G. pannonica* anzulegen.

Verfahren der In-vitro-Vermehrung

Die verschiedenen In-vitro-Techniken (Kallus-, Adventiv- und Axillarknospen- sowie Embryoidkultur) bieten dem Züchter nicht nur Vorteile über neuartige Genmanipulationen, auszulösende Mutagenese oder Selektionen auf engstem Raum, sondern die Möglichkeit einer massenhaften Verklonung, vorausgesetzt, die Kulturen entgleiten nicht der notwendigen Kontrolle. Damit wird der Vermehrungs- und Züchtungsprozess rationalisiert und Produkte realisiert, die auf herkömmlichen Weg nicht erzielbar wären. Mit diesen Techniken werden nicht nur Züchtungszeiträume verkürzt, sondern die genetische Basis erweitert und Selektionsmöglichkeiten auf ein höheres Niveau gehoben. Um dabei gleichzeitig Krankheitserreger, insbesondere Viren auszuschalten, können Vermehrungsschritte mit Wärmebehandlungen der zu vermehrenden Pflanzen kombiniert werden. Dazu werden die ausgelesenen Pflanzen ex- oder in-vitro für eine Zeit von sechs bis acht Wochen bei 36 bis 38 °C kultiviert und die Krankheitserreger in den Explantaten abgetötet.

Als Züchtungsmethoden werden angestrebt
» Erzeugung von haploiden Pflanzen für den Aufbau reinerbiger Linien
» Erstellung von triploiden Klonen aus 1n x 2n oder reziprok
» Herstellung von Protoplasten für somatische Hybridisierungen
» Gentransfer zur Erstellung cytoplasmatische männlicher Sterilitäten
» frühzeitige Selektion von Genotypen auf In-vitro-Basis und deren beschleunigten Massenvermehrung.

Dabei können Individuen mit gewünschten Resistenzeigenschaften, die sich meistens in einem rezessiven Erbgang darstellen, im haploiden oder dihaploiden Stadium selektiert werden. Der Vorteil der Nutzung von Haploiden, die natürlich nur < 0,02 % vorkommen, liegt in dem sofortigen Erkennen der sich ändernden nur einmal vorkommenden Erbanlagen. Bei diploiden Pflanzen können Erbänderungen durch die vorhandene zweite Erbanlage verdeckt sein. Ein weiterer Vorteil der Einbeziehung von haploiden Pflanzen in den Züchtungsprozess ist für die Heterosiszüchtung gegeben, für die man möglichst reinerbige Ausgangspartner aus Inzuchtlinien benötigt.

Für die unter sterilen Bedingungen ablaufende Labortechniken auf der Basis spezifischer Nährmedien mit Makro- und Mikro-Elementen, Kohlenstoff- und Stickstoff-Quellen, Vitaminen, Naturstoffen und Hormonen, werden Explantate (Zellen, Meristeme) von Mutterpflanzen entnommen. Damit wird die Totipotenz und Vermehrbarkeit der Zellen genutzt, um neue Organe zu induzieren und diese auszudifferenzieren. Genutzt werden als Primärexplantate, wie Saatgut aus gelenkten Kreuzungen, Spross- oder Wurzelspitzen, Nodien- oder Blütengewebe (pathologische und histologische Kontroll-Untersuchungen notwendig), aus denen Einzelsprossregenerate, Kallus oder Adventivsprosse erzeugt und letztere dann bewurzelt werden.

Der Weg vom Primär-Explantat über die Spross- und Bewurzelungsphase zur Elite-Pflanze und über die Massenvermehrung bis zur Endverkaufspflanze kann verhängnisvoll werden, wenn die Kontrollen vernachlässigt und der Neubeginn der Etablierung gesunden Ausgangsmaterials verzögert werden. Erschwert wird dieser Weg, wenn die immer wieder auftretende Alterungen der Enziankulturen nicht konsequent unterdrückt werden.

Vermehrungsmethoden

Die Sämlingsaufzucht für Selektionen, Manipulationen und Potenzierungen – dafür erfolgt die Aussaat von Saatgut meistens aus gelenkten Kreuzungen unter sterilen Bedingungen, um die nur wenigen und teilweise schwach wüchsigen Keimlinge zu erhalten und weiter zu potenzieren. Mitunter ist hierbei die Ammenkultur vorteilhaft einzubeziehen. Für die In-vitro-Aussaat werden die Samen mit einer 70-%-tigen Ethanollösung (30 sec) und anschließend mit einer 15 min Oberflächensterilisation Natrium- oder Calciumhypochlorit-Lösung (3,0 %) unter Zusatz von Tween-80 (100 ppm) unterzogen. Der Einsatz von Quecksilberchlorid als Sterilisationslösung (0,1 %) für 10 bis 20 min ist nicht mehr statthaft. Anschließend werden die Samen mehrmals mit destilliertem Wasser gewaschen, bevor sie bevorzugt auf hormonfreiem MS-Medium ausgesät werden. Von Vorteil ist eine 5- bis 24-stündige Vorbehandlung des Saatgutes (je nach Art) mit einer Gibberellin A3-Lösung (< 300 bis 800 ppm, in 3,0 ml 70 %-tigem Ethanol vorlösen, mit Wasser auffüllen). Anschließend wird das Saatgut auf feuchtes Filterpapier ausgebreitet, leicht getrocknet und ausgesät. Andererseits kann die Vernalisation auch mit Hilfe der Einlagerung des Saatgutes für etwa vier Wochen bei − 2 °C erfolgen. Nicht benötigte Saat sollte man bei u n t e r −18 °C einfrieren. Die anschließende Keimung und Aufzucht erfolgte zunächst auf hormonfreien Nährmedien, wie z. B. MS-50 oder MS-100 in einem dunklen Kulturraum (18 °C). Einige Arten (z. B. *G. crassicaulis*) bevorzugen eine Keimung im Hell- (1000 Lx)-Dunkel-Rhythmus von 14/10 h bei 18–20 °C. Die Lichtintensität sollte mit größer werden der Pflänzchen (über 2,0 cm) auf wenigstens 3000 Lux erhöht werden.

Kalluskultur

Kalluskulturen bauen sich aus Zellen auf, die Zellverbände sind jedoch noch nicht ausdifferenziert. Man verwendet am besten MS-Medium mit dreifacher Menge an Vitaminen unter Zusatz von 0,5 ppm 2,4-D, 0,5 ppm, 0,5 ppm NES sowie 0,3 ppm m-BOH. Unter weiterem Einfluss von Cytokininen (Zeatin, Kinetin, m-BOH je 0,3 ppm) ist eine Induktion und Ausbildung von Adventivsprossen zu erreichen, in der Folge sind mit Auxinanaloga

Wurzelanlagen an den Sprossen zu induzieren. Damit in Kalluskulturen keine Mutageneffekte auftreten, sollte die Kallusphase zeitlich möglichst kurz und die Hormonkonzentrationen so niedrig wie möglich gehalten werden. Jomori et al. (1995) zeigten Wege auf, wie effektiv über die Blatt-Kalluskultur eine Protoplastenkultur aufgebaut werden kann. Die Vermehrungsrate der Kalluskultur kann gesteigert werden. Doch besteht bei Unachtsamkeit und vor allem mit einbezogenem Langzeitkallus die Möglichkeit einer genetischen Veränderung infolge Instabilität (somaklonale Variation) innerhalb der Kalluszellen und in der Folge dann in den auszudifferenzierenden Pflanzen. Dieser Effekt ist sinnvoll mit einer Auslese zunutzen.

Sprossspitzenkultur

Sprossspitzen-Kulturen resultieren aus Vervielfältigungen von Sprossen, ausgehend von Meristemen, Sprossspitzen oder Axillarsprossen; sie entstehen aus geteilten Achselsprossen auf entsprechenden Vermehrungsmedien. Diese Vermehrungsmethode ist zwar sicher, jedoch aufgrund der geringen Vermehrungsrate nicht immer effektiv. Die potenzierten Sprosse werden unter Einfluss von Auxinen oder hormonfrei auf gesonderten Nährmedien ex- oder in-vitro bewurzelt.

Adventivsprosse

Adventivsprosse werden an Basiskallus mit Hilfe von Cytokininanaloga (t-Zeatin, Kinetin, Hydroxy-Benzylaminopurine jeweils 0,3 ppm, etc.) induziert. Dazu werden insbesondere Cytokinine als wichtige Phytohormongruppe der Regulation von Wachstum und Entwicklung der Pflanzen meistens in Verbindung mit anderen Hormonen wie Auxinen und/oder Gibberellinen eingesetzt, um Differenzierungen sowie Spross- oder Wurzelwachstum zu ermöglichen (Miller et al. 1955, Miller 1957). Neben spezifischen Konzentrationen der verschiedenen zur Anwendung kommenden Hormone wie Auxine, Cytokinine und Gibberelline spielt das Explantat in Abhängigkeit der Segmentwahl (zunehmend, je weiter apikalwärts entnommen wird), die Zuckerkonzentration (über 2,0%), der pH-Wert, der Tag-/Nachtrhythmus und die Lichtintensität eine entscheidende Rolle. Ein reduziertes Zuckerangebot kann den Befall mit endogenen Bakterien reduzieren. Die In-vitro-Vermehrbarkeit von Enzianen ist stark arten- und klonabhängig. Während die Vermehrung einiger *G.-acaulis*-Klone immer noch problematischer ist als die anderer Enzianarten, verläuft die Vermehrung von Arten wie *G. triflora*, *G. asclepiadea*, *G. sino-ornata*, *G. scabra*, *G. purpurea*, etc. problemlos. Für die Massenvermehrung von Hybriden aus *G. triflora* × *G. scabra*, auch über den Fermenter, haben Yamada et al. (1991), Hosakawa et al. (1996, 1998) entsprechende Kulturvorschläge unterbreitet, welche sich vorteilhaft anwenden lassen. Natürlich müssen die Feinheiten beachtet werden. Dazu gehören klonspezifische Besonderheiten und Probleme, die bei der Überführung in die Erdkultur auftreten, wie etwa die Reduzierung des Zuckergehaltes vor der Überführung, um damit die Photosynthese der Pflanzen entscheidend zu aktivieren (Rybczynski, 2007).

Embryokultur

Embryoide entstehen aus somatischen Zellen. Ihre Vermehrung, die noch nicht bei vielen Enzianarten, jedoch bei *G. cruciata*, *G. kurroo*, *G. lutea*, *G. pannonica* und *G. tibetica* gelungen ist (Mikula und Rybczynski 2001, Rybczynski pers. Mittlg. 2003), wäre die effektivste vegetative Vermehrungsform. Bei dieser Methode wird von Einzelzellen ausgegangen, um mit Induktions- und Multiplikationsmedien notwendige Globulärstadien zu induzieren. In der Regel erfolgt die Vermehrung in Oberflächenkulturen auf Nährböden. Ein Teil der Klone ist jedoch effizient auch als Batch-Kultur in Suspensionslösung vermehrbar. Ein recht schwieriger Schritt ist die gleichmäßige Embryoreifung, d. h. die massenweise Erzeugung keimfähiger Embryonen aus Vermehrungskulturen. In befriedigender Menge werden nur bei einem Teil der Klone reife Embryonen in guter Qualität erzielt. Der Folgeschritt, die Konversion der somatischen Embryonen zu Keimpflanzen, ist kompliziert und mitunter langwierig. Ein kritischer und bei vielen Klonen noch problematischer Prozess ist die Entwicklung von Keimwurzeln. In Übereinstimmung mit der Keimung und Jungpflanzenentwicklung unter natürlichen Bedingungen müssen Dormanzperioden berücksichtigt werden, d. h. ein periodisches Ausreifen der Sprossknospen und Brechung der Knospenruhe durch Kältebehandlung in einem zweistufigen Reifungsprozess scheint angeraten. Reifungsversuche erbrachten, dass nicht bei allen Genotypen zeitlich einheitlich normal entwickelte Embryonen herangezogen werden können. Durch die immer wieder zu beobachtende Unterschiede bei den verschiedenen genotypischen Zelltypen ergeben sich Unterschiede in der Reifungsphase. Von den für die Reifung geeigneten Genotypen stehen derzeit nur wenige normal entwickelte Embryonen für Keimungsversuche zur Verfügung. Von Nachteil ist derzeit noch immer bei vielen Arten, dass die ausgelesenen und züchterisch wertvollen, adulten Pflanzen auf Grund ihres physiologischen Alters für die Etablierung in die Embryoidkultur ungeeignet sind, so dass immer noch von Saatgut/ Sämlingen mit Potenz zur Bildung von embryoiden Zellen ausgegangen werden muss.

Um Versuche zur Induktion von embryogener Masse durchführen zu können, empfiehlt sich von unterschiedlichen Pflanzenteilen auszugehen und unterschiedliche Hormonvarianten in MS-Medium zu testen, zum Beispiel MS-Medium unter Zusatz von 100 mg/l myo-Inositol, 30 g/l Saccharose und 3g/l Gelrite sowie folgende Hormonkombinationen:

» 0,8 mg/l 2,4-D + 0,5 mg/l Zeatin + 0,5 mg/l Kinetin
» 1,0 mg/l 2,4-D + 0,5 mg/l Zeatin + 0,5 mg/l Kinetin

» 1,2 mg/l 2,4-D + 0,5 mg/l Zeatin + 0,5 mg/l Kinetin
» 0,8 mg/l 2,4-D + 1,0 mg/l Zeatin + 1,0 mg/l Kinetin

Je Klon werden Segmente (3–6 mm) aus Blättern oder Internodien von Basis und Sprossspitzen geschnitten und aufgelegt. Die Explantate werden im Dunkeln bei ca. 20 °C kultiviert und öfter kontinuierlich umgesetzt.

Zell- und Protoplastenkultur

Zell- und Protoplastenkulturen dienen der somatischen Verschmelzung bzw. Hybridisierung durch Umgehung des sexuellen Weges. Diese Methode setzt allerdings die Regeneration der verschmolzenen, nackten Zellen und aus diesen die Induktion von Spross- und Wurzelanlagen sowie die anschließende Ausdifferenzierung voraus.
Die wenigen gelungenen Beispiele zeigen derzeit chromosomale und phänotypische Variabilitäten.

Haploidkultur

Die Haploidkultur resultiert aus haploiden männlichen oder weiblichen Geschlechtszellen mit dem Ziel reinerbige Pflanzen für weitere züchterische Schritte zu nutzen. Die Erzeugung der Pflanzen aus weiblichem Gametophytgewebe oder Pollenzellen ist vom physiologischen Zustand der Ausgangspflanze und der Zusammensetzung der zu verwendenden Nährmedien abhängig. Die Nutzung der weiblichen Geschlechtszellen hat den Vorteil, dass nur die selektierte Pflanze berücksichtigt wird.
Bei der Nutzung des genetisch unterschiedlichen Pollens sind variierende Merkmale zu erwarten. Der Chromosomensatz der selektierten haploiden Pflanzen mit gewünschten Merkmalen muss anschließend durch Einsatz von Colchizin verdoppelt werden.

Vor- und Nachteile der In-vitro-Kultur

Den Vorteilen der In-vitro-Techniken, wie hohe kalkulierbare Vermehrungsraten bei geringem Platzvolumen, exakte Einhaltung notwendiger Wachstumsfaktoren, Rejuvenilisierung von gealterten Pflanzen und genetische Manipulationen stehen die Nachteile wie somaklonale Variation bei „entgleister" Kalluskultur, Einengung der genetischen Vielfalt, explosionsartige Vermehrung von Krankheiten bei unsachgemäßer Kontrolle sowie materielle und personelle Aufwendungen gegenüber.

Insbesondere die explosionsartige Vermehrung von Krankheiten bei unsachgemäßer Kontrolle der In-vitro-Kulturen kann zu dramatischen Folgen führen, wie:

» unregelmäßig ausgeprägte, anormal lokal begrenzte Zellbereiche, mit häufig zentral gelegenen z. T. abgestorbenen Zellen neben Normalzellen
» hypertrophierte, voluminöse Riesenzellen, deren Wachstum überschießt, unkoordiniert scheinen und Auslöser für klonal bedingte Disregulationen sein können, so dass das Gewebe ein gestörtes Wachstum zeigt
» große Interzellularräume
» veränderte Kontinuität in der Ausbildung nur unzureichend entwickelter Leitbündel
» Verlust an Turgeszenz, sichtbar an hervortretenden „Verstärkungsleisten" der Epidermis
» die Epidermis löst sich vom Mesophyll ab, der Glanz auf den Blättern vermindert sich
» Schließzellen inmitten lebender Epidermis gehen zugrunde, es können Nekrosen auftreten
» Veränderung des Protoplasmas
» Entstehung von Nekrosen nach Veränderung von Zellen und Organellen, Auflösen von Biomembranen und Lysis des Zellinhaltes, Vermischung des Inhaltes von Vakuolen mit dem Plasma

» Schrumpfung einzelner Zellen im Gewebeverband in Verbindung mit Auflösung von Zellmembranen.

Eine ausführlichere Bearbeitung der In-vitro-Kultur findet der geniegte Leser im Internet auf der Homepage der Gesellschaft der Staudenfreunde unter:
www.gds-staudenfreunde.de/artikel.html?id=314

Schadfaktoren und Pflanzenschutz

Krankheiten bei Enzianen, bedingt durch bakterielle und/oder pilzliche Schaderreger, mitunter auch in Verbindung mit dem Auftreten von Insekten treten vor allem dann auf, wenn die Pflanzen nicht optimal kultiviert werden. Enziane benötigen entsprechend ihrer natürlichen Bedingungen überwiegend gemäßigte Temperaturen, eine hohe Luftfeuchte – insbesondere bei hoher Sonneneinstrahlung – sowie gut durchlässige und ausreichend mit Feuchtigkeit und Luft versorgte Substrate (je nach Art humose Substrate auf Silikat- oder Kalkmergel-Basis bei pH-Werten zwischen 4,2 bis 6,8). Obgleich Enziane niedere Temperaturen vertragen, sind sie vor starker Sonneneinstrahlung und Wind zu schützen sowie an der Stängelbasis relativ trocken zu kultivieren, damit keine Stängelfäulnis auftritt.

Gärtnerische Einziankulturen können unter diesen Klimabedingungen zusätzlich durch wiederholte Impulsbefeuchtung über der Biomasse annähernd im Optimum gehalten werden. Dies ist für *G. triflora* var. *japonica* belegt. Der Schnittenzian konnte selbst an Standorten in Chile (Osorno und Chillan) oder in Südafrika (Vereeniging, > 1.700 m) ab Dezember nach 145 Kulturtagen zur Blüte gebracht werden. Bei optimaler Kultur gelingt ein zweimaliger Schnitt im Jahr.

Enziane gehören zu den Kulturen, die mit viel Fingerspitzengefühl kultiviert werden müssen. Als

Extreme Sonneneinstrahlung sowie damit im Zusammenhang stehende hohe Ozon- und Temperaturwerte werden selbst von im Moor etablierten und feucht kultivierten Enzianen, wie z. B. *Gentiana triflora* var. *japonica* nur unzureichend vertragen. Temperaturen > 35 °C führen bereits zu Schadsymptomen, obgleich die Pflanzen ausreichend über das Substrat mit Wasser versorgt waren.

Grundregel gilt es, die Standortverhältnisse des natürlichen Standorts nachzuahmen. Das bedeutet für die Kulturpraxis ein geeignetes, gut dräniertes und mäßig feuchtes bis feuchtes Substrat zu verwenden, die Temperaturen bei 18 bis 22 °C zu halten und die relative Luftfeuchte über 80 % einzustellen. Unter diesen Bedingungen bringt eine Teil- oder Vollbesonnung keine Probleme, auch die gewünschte, intensive Blütenausfärbung wird dann besonders intensiv.

Trotz Beachtung der o.g. Faktoren sind immer wieder Bakterienfäulen und Schädigungen durch pilzliche Schaderreger wie *Alternaria* sp., *Botrytis cinerea*, *Colletotrichum* sp., *Cronartium asclepiadeum*, *Fusarium* sp., *Massaria umbrosa*, *Microspaerella gentianae*, *Mycospaerella deschmannii*, *Puccinia gentianae*, *Sclerotina* sp., *Rhizoctonia cinerea*, *Rhizoctonia solani*, *Pyrenopezzia compressula*, *Pythium de-*

barianum und/oder *Thielaviopsis* sp. zu beobachten. Häufig sind Befallsherde mit Viren von Enzianrost, verursacht durch *Puccinia gentianae*, befallen und von *Botrytis cinerea* zu beobachten. Seltener sind Blattfleckenkrankheiten, verursacht durch *Septoria* sp., zu beobachten.

An tierischen Schaderregern treten bei Enzianen vor allem Blattälchen, Milben, Raupen, Rüsselkäfer, Schnecken, Schnakenlarven, Thripse, Trauermücken und Weiße Fliege auf.

Langanhaltende, nasskalte Witterung, niedere Temperaturen und verminderte Einstrahlung verursachen bei Enzianen Aufhellungen sowie Verkorkungen an den Blättern. Mitunter werden die Erscheinungen mit Virussymptomen verwechselt. Mikroskopisch sind jedoch an den Pflanzengeweben Deformationen, Geweberisse und Chlorophyllabbau an den Sämlingen zu erkennen, sodass nicht sofort an Pflanzenschutzmaßnahmen gedacht werden muss.

VIREN

Bei optimal geführten Enziankulturen wird als häufige Schadursache immer wieder ein Absterben der Triebe in Zusammenhang mit einer mosaikartigen und hellgrünen Verfärbung der Blätter beobachtet. Die Ursachen dafür kann ein Befall durch Viren oder Mycoplasmen sein. Insbesondere das *Broad bean wilt virus* (BBWV II/Ackerbohnenwelkevirus – asiatischer Stamm) sowie andere Virusrassen z.B. *Clover yellow vein virus* (CYVV), *Cucumber mosaic virus* (CMV) sowie *Rhabdovirus*, speziell bei *G. asclepiadea* (Thaler und Galhofer 1996), können in Verbindung mit pilzlichen Schaderregern eine Ursache sein. Auch das *Tomato spotted virus* (TSV) wurde vereinzelt bei Enzianen gefunden.

Verschiedene saugende Insekten, insbesondere der Kalifornische Blütenthrips, können Überträger der Viren sein. Eine mechanische Übertragung ist ebenfalls möglich. Es ist jedoch derzeit noch nicht geklärt, ob der Virusbefall die primäre Ursache für das Triebsterben ist oder ob die Pflanzen erst nach einer Schwächung durch Kulturfehler bevorzugt von pathogenen Mikroorganismen befallen werden. Derartige, nicht zu rettende Pflanzen sind grundsätzlich zu vernichten! Wertvolle Klone können ggf. über die Wärmetherapie (38°C für sechs Wochen) virusfrei gemacht und über die In-vitro-Kultur erneut aufgebaut werden.

Für den Rhabdovirus und den Ackerbohnenwelkevirus sind noch keine ImmunoStrips™ zur schnellen Diagnostik von Agdia Elkhart (Indiana, USA) entwickelt worden. Diese existieren jedoch gegenüber den Pathogenen *Calibrachoa mosaic virus* (CBMV), *Clavibacter michiganensis* pv. *michiganensis* (CMM), *cucumber mosaic virus* (CMV), *Pepino mosaic virus* (PepMV), *Ralstonia solanacarum* (RS), *Squash mosaic virus* (SqMV), *Tobacco mosaic virus* (TMV), *tomato spotted wilt virus* and *Impatiens necrotic spot virus* (TSWW/INSV), *Zanthomonas campestris* pv. *pelargonii* (XCP) und *Zucchini yellow mosaic virus* (ZYMV).

Einen Virusbefall erkennt man grundsätzlich an Blattaufhellungen, chlorotische und nekrotische Blattflecken, die z. T. eingesunken sein können. Der Befall mit *Botrytis* sp. und *Alternaria* sp. ist häufig erst die Folge eines Virusbefalls sowie vieler Einstiche durch Milben oder Thripse zur Zeit der Getreidereife. Chemische Bekämpfungsmaßnahmen gegenüber Thripse können mit zugelassenen Pflanzenschutzmitteln vorgenommen werden. Dabei sollten die Temperaturen mindestens 12°C betragen. Grundsätzlich muss geklärt werden, ob ein Virusbefall vorliegt oder ob eine ausschließliche *Botrytis-Alternaria*-Infektion die Ursache für die Absterberscheinungen der Pflanzen ist. Oberirdische Pflanzenteile sind so trocken wie möglich zu halten und auf keinen Fall sollten die Pflanzen feucht in die Abendstunden gehen. Bevor Fungizide eingesetzt werden, sollten die Oberflächen der Gefäße/Töpfe/Beete trockener gehalten werden, ggf. kann man diese mit gehäckselten Cocoschalen-/fasern abstreuen.

Eine Übertragung von Viren kann durch Milben oder Thripse (*Frankliniella occidentalis*, *Thrips tabaci*) und auch mechanisch bei der Kulturarbeit (Arbeitsgeräte) erfolgen. Viren wie das Tabakmosaikvirus *(Tobacco mosaic virus)*, das vereinzelt in Enziankulturen beobachtet wurde, können bis zu einem Jahr im Boden oder Kompost infektiös bleiben. Die Viren können dann mit dem Substrat oder auch Pflanzenresten übertragen werden. Eine Infektion kann auch über den Stecklingsschnitt oder durch Kulturarbeiten erfolgen. Eine Samenübertragbarkeit ist bisher nicht sicher nachgewiesen.

Infizierte Pflanzen sollte man im zuständigen Pflanzenschutzamt oder BBA (38104 Braunschweig, Messeweg 11–12) untersuchen lassen und konsequent aus dem Bestand entfernen. Außerdem sind unbedingt Maßnahmen zur Ausbreitung der Viren einzuleiten. Dazu gehören:

» regelmäßige Kontrolle der Jung- und Mutterpflanzenbestände
» intensive Bekämpfung der Überträger
» Vernichtung von Unkräutern unter den Tischen
» Desinfektion aller Schnittwerkzeuge
» Vernichtung aller befallenen Pflanzen
» optimale Kulturführung unter Beachtung der Ansprüche der Arten, insbesondere was die Temperatur sowie die Luft- und Wasserführung und den Salzgehalt des Substrats anbelangt.

Virizide zur direkten Bekämpfung von Viren stehen derzeit noch nicht zur Verfügung und angepriesene „Pflanzenstärkungsmittel" wirkten in verschiedenen Versuchsanstellungen keinesfalls überzeugend, einige von ihnen helfen lediglich den Vertreibern!

BAKTERIEN

Jungpflanzenfirmen garantieren durch entsprechende Untersuchungen die Freiheit der Jungpflanzen von bakteriellen Welkerkrankungen. Dennoch kann nicht ausgeschlossen werden, dass einige Bakterien in den vertriebenen Jungpflanzen nicht erkannt werden. Das bedeutet für die Enziankultur eine größtmögliche Hygiene bei der Zwischenvermehrung zu garantieren.

Bakterienerkrankungen sind meist durch schwärzliche Flecken an Blatträndern mit ölig durchscheinendem Rand zu erkennen. Meistens handelt es sich um Infektionen mit Pseudomonaden. Als vorbeugende Maßnahme gilt auch hier, für einen trockenen Wurzelhals zu sorgen und die Pflanzen keinesfalls feucht in die Nacht gehen zu lassen.

Häufig treten Bakteriosen in Betrieben auf, in denen Mischkulturen als potentielle Wirtspflanzen angebaut werden, dieses können Tomaten, Cyclamen, Fuchsien, Petunien u. a. sein. Häufig sind die Pflanzen bereits latent (und unbekannt) infiziert und Symptome treten erst bei wärmeren Temperaturen in den Kulturen auf. Für die weitere vegetative Vermehrung selektierter, aber bakteriell verseuchter Pflanzen, können über In-vitro-Kultur mit relativ hohem Aufwand „gesäubert" werden. Hier empfiehlt sich vor Entnahme der Explantate verseuchter, aber zu erhaltender Mutterpflanzen die tropfnasse Verabreichung einer Mischung des Kationics Physan-C4 (0,25 %) in Verbindung mit Wasserstoffsuperoxid-30 (0,10 %). Diese Kombination eignet sich in erhöhter Konzentration ähnlich wie Per-Essigsäure zur Reinigung stark verseuchter, leerer Stellflächen.

PILZLICHE SCHADERREGER

Gefäßerkrankungen, bedingt durch die so genannten Erreger der Stängelgrundfäule, Triebfäule oder Triebbruchkrankheit werden durch die pilzlichen Schaderreger *Alternaria*, *Cercosporella*, *Fusarium*, *Pythium*, *Phytophthora*, *Rhizoctonia* und *Thielaviopsis* verursacht. Zusätzlich sind in Enzian- und Swertienkulturen auch Erreger wie *Asteroma gentianae*, *Asteromella* sp., *Botrytis cinerea* f. *gentianae*,

Cladotrichum fuscum, Cronatium asclepiadeum, Hepteropatella lacera, Phyllachora gentianae, Phyllosticta gentianicola, Mycospaerella deschmannii, Puccinia gentianae, Puccinia swertiae, Ramularia evanida, Septoria sp. sowie *Venturia* sp. zu finden.

Alternaria sp.

Dieser pilzliche Erreger tritt sehr häufig gemeinsam mit *Botrytis* unter feuchten und kühlen Kulturbedingungen auf. Eine hohe Luftfeuchtigkeit ist ebenfalls ein wesentlicher Auslöser des Pflanzenbefalles. Es ist darauf zu achten, dass die oberirdischen Pflanzenteile trocken gehalten werden. Sollten dennoch die kulturtechnischen Maßnahmen zu keiner Eindämmung der Erreger führen, so sind zugelassene Fungizide einzusetzen.

Enzian-Grauschimmel
(*Botrytis cinerea* f. *gentianae*)

Der Enzian-Grauschimmel befällt in der Regel die dem Substrat aufliegender Blätter und den Stängelgrund. Die Bestände sind sorgfältig zu kontrollieren und Altblätter und Stiele im Herbst nach der Blüte zu entfernen. Befallene Pflanzen sollten mit geeigneten Fungiziden im Spritzverfahren behandelt werden. *Botrytis* tritt häufig in Verbindung mit *Alternaria* und *Rhizoctonia* auf. Mitunter ist ein verstärkter Befallsdruck mit den ersten aufkommenden Thripsen zu beobachten. Thripse können Saugschäden verursachen und treten als Überträger verschiedener Virosen auf und öffnen somit die Befallsstellen für *Botrytis cinerea* f. *gentianae*. Die Kulturbedingungen sollten überprüft und der Salz- insbesondere der Stickstoffgehalt in den Kulturen reduziert werden.

Echter Mehltau (*Erisyphaceae*)

In Abhängigkeit von der Witterung und der Kulturmethode kann bei einigen Enzianarten das Auftreten von Echtem Mehltau beobachtet werden. Anfällig gegenüber dem Echten Mehltau sind vor allem Selektionen von *G. scabra* und *G. paradoxa*.

Das typische Schadbild ist ein grauer Sporenbelag auf der Blattoberseite, bei starkem Befall auch auf der Unterseite sowie die scharf begrenzten violetten Flecken auf der Oberseite. Meistens sterben die befallenen Pflanzenteile ab, zuvor sind drastische Wachstumsminderungen in Kauf zu nehmen. Zur Bekämpfung eignen sich zugelassene Fungizide im Spritzverfahren. Um einen ausreichenden Bekämpfungserfolg zu erzielen, müssen die Temperaturen für etwa 12 Stunden vor und nach der Anwendung auf wenigstens 14 °C angehoben werden. Anfällige Arten und Sorten sollten rechtzeitig, aber vorsichtig, mit Kalium gedüngt werden.

Falscher Mehltau (*Peronosporaceae*)

Besonders bei Gewächshaus- oder Folienhausbedingungen tritt der Falsche Mehltau bei Enzianen auf und verursacht auf den Blättern chlorotische Flecken. Besonders bei hoher Luftfeuchte bildet sich unter den Blättern ein gräulicher Pilzrasen. Meist handelt es sich um eine Infektion aus dem Herbst, die im Frühjahr dann erneut aufflammt. Bei entsprechend hoher Luftfeuchtigkeit kann sich der Schadpilz schnell ausbreiten, deshalb ist unbedingt von unten zu wässern, für eine gute Durchlüftung zu sorgen und die Luftfeuchte etwas zu reduzieren. Die Temperatur sollte am Tage nicht über 18 °C ansteigen, günstig sind bei Gewächshauskulturen eine ausreichende Lüftung sowie ein negativer Diff von 17/14 °C. Die Bestände sollten morgens gegossen werden und dürfen nicht feucht in die Nacht gehen.

Die chemische Bekämpfung mit Fungiziden ist im Spritzverfahren ist nur bei gleichzeitiger Einhaltung optimaler Kulturbedingungen erfolgreich. Auch prophylaktische Behandlungen sind möglich. Zur ausreichenden Wirkung muss besonders bei systemisch wirkenden Produkten die Temperatur auf 16 °C erhöht werden.

Fusarium sp.

Fusarien (*F. avenaceum, F. oxysporum* und *F. culmo-*

rum) gehören zu den Schwächeparasiten und greifen die Stängelbasis der Enziane häufig gemeinsam mit *Botrytis cinerea, Phytophthora* sp. und *Cylindrocarpon radicola* an. Die Arten lassen sich nur an der Form der Sporen unterscheiden. Mitunter ist ein feines, schwach weiß-rosa gefärbtes Mycelgeflecht an der Stängelbasis bei unter pH 5,6 kultivierten Enzianen zu erkennen. Explosionsartig können die Pilze mit zunehmender Temperatur und hoher Luftfeuchte die Triebe geschwächter Pflanzen befallen, deren Leitbahnen verstopfen und die Lamellen der Zellen enzymatisch abbauen. Fungizide sind kaum wirkungsvoll, deshalb sind die Kulturoptima der Arten anzustreben sowie auf äußerste Hygiene bei der Kultur zu achten. Bei anfälligen Arten, wie z. B. *G. scabra* konnten resistentere Sorten beobachtet werden (Klone der Fa. Bock und Liebig, pers. Mittlg. Richter 2006). Eigene Prüfungen ergaben, dass insbesondere polyploidisierte Klone des *G. scabra* eine höhere Widerstandsfähigkeit aufwiesen, frostresistenter und widerstandsfähiger gegenüber Fusarium- und Trauermückenbefall reagierten (Sorte: 150001COA/B/E) als die zum Vergleich herangezogenen diploiden Kontrollpflanzen.

Enzianrost *(Puccinia gentianae)*

Der Enzianrost ist nur schwer mit Fungiziden zu bekämpfen. Zu erkennen ist er an den dunkelbraunen, punktförmigen Pusteln auf der Blattoberseite mitunter auch Blattunterseite. Die Gewebeteile sterben durch die Saugtätigkeit des Pilzes ab und sollten verbrannt werden. Im Abstand von 14 Tagen sollten mehrmals zugelassene Fungizide ausgebracht werden.

Wurzel- und Stängelgrundfäule *(Pythium* sp.)

Häufig werden bei Enzianen Wurzel- und Stängelgrundfäulen beobachtet. Diese sind meist die Folge unzureichender oder falscher Kulturführung, insbesondere unzureichender Luftführung in vernässten Substraten. Als Erreger der Stän-

gel- und auch der Wurzelfäule treten *Alternaria, Botrytis, Colletotrichum, Fusarium, Rhizoctonia, Thielaviopsis* und *Pythium* sowohl einzeln, meistens jedoch in Kombination sowie mit Larven der Trauermücke auf. Vor allem in vernässten und wenig durchlüfteten Substraten tritt dann die Wurzelfäule auf. Gießwasser mit einem hohen Salzgehalt (EC über 1,6 mS/cm) erhöht die Anfälligkeit der Pflanzen gegenüber *Pythium* und *Rhizoctonia* besonders. Die Ausbreitung von *Rhizoctonia* wird außer durch eine Substratvernässung auch durch hohe Temperaturen begünstigt. Befallene Pflanzen sollten schnellstens aus dem Bestand entfernt werden. Gegen *Pythium* sind im Gewächshaus verschiedene Fungizide zugelassen.

Stängelgrundfäule
Phytophthora sp.

Stängelgrundfäule wird meistens durch *Phytophthora* begünstigt. Besonders anfällig sind *G. scabra-* und Sorten von *G. dahurica*. Die Kulturen sollten nicht zu feucht gehalten werden und das Substrat gut durchlässig sein. Besonders bei sonnigem Wetter wird der Befall sichtbar, da die Pflanzen durch geschädigte Leitbahnen ihren erhöhten Wasserbedarf nur unzureichend decken können, der durch die vermehrte Transpiration und zunehmende Stoffwechselaktivität erforderlich wird. Unzureichend durchlüftetes Substrat, übermäßige und hohe Stickstoffgaben, unzureichende Luftbewegung sowie hohe Luftfeuchte im Bestand fördern den Befall mit den Erregern. Neben einer geringen, ausgeglichenen Düngung und optimalen Kulturführung sind gegen *Phytophthora* einige Fungizide zugelassen.

Rhizoctonia sp.

In Kombination mit *Botrytis* schädigt bei feuchter und kühler Witterung besonders *Rhizoctonia* die austreibenden Jungtriebe und verursacht eine Stängelhalsgrundfäule. Im Gewächshaus kann mangelnde Luftumwälzung und hohe Luftfeuchte bei

Typisches Schadbild für die Stängelgrundfäule (1), welche auch als Triebfäule oder Triebbruchkrankheit bezeichnet wird. Die Krankheit kann durch verschiedene pilzliche Schaderreger verursacht werden (2). Im Vergleich dazu von Thrips befallene Triebe (3).

zu tief getopften Jungpflanzen und eine übermäßig hohe Stickstoffdüngung den Befall der Pflanzen fördern. Dieser Erreger kann bei der Stecklingsvermehrung mit übertragen werden. Die Ausbreitung erfolgt über das Mycel schnell über den gesamten Bestand. Dieser wird dann bevorzugt auch noch von Trauermückenlarven befallen. Die Jungpflanzen sollten sofort nach dem Topfen mit zugelassenen Fungiziden behandelt werden, die Spritzbrühe muss unbedingt den Wurzelhals benetzen.

Thielaviopsis sp.

Kann an Jungpflanzen zu Totalausfällen durch Stängelgrundfäule bei vernässten, versalzten, zu dunkel kultivierten und zu tief getopften Kulturen führen. Kulturbedingungen optimal gestalten und die Pflanzen nicht zu feucht halten, vor allem nicht zu feucht in den Winter gehen lassen. Der Befallsdruck kann durch eine Gießbehandlung mit zugelassenen Fungiziden gemindert werden. Die Schäden sind am Stängelgrund sowie an den Wurzeln an den schwarzen bis braunen Läsionen zu erkennen. Überwiegend tritt der Schaden bei Kultur in suboptimalen Substraten, insbesondere vernässtem Schwarztorf und bei zu hohen pH-Werten und Salzgehalten auf. Angebotene *Trichoderma*-Präparate waren gegen die Wurzelpilze unwirksam.

Blattfleckenkrankheit (*Septoria* sp.)

Die Blattfleckenkrankheit ist an den zahlreich auftretenden bräunlich bis gelben Flecken auf den Blättern zu erkennen. Der Erreger ist mit Fungiziden auf Kupferbasis zu bekämpfen.

Tierische Schädlinge

Schädlingsbefallskontrollen sollten durch farbige Insektenleimtafeln in den Kulturen kontinuierlich vorgenommen werden, da Enziane von unterschiedlichen tierischen Schadorganismen befallen werden. Insbesondere bei erhöhter Anfälligkeit der Pflanzen sowie suboptimalen Kulturbedingungen und höheren Temperaturen verkürzt sich der Entwicklungszyklus vieler Schädlinge. Farbige Leimtafeln sollten im Pflanzenbestand in Pflanzenhöhe und an markanten Punkten im Gewächshaus aufgestellt werden. Für Thripse empfiehlt sich blaue und für Minierfliegen, Trauermücken und Weiße Fliege gelbe Tafeln aufzuhängen.

Blattläuse *(Aphis* sp.)

Milde Temperaturen und geschwächte Kulturen führen zumeist sehr schnell zu einer stärkeren Ausbreitung von Blattläusen. Besonders die Gefleckte Kartoffellaus *(Aulacorthum solani)* und die Amerikanische Rosenblattlaus *(Rhodobium porosum)* bereiten an geschwächten Pflanzen Probleme. Bei Blattlausbefall kommt es aufgrund der Saugaktivität der Läuse zu gelben Punkten auf den Blättern und später zu starken Blatt- und Triebdeformationen. Blattläuse sitzen im Gegensatz zu den Wurzelläusen an den Blütenstängeln der Pflanzen. Wurzelläuse besiedeln den Übergang vom Wurzelhals zu den Stängeln und sitzen meist unter der Erdoberfläche. In erster Linie sollte an eine biologische Bekämpfung mit Nützlingen gedacht werden. Dazu stehen Schlupfwespen, wie *Aphidius colemani*, *Aphidius ervi*, die räuberische Gallmücke *(Aphidoletes aphidimyza)* sowie die Florfliege *(Chrysoperla carnea)* zur Verfügung. Sollten keine Erfolge mit diesen Insekten erzielt werden, dann stehen verschiedenen Insektizide zur Verfügung.

Blattwanzen *(Heteroptera* sp.)

Schäden durch Blattwanzen konnten bei Enzianen bisher nur in vereinzelten Fällen beobachtet werden. Die Tiere schädigen die jüngsten Stängel und Blätter durch ihre Saugtätigkeit, die zu deren Verkrüppelung führt. Die Bekämpfung der kältestarren Wanzen sollte in den frühen Morgenstunden mit zugelassenen Präparaten erfolgen.

Minierfliegen *(Liriomyza* sp., *Phytomyza atricornis)*

Minierfliegen können in der Regel gut mit Schlupfwespen *(Dacnusa sibirica, Diglyphus isea)* bekämpft werden. In den Blättern befinden sich kleine runde „Bohrgrübchen" und feine Miniergänge unter der Kutikula. Außerdem sind an den Gelbtafeln die kleinen schwarzen Fliegen erkennbar. An dem gelben Punkt auf dem Rückenschild sind die *Liriomyza*-Arten zu erkennen. Die Verpuppung dieser Art findet im Gegensatz zur *Phytomyza*-Arten (kein gelber Punkt, Verpuppung im Blatt) außerhalb des Blattes statt. Sollten keine Schlupfwespen eingesetzt werden, so können gegen Minierfliegen Insektizide und NeemAzal T/S (10 g/l) eingesetzt werden; die Behandlungen sind wöchentlich zu wiederholen.

Schnecken und Raupen

In Abhängigkeit der Witterung treten durch Schnecken und Raupen schnell Fraßschädigungen an den jungen Trieben auf. Bevorzugt werden Jungpflanzen, jedoch auch Altpflanzen von Arten wie G. cruciata, G. gracilipes, G. kurroo u. a. befallen. Ein hoher Befallsdruck entsteht in Kulturen unter Vlies und Folien. Für die Bekämpfung stehen verschiedene Schneckenkornpräparate zur Verfügung, die alle geeignet sind. Eine Bekämpfung sollte in den Morgen- oder Abendstunden erfolgen. Auch synthetische Pyrethroide sind für eine Bekämpfung geeignet. Neuerdings kann auch auf *Bacillus thuringiensis* (Bactospeine XL) zurückgegriffen werden.

Trauermücken *(Sciaridae)*

Trauermücken gehören in der Familie der Zweiflügler (Diptera) zu den Mücken (Nematocera).

Häufig sind die Arten *Bradysia difformis, Bradysia tilicola* sowie *Lycoria* sp. in torfhaltigen, feuchten Substraten zu beobachten. Die Larven können abgestorbene Wurzeln sowie Wurzeln von Pflanzen und insbesondere von gerade überführten Jungpflanzen aus der In-vitro-Kultur extrem schädigen, weshalb prophylaktisch Raubmilben und *Bacillus-thuringiensis*-Präparate oder Nematoden im zeitlichen Vorlauf einzusetzen sind. Insbesondere sollte *Steinernema feltiae* in Verbindung mit Raubmilben wie *Hypoaspis miles* oder *Hypoaspis aculeifer* frühzeitig in den Jungpflanzenkulturen eingesetzt werden. Ebenfalls erfolgreich sind verschiedene Insektizide.

Neuerdings wird auch von wurzelschädigenden Larven einiger Motten *(Aethes aurofasciana, Eupithecia satyrata, Stenoptilia* sp., *Ocnogyna parasita)* und Schmetterlingen, wie *Gynnidomorpha permixtana* sowie *Maculinea alcon* (bei *Gentianella pneumonanthe)* berichtet.

Enziane werden durch die Verwendung torfhaltiger Substrate in der Regel zu feucht kultiviert und deshalb von Pilzen der Stängelgrundfäule befallen. Die Mycelien dieser Erreger haben eine hohe Attraktion für Trauermücken, deshalb sollten die Kulturen nicht zu feucht kultiviert werden und die Bodentemperaturen über 14 °C liegen, damit Nematoden wie *Steinernema feltiae* aktiv bleiben können, außerdem sind grundsätzlich beleimte Lockfallen direkt über dem Pflanzenbestand anzubringen.

Thripse *(Thysanoptera* sp.)

Blasenfüßen (Thripse) treten erfahrungsgemäß ab Mitte Februar mit zunehmend besseren Lichtverhältnissen und höheren Temperaturen besonders unter Folien- und Gewächshausbedingungen auf. Zur Diagnose sollten Blautafeln genutzt werden, um schon den ersten den Befall sofort zu erkennen. Typische Schadbilder sind Sprenkelungen an Blättern und Blüten, bedingt durch die Saugtätigkeit der Insekten. Gute Bekämpfungserfolge konnten mit *Amblyseius*-Raubmilben gegen den Kalifornischen Blütenthrips erreicht werden. Außerdem stehen etliche wirksame Präparate zur wiederholenden Thripsbekämpfung zur Verfügung.

Weiße Fliege *(Trialeurodes vaporariorum)*

Die Weiße Fliege ist trotz des Einsatzes verschiedener Wirkstoffe chemisch kaum noch befriedigend zu bekämpfen. Deshalb sollte der biologischen Bekämpfung der Vorrang vor der chemischen Behandlung eingeräumt werden. Bereits ab Ende Februar ist neben den aufzuhängenden Gelbtafeln der Einsatz von *Encarsia*-Schlupfwespen angeraten. Die Weiße Fliege ist zudem mit dem Extrakt des Neembaumes zu bekämpfen, erschwerend wirken sich allerdings die notwendigen wöchentlich Wiederholungen. Für die Bekämpfung im Gewächshaus sind noch einige Insektizide einsetzbar. Bei mangelnder Wirkung sollte das Verfahren geändert werden, um eine bessere Unterblattbenetzung zu erzielen. Die Weiße Fliege ist ein wichtiger Überträger von Viren!

Spinnmilben *(Tetranchidae)*
Weichhautmilben *(Tarsonidae)*

In der Regel spielen Weichhautmilben bei den Enzianen keine Rolle, dennoch konnten diese vereinzelt in Kulturen beobachtet werden. Sie gelangen manchmal über nicht gut geführte In-vitro-Kulturen in die Bestände sowie wenn Enziane in Gegenwart von *Agyrantemum, Cyclamen, Impatiens* oder *Pelargonien* kultiviert werden.

Besonders bei niedriger Luftfeuchte treten Spinnmilben auf. Deshalb ist für kühleres Mikroklima und eine höhere Luftfeuchtigkeit zu sorgen. Zur Bekämpfung von Weichhautmilben sollten Temperatur und Luftfeuchte gesenkt werden. Daher ist zuvor eine zuverlässige Bestimmung der Arten angeraten, da Weichhautmilben erhebliche Wachstumsdepressionen verursachen können. Eine Behandlung ist mit zugelassenen Acariziden möglich.

Die schnell alternden und abbauenden *Gentiana scabra* reagieren auf Behandlungen mit Pflanzenschutzmitteln empfindlich mit Wachstumshemmungen (links), insbesondere auf den Chinon enthaltenen Moosvernichter Mogeton (Quinoclamin) sowie auf Eisen-II-Sulfat-haltige Präparate (rechts). Die behandelten Sorten werden bei der Ausprägung und Weiterentwicklung der Blütenknospen stark beeinträchtigt, die Pflanzen beschleunigt gealtert und erheblich in ihrer Qualität gemindert.

Schädlinge in der In-vitro-Kultur

Es sollte der Vergangenheit angehören, dass tierische Schädlinge über die In-vitro-Kultur ins Gewächshaus gelangen. Trotz Sauberkeit in den Laboren passiert es immer wieder, dass tierische Erreger wie Thripse und Milben aus dem Labor in die Häuser mit den In-vitro-Gefäßen eingeschleppt werden, weshalb stete Kontrollen angeraten sind. Wenn ein Befall im Labor festgestellt wurde, ist es nur schwer, die Kulturen wieder sauber zu bekommen. Pflanzenschutzmaßnahmen im Labor sind mit den zuständigen Pflanzenschutzämtern abzusprechen, wenn Becher, Geräte, Regale und Böden behandelt werden. Um Milben in In-vitro-Kulturen zu bekämpfen versuchte man mit verschiedenen Methoden (Behandlung mit warmem Wasser) und Präparaten (wässriges, besser jedoch äthanolisches Propolis, Extrakte von Tripterpenoiden des Nem- und Tee-Baumes, Benzoylbenzoat, Methoxyolefin) entsprechende Wirkungen zu erzielen. Kürzlich wurde über einen neu aufgetretenen, pollenfressenden Käfer (Black Blister Beetle, *Epicauta pensylvanica*) berichtet, welcher *G. puberulenta* und *G. saponaria* besiedelte.

UNVERTRÄGLICHKEIT MIT PFLANZENSCHUTZMITTELN

Da Enziane je nach Entwicklungsstadium und Kulturbedingungen empfindlich auf Pflanzenschutzmittel reagieren, sollten diese grundsätzlich in geringeren Konzentrationen als in den Zulassungen angegeben, eingesetzt und bei neuartigen Wirkstoffen zuvor ausprobiert werden.

Anwendung von chemischen Produkten im Gieß- oder Spritzverfahren sowie Kombinationen mit Wuchshemmstoffen und Nährstoffen führen schnell zu deformierten Blättern, Blattverbrennungen, Blattverkrümmungen, Blattmustern oder Blattflecken und damit zu verminderten Qualitäten oder sogar unbrauchbaren Kulturen. Besonders bei warmer Witterung und reduzierter Luftfeuchte sowie intensiver Einstrahlung werden die Symptome schnell sichtbar. Pflanzenschäden im Wurzelbereich können in der Praxis bei der Anwendung von chemischen Produkten im Gießverfahren auftreten, wenn bestimmte Rahmenbedingungen nicht erfüllt wurden. Damit die jeweiligen Substanzen schnell vom Topfballen aus in das Pflanzengewebe transportiert werden können, ist eine hohe physiologische Aktivität der Pflanze wichtig. Um dies zu erreichen, muss einerseits die Substrat- und Lufttemperatur ausreichend hoch sein (mindestens 16 °C) und andererseits eine optimale Transpiration der Pflanze gegeben sein. Die Luftfeuchtigkeit im Gewächshaus sollte für diese Bedingungen daher nicht über 80 % liegen. Neben einer ausreichenden Aufwandmenge ist selbstver-

ständlich auch für eine gute Turgeszenz und eine entsprechende Schattierung des Pflanzenbestandes zum Ausbringungszeitpunkt zu sorgen.

Häufig kommen Verwechselungen und Falschansprachen der Schadursachen vor. Eine exakte Ansprache der Symptome ist deshalb dringend notwendig, um nicht mit falschen Behandlungsmaßnahmen zusätzliche Kulturbeeinträchtigungen auszulösen.

Pflanzenschutzberatung

Mit Krankheitserregern infizierte oder von Schädlingen befallene Pflanzen sollten beim zuständigen Pflanzenschutzamt oder der Biologischen Bundesanstalt eingereicht werden, um die genaue Ursache der Schädigung zu identifizieren und dann gezielte Gegenmaßnahmen einleiten.

Amtliche Pflanzenschutzberatung

(www.pflanzenschutzdienst.de)

Julius-Kühn-Institut
(ehem. Biologische Bundesanstalt (BBA))
Messeweg 11–12
38104 Braunschweig

Sachsen
Sächsische Landesanstalt für Landwirtschaft
FB Integrierter Pflanzenschutz, Referat 63
Alttrachau 7
01139 Dresden
Tel.: 03 51 / 85 30 40

Berlin
Pflanzenschutzamt Berlin
Mohriner Allee 137
12347 Berlin
Tel.: 0 30 / 70 00 06-0

Brandenburg
Landesamt für Verbraucherschutz, Landwirtschaft und Flurneuordnung
Pflanzenschutzdienst
Ringstr. 1010
15226 Frankfurt(Oder)-Markendorf
Tel.: 03 35 / 52 76 22
www.lmur.brandenburg.de

Mecklenburg-Vorpommern
Landespflanzenschutzamt
Graf-Lippe-Str. 1
18059 Rostock
Tel.: 03 81 / 4 91 23-31 und -33

Hamburg
Institut für Angewandte Botanik
Pflanzenschutzamt Hamburg
Ohnhorststraße 18
22609 Hamburg
Tel.: 0 40 / 428 16-556
www.pflanzenschutzamt-hamburg.de

Schleswig-Holstein
Pflanzenschutzamt
Westring 383
24118 Kiel
Tel.: 04 31 / 8 80 13 02

Bremen
Senator für Umweltschutz und Stadtentwicklung,
Pflanzenschutzdienst
Große Weidestr. 4–16
(Postanschrift: Hanseatenhof 5)
28195 Bremen
Tel.: 04 21 / 3 61 25 75

Niedersachsen
Landwirtschaftskammer Niedersachsen
Pflanzenschutzamt
Sedanstraße 4
26121 Oldenburg
Tel.: 04 41 / 8 01-0
www.lwk-we.de

Landwirtschaftskammer Hannover
Pflanzenschutzamt
Wunstorfer Landstraße 9
30453 Hannover
www.lwk-we.de

Hessen
Regierungspräsidium Gießen
Pflanzenschutzdienst Hessen
Schanzenfeldstr. 8
35578 Wetzlar
www.rp-giessen.de

Sachsen-Anhalt
Landespflanzenschutzamt
Lerchenwuhne 125
39128 Magdeburg
Tel.: 03 91 / 25 69-450 bis -453

Nordrhein-Westfalen
Landwirtschaftskammer Nordrhein-Westfalen
Pflanzenschutzdienst
Siebengebirgsstraße 200
53229 Bonn
Tel.: 02 28 / 4 34-2101

Rheinland-Pfalz
Dienstleistungszentrum für den ländlichen Raum
(DLR) Rheinhessen-Nahe-Hunsrück
Rüdesheimer Str. 60–68
55545 Bad Kreuznach

Saarland
Landwirtschaftskammer für das Saarland
Pflanzenschutzamt
Dillinger Str. 67
66822 Lebach
Tel.: 06 81 / 6 65 05-0
www.lwk-saarland.de

Baden-Württemberg
Landesanstalt für Pflanzenschutz
Reinsburgstr. 107
70197 Stuttgart
Tel.: 07 11 / 66 42-400

Bayern
Bayerische Landesanstalt für Landwirtschaft
Institut für Pflanzenschutz
Lange Point 10
85354 Freising
www.lfl.bayern.de

Staatliche Fachschule für Agrarwirtschaft
Veitshöchheim
Bayrische Gartenakademie
An der Steige 15
97209 Veitshöchheim
Tel.: 09 31 / 98 01-0

Thüringen
Thüringer Landesanstalt für Landwirtschaft
Sachgebiet Pflanzenschutz
Kühnhäuser Str. 101
99189 Erfurt-Kühnhausen
Tel.: 03 62 01 / 8 17-0
www.tll.de

Nützlinge

Deutschland

Katz Biotech AG
An der Birkenpfuhlheide 10
15837 Baruth
Tel.: 03 37 04 / 6 75-10
info@katzbiotech.de
www.katzbiotechservices.de

www.floranuetzlinge.de
ÖRE Bio-Protect GmbH
Neuwührener Weg 26
24223 Raisdorf
Tel.: 0 43 07 / 69 81
info@nuetzlingsberater.de

re-natur GmbH
Kräuter Park
Am Pfeifenkopf 9
24601 Stolpe
Tel.: 0 43 26 / 28 93 90
kraeuterpark@re-natur.de

W. Neudorff GmbH KG
Abt. Nutzorganismen
Postfach 12 09
31857 Emmerthal
Tel.: 0180 / 5 63 83 67
info@neudorff.de
www.neudorff.de

AMW Nützlinge GmbH
Ausserhalb 54
64319 Pfungstadt
Tel.: 0 61 57 / 99 05 95
amwnuetzlinge@aol.com
www.amwnuetzlinge.de

STB-Control
Triebweg 2
65326 Aarbergen
Tel.: 0 61 20 / 90 08 70
stb-control@gmx.de
www.stb-control.de

Sautter & Stepper GmbH
Rosenstr. 19
72119 Ammerbuch
Tel.: 0 70 32 / 95 78-30
info@nuetzlinge.de
www.nuetzlinge.de

Katz Biotech AG
Beratungsstandort Süd
Industriestr. 38
73642 Welzheim
Tel.: 0 71 82 / 93 53 73
info@katzbiotech.de
www.katzbiotechservices.de

Hatto und Patrick Welte
Maurershorn 10
78479 Insel Reichenau
Tel.: 0 75 34 / 71 90
www.welte-nuetzlinge.de

Schweiz

Andermatt Biocontrol AG
Stahlermatten 6
CH-6146 Großdietwil
Tel.: +41 / (0)62917 50 05
sales@biocontrol.ch
www.biocontrol.ch

Einen ausführlichen Literaturnachweis finden
Sie im Internet auf der Homepage der
Gesellschaft der Staudenfreunde unter
www.gds-staudenfreunde.de/artikel.html?id=314

Glossar

a bedeutet vor Konsonanten (Mitlauten: b, c, d, etc.) in griechischen Wörtern Verneinung, z. B. abiotisch: ohne leben, biotisch: lebend.

Abart (lat. varietas, var.) Spielart, systematische Abstufung, in der Rangordnung von geringerem Wert als die Unterart oder Varietät.

Abblühen Prozesse die zum Verblühen der Blüte führen, Welken und Abwerfen von Blütenteilen zumeist durch Bestäubung bedingt.

abiotisch nicht biologischer Herkunft.

Ableger bewurzelter Pflanzenteil, entstanden aus z.B. in den Boden abgelegten Trieben der Mutterpflanze wie bei G. sino-ornata.

Ableiten aufragende Triebe über einem flacher stehenden abschneiden.

Abrisse bewurzelte Pflanzen die durch Anhäufelung der Mutterpflanze entstanden sind, die bewurzelten Seitentriebe werden abgerissen

Abscisinsäure auf die Alterung wirkendes Phytohormon mit meist hemmendem Einfluss z.B. auf Zellteilung, Streckenwachstum.

absonnig Bezeichnung für Standort, der nach Norden ausgerichtet ist.

acaulis (gr. ohne Stängel) z. B. G. acaulis, Stängelloser Enzian.

Achsel Winkel zwischen Blatt und Spross

Achselspross aus Blattachsel entsprungener Spross.

achselständig in Blattachseln wachsend.

Actinomycin von Streptomyceten produziertes Depsipeptid; kann als Antibiotikum wirken.

Adaptation Anpassung des Individuums, der Herkunft oder Population an die Umwelt zur Erhaltung der Lebensfunktionen.

additiv Summe von Einzelwirkungen.

Adern Blattrippen, Leitungsbahnen.

affine, affinis (lat. = verwandt).

Akkumulation Anreicherung von Verbindungen innerhalb von Zellen oder Organen.

alba weiß.

allochthon (= nicht heimisch) wird auf Pflanzen angewendet, die vom Menschen außerhalb des natürlichen Standortes verbreitet werden.

allogam fremdbefruchtend.

Alloploidie Vervielfachung oder Reduzierung kompletter Chromosomensätze in deb Zellen.

alpin (lat. = Alpen) Pflanzenbezeichnung für Gewächse der Hochgebirgsstufe, z.B. G. alpina

Alternanz veränderliche Fruchtbarkeit der Blütenpflanzen in Abhängigkeit von Witterung, Sorte, Kulturführung.

alternifolia mit wechselständigen Blättern

Aminosäuren organische Säuren, die eine oder mehrere Aminogruppen tragen; sie sind als Bestandteile der Proteine und Peptide Bausteine des Lebens und kommen auch frei im Stoffwechsel der Pflanzen vor.

Anabolismus Gesamter Aufbaustoffwechsel.

Analyse (gr. analyein = auflösen) Zerlegen eines Stoffes in seine einzelnen Bestandteile

Androeceum Staubblätter mit Antheren und Filament.

Anemogamie Windbestäubung.

angustifolia (lat. = schmalblättrig) z.B. G. angustifolia

anomala (gr.-lat.; ànomal = uneben) unregelmäßig, regelwidrig, nicht normal entwickelt

Antheren Staubbeutel

Antherenkultur Kultivierung von unreifen Pollenkörnern und Staubbeuteln zur Erzeugung haploider Pflanzen; dazu erfolgt die Regeneration aus vegetativen Zellen der sich aus Pollenkörnern bildenden männlichen Gametophyten.

anthropogen durch menschliches Wirken bedingter Einfluss.

Antiauxine Hemmstoffe, die die Auxinwirkung unterbinden, z.B. Phenylessigsäure.

Antibiotika meistens mikrobielle Stoffe, die Mikroorganismen in ihrem Wachstum hemmen können

Anticytokinine Hemmstoffe der Cytokinine, z.B. 6-Methylpurin.

Antigibberelline Hemmstoffe der Gibberelline, z.B. das Hormon Abscisinsäure, Tannine oder synthetische Retardantien wie Chlorcholinchlorid, Cyclohexandion, Flurprimidol.

apetalus ohne Blumenkronblätter

apikal (lat. apex = Spitze, Scheitel) an der Spitze gelegen

Apikaldominanz (lat. dominare = herrschen) Seitenknospen des Gipfeltriebes werden durch Hormone der Gipfelknospe am Austrieb gehindert, im zweiten Jahr ist diese zumeist Wirkung aufgehoben

Apogamie Entwicklung des Embryos aus einer anderen als der Eizelle.

Apomixis ungeschlechtliche Fortpflanzung, wobei der Embryo ohne Befruchtung entsteht.

Areal (lat. = Fläche)

arguta scharf zugespitzt, lateinisch von arguere =, gesägt, spitzig

arid (lat. aridus = trocken) Klimabezeichnung für Gebiete, wo die Verdunstung höher ist als der Niederschlag wie in Wüsten

asexuell (lat. Sexus = Geschlecht) ungeschlechtlich

Assimilate (lat. assimilare = angleichen, ähnlich machen) organische Stoffe aus der Assimilation, welche bei Sprosspflanzen im Siebteil der Pflanzen in der Regel abwärts transportiert werden

Assimilation (lat. assimilare = angleichen) Aufbau körpereigener, organischer Stoffe aus anorganischen oder aus anderen organischen Stoffen. Häufig versteht man darunter die Bildung von Glukose aus Kohlendioxid und Wasser unter Einfluss von Lichtenergie mittels des Chlorophylls (Photosynthese)

Atmung oxidativer Stoffwechsel, in welchem reduzierte organische Verbindungen unter Energiegewinnung zu energieärmeren Substanzen oxidiert werden.

Ausläufer auf oder in der Erde plagiotrop wachsende Seitensprosse, weisen stark reduzierte Internodien und Blätter auf, können sich bewurzeln, durch Absterben der Verbindung zur Mutterpflanze bilden sich neue klonechte Individuen

Austrieb zu Beginn der Vegetationsperiode Entfaltung der Knospen und damit Beginn des Längenwachstums der Sprosse

autochthon ursprünglich an einem entsprechenden Ort, im selben Lebensraum, entstanden; biotopeigen.

autogam selbstbefruchtend.

Autogamie (gr. autos = selbst, gamos = Heirat) Selbstbefruchtung, Bestäubung einer Blüte durch ihren eigenen Blütenstaub

autumnalis (lat. autumnuum = Herbst)

Auxine Phytohormongruppe (Indolderivate), die in Abhängigkeit der Konzentration die Teilung und das Streckungswachstum von Zellen fördern und die Wurzel- und Blüteninduktion beeinflussen.

Bakteriophagen Viren, die in Bakterien leben.

Bedecktsamer (= Angiospermae) größte und jüngste Gruppe der Samenpflanzen, Samenanlagen von Fruchtblättern umschlossen, alle krautigen und verholzende Pflanzen, außer Koniferen und Sporenpflanzen.

Befruchtung Pollenkorn keimt auf der Narbe aus und bildet einen langen Schlauch und drei Zellkerne, ein Zellkern stirbt ab, einer wandert durch den Schlauch zur Eizelle und verschmilzt mit ihr, einer bildet mit einer besonderen Nebenzelle der Eizelle das Nährgeweb.

6-Benzylaminopurin ein synthetisches Cytokinin; aus der Pappel wurde z.B. 6-(2-Hydroxibenzylamino)-purinribosid isoliert.

Biomasse Menge organischer Substanz je Flächen- oder Raumeinheit.

Biosynthese biologische Synthese chemischer Verbindungen.

Biotechnologie Verfahrenstechnik zur Durchführung biochemischer oder mikrobieller Prozesse im Industriemaßstab.

Biotest Verfahren zur Bestimmung der biologischen Aktivität von Wirkstoffen.

biotisch Lebewesen betreffend.

Blatt neben Wurzel und Sprossachse als Grundorgan der Pflanze, charakteristischerweise flächig und grün, Ort der Photosynthese, besteht aus Blattspreite, -stiel, -grund, Formen und Oberflächen variabel.

Blattfolge unterschiedliche Blätter die beim Wachstum höherer Pflanzen entstehen: Keimblatt -> Niederblatt -> Primärblatt -> Folgeblatt.

Blattkissen hier sitzt die Blattnarbe nicht flach am Trieb, sondern durch eine Anschwellung mehr oder weniger erhöht.

Blattnarbe sichtbare Stellen an Trieben nach dem Laubfall.

Blattnervatur Komplex der Leitbündel (Nerven, Blattadern) des Blattes, unterschieden werden Längs- und Seitennerven, sowie die Anordnung der Nerven, parallelnervig = Einkeimblättrige, netznervig = Zweikeimblättrige.

Blattstellung Blätter können auf unterschiedliche Weise am Spross angeordnet sein, Blattrosette = grundständig – alle Blätter am Grund gehäuft.

Blühhormon eine physiologisch nachgewiesene, aber unbekannte Verbindung (eventuell native Hormonkombination) der Blätter, die unter induktiven Bedingungen zum Apex der Pflanzen transportiert wird und die Umstimmung des vegetativen in ein generatives Meristem bedingt (Blüteninduktion).

Blüte die Blüte ist der Sprossabschnitt der Samenpflanzen, die Blätter sind für die generative Fortpflanzung umgebildet.

Blüteninduktion Umstimmung vegetativer Zellen des Apex oder der lateralen Primordien in den generativen Zustand durch verschiedene, meistens belastende Einflussgrößen des pflanzlichen Stoffwechsels in der Mannbarkeitsphase von Gehölzen.

Blütenknospe Knospe, welche nur die Blüte oder den Blütenstand beinhaltet.

Blütenstände einzeln oder zu mehreren in verschiedenen Verzweigungen stehende Blüten

boreale Zone (lat. boreas = Nordwind, Norden) kennzeichnet pflanzengeographisch die thermische Zone nördlich der nemoralen Zone, lange Winter, kurze Sommer, wie Alaska, Sibirien

Calycinum Kelch.

Calyx Kelchblätter.

campanulatus glockenförmig.

campestre Feld.

canadensis kanadisch.

carnea fleischfarben.

Carotine Gruppe der Carotinoide, Vorstufe des Vitamins A, ungesättigte Kohlenwasserstoffisomere.

Carotinoide rote und gelbe Farbstoffe als ungesättigte Kohlenwasserstoffe, die Zellen vor schädigendem Lichteinfluss schützen (Carotine, Xanthophylle).

Cellulase pflanzliche Hydrolase (Enzym), welche Cellulose in Cellobiose abbaut.

Cellulose pflanzliches Polysaccharid, aus unverzweigten D-Glucopyranosid-Resten (glykosidisch verknüpft).

Chimäre Lebewesen, das aus Zellen von zwei oder mehr artverschiedenen Individuen besteht.

Chlorethylenphosphonsäure synthetischer Wachstumsregulator, der bei einem pH-Wert über 4 Ethylen als Alterungshormon freisetzt; Einsatz zur Blüteninduktion.

Chlorophyll grüner Farbstoff der Photosynthese, der in den Chloroplasten lokalisiert ist; Magnesiumkomplex verschiedener Tetrapyrrole.

Chloroplasten in höheren Pflanzen vorkommende Zellorganellen von linsenförmiger Gestalt, in denen der Photosyntheseapparat lokalisiert ist.

Chlorose Ausbleichen grüner Blätter.

Chromoplast durch Carotinoide rot bis orange gefärbte Farbstoffträger.

Chromosomen Träger genetischer Erbinformationen in Zellkernen (Kernfäden); ihre Funktionen bestehen in der Übertragung und dem gesteuerten Abruf genetischer Informationen (DNS- bzw. RNS-Synthese); die Zahl und Gestalt der Chromosomen ist in Keimzellen konstant; diploide Organismen enthalten ihren Chromosomensatz von der Mutter und vom Vater.

cinerea aschgrau.

Citrate Salze der Citronensäure.

coccinea scharlachrot

Colchicin Alkaloid der Herbstzeitlosen, welches u.a. als Mitosegift eingesetzt wird und die Verteilung der Chromosomen bei der Zellteilung stört; es dient in der Pflanzenzüchtung zur Erzeugung polyploider Rassen.

communis gewöhnlich

cordata (lat. cor = Herz) herzförmig

cordifolia herzförmig

Corolla, Kelch und Kronenblätter

coronarius kronenartig

Cytokinine Phytohormone (substituierte Purinverbindungen wie Kinetin, Zeatin, Dihydrozeatin), die die Zellteilung fördern, die RNS-, Protein- und Chlorophyllsynthese aktivieren und den Abbau von Eiweißverbindungen und Chlorophyllen hemmen.

decidua früh abfallend

Deletion eine Mutation, bei der ein Teil der DNS des Wildtyps fehlt.

diploid alle Chromosomen einer Zelle sind normalerweise doppelt vorhanden, eines aus dem väterlichen und eines aus dem mütterlichen Chromosomensatz; diploid im Gegensatz zum einfachen, haploiden Satz der Geschlechtszellen im Zuge der Befruchtung.

dissecta fein geschlitzt

distichum zweizeilig

DNA-Sequenz Abfolge der DNA-Bausteine (Adenin, Thymin, Guanin und Cytosin) in einem DNA-Faden (DNA- oder DNS-Molekül).

dominant sich gegenüber alternativen Merkmalen durchsetzendes Gen.

Dominanz Geninteraktionen: der eine Partner unterdrückt die Wirkung des anderen.

Driften Genveränderungen durch Mutationen.

Duplikation doppelte Überkreuzungsstelle.

elata hoch

Elektrophorese Verfahren zur Auftrennung von Molekülen (z.B. Proteinen) nach Ladung und Größe im elektrischen Feld.

Elicitor chemische Verbindung, die in Pflanzen Abwehrstoffe induziert.

Elimination Verlust von Erbfaktoren.

ELISA (Enzyme Linked Immuno Sorbant Assay) analytische Methode mit enzymmarkierten Antikörpern zum Nachweis von Proteinen.

Embryo aus der Zygote hervorgehende kleine Pflanze mit den Organanlagen von Sprossachse, Blatt und Wurzel.

Endosperm im Embryosack entstehendes Nährgewebe des Samens.

Enzym zusammengesetztes Protein, das chemische Umsetzungen in Zellen katalysiert, z.B. Spaltung von Stärke zu Zucker oder Proteine in Aminosäuren.

Epidermis Oberhaut, schließt als schützende Hülle den Pflanzenkörper nach außen hin ab, vermittelt den Stoffaustausch zur Außenwelt

Epinastie Bewegungen bei Pflanzen, die durch Hormon bedingtes Wachstum in bestimmten Regionen ausgelöst werden.

Epistase interallele Geninteraktion; ein Allel eines Genpaares beeinflusst die Wirkung der Anlagen eines oder mehrerer Genpaare.

Ethylen Phytohormon, welches Alterungsvorgänge beschleunigt.

Eukaryonten Organismen, deren Zellen einen Zellkern besitzen; der Zellkern enthält den Hauptteil des genetischen Materials (Chromosomen) und ist von einer Kernmembran umgeben (vgl. Prokaryonten).

Euploidie Bezeichnung für Polyploidie.

europaea europäisch

Evolution Entwicklung aller Lebewesen aus Urformen nach den Prinzipien der natürlichen Auslese.

excelsior erhaben

farreri nach dem englischen Pflanzensammler und Gartenbauschriftsteller R. J. Farrer

Fertilität Fruchtbarkeit.

Filament Stiel des Staubblattes der Antheren

filamentosa (lat. filum = Faden) fädig

Filialgeneration Tochtergeneration.

Fitness Eignung und Durchsetzungsvermögen aufgrund gegebener Vitalität der Individuen.

floccosus flockig

floribunda reichblütig

floridus vielblütig

fluktuierende Variabilität Übergänge zwischen einzelnen Varianten.

Fremdbefruchter Pflanzen, die sich nur durch Keimzellen von unterschiedlichen Partnern vermehren können.

Frucht Blüte im Zustand der Samenreife

Fruchtstände verschieden gestaltete Gebilde, worin sich die Samen befinden

Gameten Keimzellen/Geschlechtszellen; die männlichen und weiblichen Gameten (generativer Pollenkern, Eizelle) besitzen einen haploiden Chromosomensatz und vereinigen sich in der Keimzellenverschmelzung zu einem diploiden Individuum (Zygote).

Gametophyt die Gameten (Geschlechtszellen) bildende Generation bei Pflanzen mit Generationswechsel.

gegenständig, immer zwei Blätter gegenüber entspringend.

Gen Erbträger, Erbfaktor an einem bestimmten Chromosomenort (Genort); lokalisierte Erbeinheit als Abschnitt auf der DNS, welcher die Information zur Synthese einer Boten-RNS und damit für das Eiweiß enthält.

Gendrift genetische Veränderung einer Population infolge zufallsmäßiger Fluktuation der Genfrequenzen.

genetische Diversität genetische Vielfalt von Individuen und auch innerhalb einer Population; Maß für die Potenz zur Bildung genetisch verschiedenartiger Gameten.

genetische Drift Genverlust.

genetische Struktur Verteilung der Gene auf die Individuen einer Population.

genetische Vielfalt Anzahl unterschiedlicher Gene und genetisch unterschiedlicher Typen in einer Population; sie gliedert sich in genische und genotypische Vielfalt.

genetischer Code Zuordnung von drei aufeinander folgenden genetischen „Buchstaben" (Triplett) zu einer bestimmten Aminosäure; der genetische Code ist universell, er gilt für alle Lebewesen.

genetischer Fingerabdruck individuelles Bandenmuster eines Individuums, welches durch Isolierung und Fragmentierung der DNS dargestellt wird.

Genklonierung Vervielfachung eines Gens durch Vermehrung eines Bakteriums, in dessen Erbgut (Plasmid) das Gen eingefügt worden ist.

Genom Gesamtheit der genetischen Informationen des einfachen Chromosomensatzes (gr. genos = Geschlecht, Abstammung).

Genomanalyse Untersuchungsmethoden zur Struktur- oder Sequenzanalyse der DNS.

Genort Lage eines bestimmten Gens innerhalb des Genoms.

Genotyp Gesamtheit aller Gene eines Organismus, die chromosomal und extrachromosomal repräsentiert werden (vgl. Phänotyp).

genotypische Vielfalt Anzahl unterschiedlicher Genotypen in der Population.

Genpool Gesamtheit der Gene innerhalb einer Population, einer Art.

Gentechnik Anwendung biologischer, molekularbiologischer, chemischer und physikalischer Methoden zur Analyse und Neukombination von Nukleinsäuren.

Gewebekultur in flüssigem oder auf festem Nährmedium unter sterilen Bedingungen kultivierte Zellen oder Gewebe.

gracilis schlank

grandiflora großblütig

Gynoeceum, Fruchtblätter als Gesamtheit

Habitus äußere Erscheinung, Gestalt

haploid einfacher Chromosomensatz innerhalb der Keimzellen.

Heritabilität Anteil der erblich bedingten Variation an der phänotypischen Variabilität eines Merkmals.

heterogametisch Geschlecht, das weiblich und männlich bestimmende Keimzellen ausbildet.

Heterosis Leistungssteigerung bei Bastarden bestimmter Linien von Rassen oder Arten, die nur in der F1-Generation auftritt.

Heterosiseffekt die Leistung des Nachkommens; liegt über dem Mittelwert der Eltern (Hybrid- oder Bastardeffekt).

heterozygot gemischterbig, spalterbig; die Allele eines Genpaares sind verschieden (gr. Heterosis = ungleich, zygot = Gespann).

homogametisch Geschlecht, das nur einen geschlechtsbestimmenden Gameten ausbildet.

homozygot rein- oder gleicherbig; die Allele eines oder mehrerer Genpaare sind gleich (gr. homos = gleich, zygot = Gespann); der Phänotyp (das Bild der äußeren Erscheinung) und der Genotyp (die erbliche Veranlagung) stimmen überein; bei der Homozygotie mit dem Merkmal AA oder BB sind diese reinerbig, sie besitzen eine gleiche Ausprägung.

horizontalis waagerecht

Hormone besser Phytohormone; verschiedenartige organische Substanzen wie Cytokinine, Auxine, Gibberelline, Abscisine, Jasmonate, Ethylen; sie werden in spezialisierten Zellen von Spross und/oder Wurzeln gebildet und sind meistens an einer anderen Stelle des Organismus wirksam; sie dienen der Informationsübermittlung zwischen Zellen.

Hybride Bastard, Mischling, Kreuzungsprodukt verschiedener Eltern

Hybridisierung Kreuzung von zwei reinerbigen (homozygoten) Eltern führt zu Hybriden.

Hypostasie Überdecktsein eines Merkmals durch ein anderes.

Hypotonie Förderung des Triebwachstums an den Unterseiten waagerecht stehender Äste

impeditum niedrig

Immigration (lat. immigrare = einwandern) Einwanderung; Bezeichnung in der Populationsgenetik für die Individuenzunahme einer Population von außen her.

Immission Einwirkung von Luftverschmutzung, Wärme oder Geräuschen auf den Organismus.

incana aschgrau

indica indisch, aus Indien

intermedia Mitte

In-Vitro im Reagenzglas, außerhalb des lebenden Organismus beziehungsweise außerhalb des Körpers (lat. im Glas).

In-Vitro-Mutagenese Mutation, ausgelöst durch spezielle Gewebekulturverfahren, z.B. durch Hormone, Stress oder übermäßig lange Kulturdauer.

irreversibel nicht umkehrbar

japonica japanisch, aus Japan

julianae im Juli blühend

Kallus Verband von undifferenzierten Zellen.

Kambium teilungsfähige Zellen zwischen Bast und Holz (Dickenwachstum).

Kapsel wird aus mehreren, zur Reifezeit trockenen Fruchtblättern gebildet

Karpelle, Fruchtblätter

Katabolismus Gesamtheit der Abbauprozesse innerhalb des Stoffwechsels.

Katalysator Substanz (meistens ein Protein), welche chemische Reaktionen bedingt, ohne selbst verändert zu werden.

Keimzellen Geschlechtszellen (Ei- und Pollenzelle) des Organismus.

Kinetin 6-Furfurylaminopurin; hormonartige Modellsubstanz für Cytokinine, welche den Nukleinsäure- und Proteinstoffwechsel beeinflusst und Attraktionszentren für die Proteinsynthese schafft.

Klin Merkmalsgradient; kontinuierliche Variation eines Merkmals.

Klon Organismus, der durch ungeschlechtliche

Vermehrung aus einer oder mehreren gleichen Zellen hervorgegangen und demzufolge genetisch mit dem Elter identisch ist.

klonieren Erzeugung erbgleicher Zellen durch mehrfache Teilung einer einzigen Zelle; in der Gentechnik wird die gewünschte Passagier-DNS in einen Klonierungsvektor (z.B. Plasmid) eingebracht und anschließend in eine Zelle (z.B. eine Bakterienzelle) eingeschleust, durch Teilung entsteht eine Kolonie genetisch einheitlicher Zellen.

Klonsorten werden in der Regel nicht durch Samen, sondern durch vegetative Vermehrung erbgleich vermehrt.

Knospe domartig gewachsene ältere Blattanlagen in deren Inneren sich die jüngsten Blattanlagen oder Blüten befinden, unterschieden werden Blatt- und Blütenknospen, Terminal- und Seitenknospen

Koadaption Anpassung des Genbestandes einer Population, die durch Integration zum Gen-Pool führt.

Kobus Kobushi (Ort in Japan)

Kompatibilität Verträglichkeit der Partner.

Koniferen Nadelgehölze wie Eibe, Fichte, Kiefer, Lärche, Tanne, Zypresse, Wacholder.

koreana koreanisch, aus Korea

kreuzgegenständig jedes Paar bildet mit dem nächsten einen rechten Winkel

Kreuzung Paarung von Eltern (oder künstliche Befruchtung) zur Erzeugung von Nachkommenschaften mit kombinierten, neuartigen Eigenschaften.

laevigata glatt

laevigatus (lat. = glatt, geglättet)

lagenaria flaschenförmig

lawsoniana nach dem englischen Arzt und Botaniker J. Lawson

Leitbündel Gefäßsystem in höheren Pflanzen, das für den Transport von Wasser, Nährstoffen, Kohlenhydraten und Hormonen sorgt.

lemonei nach dem französischen Pflanzenzüchter Lemoine

Letalfaktoren Erbanlagen, die den Tod des Individuums vor Erreichen der Fortpflanzungsfähigkeit bewirken (lat. letalis = tödlich).

Lignin makromolekulares, irreversibles Polymerisat aus methoxylhaltigen Phenylpropaneinheiten als Gerüstsubstanz pflanzlicher Zellen und Zellwände.

Linie eingeengte Gruppe von Pflanzen mit morphologischen und physiologischen Ähnlichkeiten.

Lipide wasserunlösliche Fette und fettähnliche Verbindungen, meistens Ester langkettiger Fettsäuren mit Alkohol oder deren Derivaten.

Loculi Pollensäcke

Locus Genort.

lusitanica portugiesisch, aus Portugal

lydia lydisch (Türkei, Anatolien)

macrorrhizum großwurzelig

Makrospore weibliche Geschlechtszelle.

männliche Sterilität fehlende Ausbildung männlicher Keimzellen.

mas (lat. = männlich)

media mittlere

Megasporophylle Fruchtblätter

Meristem teilungsfähiges, noch nicht gänzlich ausdifferenziertes Gewebe an Sprossen und Wurzeln.

Meristemkultur Anzucht von Pflanzen aus Meristemen (Geweben); Meristeme befinden sich an Sprossen und Wurzeln sowie an Haupt- und Seitenachsen der Pflanzen.

Merogonie Entwicklung des Embryos aus einem, mit einem Spermium befruchteten Eibruchstück oder kernlosemn Ei.

Mesophyll Blattgewebe aus Palisaden- und Schwammparenchym.

Metabolismus Stoffwechsel.,

Metamorphose Bildung eines anderen Organs als der ursprünglichen Organanlage.

microphylla kleinblättrig

Mikrophylle Staubblätter

Mikrospore männliche Geschlechtszelle als Vorstufe zum Pollen (Blütenstaub).

minor kleiner, weniger (Steigerungsform von lat. parvus = klein)

Mitochondrien faden- beziehungsweise stäbchenförmige Zellbestandteile als wichtige Träger von Enzymen.

Mitose Zellteilung; die Tochterzellen erhalten den gleichen diploiden Chromosomensatz der Mutterzelle.

mitotisch Bezeichnung für eine Zell- beziehungsweise Kernteilung, die nach den Regeln der Mitose erfolgt.

Modifikation durch Umweltbedingungen induzierte, nicht erbliche Veränderungen.

Molekül kleinste Einheit einer chemischen oder biochemischen Verbindung.

mollis weich

monogyna eingriffelig

Monohybriden Nachkommen, deren Eltern sich nur in einem Merkmal voneinander unterscheiden.

monözisch weibliche und männliche Blüten auf einem Individuum (einhäusig).

Morphogenese Gestaltbildung.

Morphologie Lehre von der Körperform und -gestalt.

multiflora vielblütig

Mutagenität Fähigkeit von wirksamen Faktoren, Chemikalien oder Strahlungen, den genetischen Code zu verändern.

Mutante ein durch Mutation veränderter Organismus; den Ausgangsstamm bezeichnet man als Wildtyp.

Mutation sprunghaft auftretende Änderung des Idiotyp; diese bleibende Änderung des Erbgutes kann phänotypisch in umgestalteten morphologischen und physiologischen Eigenschaften in Erscheinung treten (lat. mutare = ändern).

Mutationsinduktion Auslösung von Mutationen durch Chemikalien, Gewebekultur, Evolution.

Mykoplasmen lebende organische Einheiten ohne feste Zellwand.

Mykorrhiza enge Symbiose zwischen Pilzen und höheren Pflanzen.

nana zwergig

Nekrose abgestorbene Zellen und Gewebebereiche als Reaktion auf abiotische oder biotische Schadeinflüsse.

nitida glänzend, blinkend

Nukleinsäure Träger der Erbsubstanz (DNS, RNS), polymere Moleküle, die aus vier Basen, Phosphorsäure und Fünffachzuckern aufgebaut sind.

Nukleoside bestehen aus Base und Desoxiribose (DNS) beziehungsweise Ribose (RNS).

Nukleotid Einzelbaustein der Nukleinsäuren, der aus einem Zuckermolekül (Ribose oder Desoxiribose), einem Phosphorsäuremolekül und einer Base (Adenin, Cytosin, Thymin oder Uracil) besteht.

obtusa stumpf

occidentalis abendländisch

officinalis als Arznei verwendet

oktoploid mit achtfachem Chromosomensatz.

Oligonucleotide mehrere Nukleoside, die über Phosphordiesterbindungen verbunden sind.

Ontogenese Entwicklung des einzelnen Individuums (im Gegensatz zur Stammesentwicklung).

orientale orientale

ovalifolium ovalblättrig

Ovarien, Eiapparat

Oxidation Elektronenabgabe.

padus am Po (Fluß in Italien) wachsend

paniculata rispig

papyrifera Papier liefernd

Parasitismus enges Zusammenleben artverschiedener Organismen, wobei der Parasit einseitigen Nutzen vom geschädigten Wirt zieht.

Parentalgeneration Elterngeneration.

Parthenogenese Jungfernzeugung, Entwicklung einer Eizelle ohne Befruchtung.

pathogen krankheitserregend, krankmachend.

pauciflora wenig blütig

Perianth Blütenhülle

Perigon Hüllblätter

Petalen Kronblätter

Petiole Blattstiel

Phänologie Lehre von den jahreszeitlich bedingten Erscheinungsformen bei Tieren und Pflanzen.

Phänotyp Erscheinungsbild eines Organismus, wie er aufgrund seiner Erbanlagen (Genotyp) und durch die Umwelt beeinflusst und ausgeprägt wird.

Phloem das Siebteil der pflanzlichen Leitbündel

Photolyse Spaltung von Verbindungen durch Lichtreaktion (z.B. Wasserspaltung bei der Photosynthese).

Photosynthese Prozess der Umwandlung von Sonnenenergie durch Chlorophyll, bei dem Lichtenergie in chemische Energie umgewandelt wird und oxidierbare organische Kohlenstoffverbindungen aus Kohlendioxid, der Luft und Wasser unter Abspaltung von Sauerstoff entstehen (Assimilation).

Phytoalexine antimikrobiell wirkende Verbindungen, die von der Wirtspflanze synthetisiert werden, nachdem die Pflanze mit Mikroorganismen in Kontakt gekommen ist .

Phytohormone von der Pflanze synthetisierte Wirkstoffe (Auxine, Cytokinine, Gibberelline, Jasmonate, Abscisine, Ethylen), die in geringen Konzentrationen und im ausgewogenen Verhältnis zueinander Induktions-, Initiierungs- und Differenzierungsprozesse von Organen in Pflanzen auslösen.

Pistill Stempel

platyphyllos breitblättrig

Pleiotropie Einwirkung eines Gens auf mehrere Merkmale.

Plicae zwischen Kronblättern gelegener Saum

Polyembryonie Bildung mehrerer Keimlinge aus einer Samenanlage.

Polygene mehrere Gene beeinflussen die Ausbildung eines scheinbar einheitlichen Merkmals.

Polymere aus vielen Einzelmolekülen zusammengesetztes Großmolekül; häufig sind die Glieder zu einer Kette verknüpft.

Polymerie Vorhandensein mehrerer Erbanlagen für ein Merkmal.

polyploid mehrfache Chromosomensätze enthaltend.

Polyploidie Vervielfachung des Chromosomensatzes.

Population Fortpflanzungsgemeinschaft; eine räumlich abgegrenzte Gesamtheit mischerbiger Individuen, die sich untereinander geschlechtlich fortpflanzen.

Populationsgenetik Forschungsrichtung innerhalb der Genetik, die nach Faktoren der Evolution in einer Population und deren Wirksamkeit forscht.

praecox frühzeitig

Prokaryonten einzellige Organismen ohne Zellkerne (vgl. Eukaryonten).

Proteinbiosynthese Synthese von Eiweißkörpern in der lebenden Zelle.

Proteine Eiweißstoffe; Moleküle, die aus Aminosäuren aufgebaut sind. Proteine übernehmen in Organismen vielfältige Funktionen (Enzyme, Hämoglobin, Rezeptoren für Phytohormone).

Proterandrie Reife der männlichen Blütenteile vor denen der weiblichen.

Proterogynie Reife der weiblichen Blütenteile vor denen der männlichen.

pseudo (gr. scheinbar, nicht wirklich) sich den Anschein geben.

pumila niedrig.

purpurea purpurrot.

quirlständig drei oder mehr Blätter stehen sich gegenüber.

radicans (lat. radix = Wurzel) kriechend, wurzeltreibend.

Ramet vegetative Abkömmlinge einer Ausgangspflanze; jedes Individuum eines Klons mit Ausnahme der Ausgangspflanze selbst.

Rasse Begriff zur Kennzeichnung von Variationen innerhalb einer Art; bezeichnet auch eine Population mit charakteristischer Genhäufigkeit oder Chromosomenstruktur innerhalb einer Art.

Regeneration Erneuerung, Ersetzen verlorener Teile sowie Entwicklung eines Organismus aus einer totipotenten Zelle.

regia königlich.

repens kriechend.

Reproduktion Nachbildung; wieder hervorbringen oder ergänzen von Produktionsprozessen

resistent widerstandsfähig.

Resistenzgene Gene, deren Aktivität die Wirtszelle resistent, z.B. gegen Toxine, Antibiotika, Schwermetalle oder auch bestimmte Umweltbedingungen macht.

Response züchterischer Gewinn.

rezessiv der Erbfaktor eines Genpaares, der sich bei der Merkmalsbestimmung gegenüber dem zweiten Allel nicht durchsetzen kann beziehungsweise überdeckt wird.

Rezessivität Überdecktsein eines elterlichen Merkmals.

Rickettsien Mikroorganismen, morphologisch zwischen Bakterien und Viren stehend.

RNS/RNA Ribonukleinsäure.

salicifolius weidenblättrig.

Salztoleranz Fähigkeit bestimmter Organismen, relativ hohe Salzkonzentrationen des Bodens zu tolerieren.

sanguineum blutrot.

sargentii bezieht sich auf den nordamerikanischen Botaniker Charles S. Sargent

sativa angepflanzt.

scoparius besenartig.

Segment Körperabschnitt.

Segregation Absonderung.

Selbstbefruchter Pflanzen, bei denen die Zygoten aus Keimzellen des gleichen Individuums entstehen.

Selbstung Selbstbefruchtung.

Selektion Auswahl von Individuen mit gewünschten züchterischen Eigenschaften.

sempervirens immergrün.

Sepalen Kelchblätter.

sericea seidig.

serrulata fein gesägt.

sexuell geschlechtlich, auf das Geschlecht bezogen.

sinensis chinesisch.

somaklonale Variation Auslösung von Mutationen in Zellen innerhalb der In-Vitro-Zellkultur.

somatisch zum Körper gehörige diploide Zellen und Gewebe.

Sorte durch Züchtung entstandene Pflanzengruppe einer Art mit bestimmten Eigenschaften.

Spermium Samenzelle.

spontane Mutation sprunghaft auftretende erbliche Veränderung.

Sporangium Sporenbehälter.

Sporogon Sporenbildner.

Sports Chimäre; Meristem enthält Zellen von unterschiedlicher Ausprägung, z.B. panaschierte Blätter oder Nadeln.

ssp. Abkürzung für Subspezies, Unterart

Stamen Staubblatt

stellata (lat. stella = Stern) sternartig

steril keimfrei, unfruchtbar.

Sterilkultur Pflanzenteile werden unter sterilen Bedingungen aufgezogen (Gewebekultur).

Stigma Narbe

Stipula Nebenblatt

Stoffaustausch Ausscheidung von Stoffwechselprodukten, Aufnahme von erforderlichen Substanzen für die Zellfunktion

Stomata Spaltöffnungen auf den Unter- oder Oberseiten der Assimilationsorgane, über sie erfolgt der Stoffaustausch mit der Umgebung.

Stroma farblose Grundsubstanz der Chloroplasten, in welche die chlorophylltragenden Membranen eingebettet sind.

subletal an der Grenze der Lebensfähigkeit stehend; der Tod tritt meist (in über 90 % der Fälle) vor der Fortpflanzungsfähigkeit ein (lat. sub = vor, letalis = tödlich).

Substitutionsbastard Kreuzung zweier „ungleicher" Partner; der Bastard liegt über dem Mittelwert der Eltern; Einschleusung von „fremden" Chromosomenstücken durch crossing over (Chromosomenbruch).

sylvatica (lat. silva = Wald) im Wald wachsend

Symbiose Lebensgemeinschaft von verschiedenen Lebewesen zum gegenseitigen Nutzen.

Synthese Aufbau chemischer Verbindungen.

Tepalen, Blütenblätter, wenn Kelch und Krone nicht unterscheidbar sind

terminal am Ende stehend.

terminalis endständig

ternata dreizählig

Terpene häufige Bestandteile in ätherischen Pflanzenölen.

tetandra mit vier Staubblättern

tetra (gr. = Vierzahl) vier (Elemente) umfassend

tetralix (gr. tetra = Vierzahl) vierfach gewunden

tetraploid vierfacher Chromosomensatz, z.B. durch Verdopplung des normalen diploiden Satzes nach einer Colchizinbehandlung.

Tetraploide Geschlechtszellen mit vierfachem Chromosomensatz.

thunbergii nach dem schwedischen Botaniker Thunberg

Toleranz Eigenschaft des Individuums, abiotische und biotische schädigende Einflüsse zu ertragen.

Totipotenz Fähigkeit von Zellen, sich zu verschiedensten Zelltypen zu differenzieren.

Toxin Giftstoff; der Begriff wird meist verwendet für Giftstoffe, die von Organismen gebildet werden.

Transformation ein Vorgang bei Bakterien, der den Einbau fremder DNS in die Zelle, die autokatalytische Reproduktion des transformierenden Prinzips in ihr und die Rückwirkung auf die Eigenschaften der transformierten Bakterienzelle einschließt.

transgen Bezeichnung für Pflanzen, in deren Genom mittels Gentechnik ein oder mehrere Gene eines anderen Organismus eingeschleust wurden.

Transpiration Abgabe von Wasser durch die Nadeln oder Blätter.

Transplantation Gewebeverpflanzung.

tri (gr.-lat.) drei (Elemente) umfassend, Dreizahl

triloba (gr.-lat.) dreilappig

triploid Chromosomen sind dreifach in einer Zelle vorhanden (Kreuzung tetraploid x diploid), Pflanzen mit ungeraden Chromosomensätzen sind meist unfruchtbar; für fertile Kreuzungen müssen beide Partner den gleichen Chromosomensatz aufweisen.

tristis traurig.

Überdominanz die heterozygote Form ist den beiden homozygoten Formen überlegen.

umbrosa schattenliebend.

urens brennend.

vagans wandernd, kriechend.

var. Abkürzung Varietät, Abart

Variabilität Veränderlichkeit der Arten.

Varietät (lat. varietas) Abart, Abkürzung var.

Varietät Individuum einer Art, das von anderen derselben Art durch geringe erbliche Änderungen abweicht.

vegetativ ungeschlechtlich.

verruculosa mit kleinen Warzen

Viabilität Überlebensfähigkeit.

Viren infektiöse Einheiten aus Nukleinsäuren und Protein, die sich nur in Zellen vermehren können.

virginiana aus Virginia (Staat der USA, Nordamerika) stammend

Vitalität Lebensfähigkeit.

Vollmastjahr in unregelmäßigen Abständen auftretendes Jahr mit reichlichem Fruchtansatz, insbesondere bei den schwerfruchtenden Baumarten wie Fichte oder Tanne; unter heutigen belastenden Umweltbedingungen bei Gehölzen nicht mehr so typisch und periodisch ausgeprägt.

vulgaris gewöhnlich

wallichiana nach dem englischen Botaniker N. Wallich

watereri nach dem englichen Züchter A. Waterer

wechselständig jedes Blatt entspringt getrennt am Spross

yakushimanum Jaku Shima (japanische Insel)

yedoensis Jedo (Ort in Japan)

zonale gürtelartig, gestreift

Zoogamie Blütenbestäubung durch Tiere.

Zygote befruchtete Eizelle

Register

Der Autor

» Jürgen Matschke wurde am 22. Juni. 1940 in Stettin geboren

» nach Fach- und Hochschulstudium der Agrarwissenschaften und Promotion zum Dr. agr. (Huminstoff-Synthese in der In-vitro-Kultur, 1969) an der Humboldt Universität Berlin wissenschaftlicher Mitarbeiter (Mikrobiologie, Biochemie) am Institut für Bodenfruchtbarkeit in Müncheberg/Mark

» seit 1973 Aufbau und Leitung der Abteilung Angewandte Grundlagen der Forstpflanzenzüchtung in Waldsieversdorf des Institutes für Forstwissenschaften, Eberswalde

» Habilitation (Blüteninduktion bei Koniferen) an der Humboldt Universität Berlin für das Fachgebiet Pflanzenphysiologie zum Dr. habil. nat. (1982)

» 1988 Berufung zum Professor der Akademie der Landwirtschaftswissenschaften Berlin

» das wissenschaftliche Interesse konzentrierte sich auf die Steuerung und Indikation von Stoffwechselprozessen in Verbindung mit Verjüngung, Alterung sowie generativer und vegetativer Vermehrung von Gehölzen im Züchtungsprozess

» seit 1991 Bearbeitung dieser Themen bei Zierpflanzen und Gehölzen, insbesondere Fichten- und Tannenarten als Leiter des Versuchszentrums im Gartenbauzentrum der Landwirtschaftskammer Westfalen-Lippe, Münster-Wolbeck

» im Bereich der Topf- und Schnittstauden wurden und werden züchterische, vermehrungs- und kulturtechnische Fragestellungen bevorzugt bei verschiedenen Enzianarten bearbeitet; dabei stand die Beeinflussung und Bestimmung der äußeren und inneren Qualität der Arten im Vordergrund

» bis zur Beendigung des aktiven Berufslebens intensive kooperative Zusammenarbeit mit Forschungseinrichtungen des In- und Auslandes, dabei entstanden über 200 Veröffentlichungen, Broschüren und Bücher.

Die Gesellschaft der Staudenfreunde

Die Gesellschaft der Staudenfreunde e.V. (GdS) ist eine Liebhabergesellschaft mit fast 4000 Mitgliedern, von denen 95 % aus Deutschland stammen.

Die Gesellschaft hat es sich als gemeinnütziger Verein zur Aufgabe gemacht:

» Die Verbreitung der Stauden in Privatgärten und öffentlichen Anlagen zu fördern.

» Das Wissen über diese Pflanzengruppe zu bewahren, weiterzuentwickeln und der Allgemeinheit zugänglich zu machen.

» Ein Forum zu bieten für Diskussionen und Erfahrungsaustausch.

» Neue Entwicklungen und Züchtungsergebnisse vorzustellen.

» Über Fachliteratur und Bezugsquellen zu informieren.

Erreicht wird dies durch folgende Aktivitäten:

» Die vierteljährlich erscheinende Zeitschrift DER STAUDENGARTEN mit Berichten, Reportagen, vielen Fotos und aktuellen Veranstaltungshinweisen.

» Die jährliche Samentauschaktion.

» Ausstellungen oder Ausstellungsbeteiligungen

» Aktive Regionalgruppen mit Vortragsveranstaltungen, Besichtigungen.

» Überregionale Fachgruppen mit Fachtreffen zum Erfahrungsaustausch.

» Staudenbewertungen.

» Publikationen, z. B. TRILLIUM, GENTIANA und LATEINSTUNDE FÜR PFLANZENLIEBHABER.

» Beratung zu Staudenfragen.

Die Mitglieder sind Pflanzenliebhaber mit den unterschiedlichsten Wissens- und Interessengebieten. Wir sind keine Vereinigung nur für Spezialisten, auch der interessierte Laie findet bei der GdS ein „Zuhause"!

Profitieren Sie vom Erfahrensaustausch mit Gleichgesinnten.

Weitere Informationen erhalten Sie auf der Homepage der GdS unter

www.gds-staudenfreunde.de

oder über die Geschäftsstelle:
Gesellschaft der Staudenfreunde e.V.
– Geschäftsstelle –
Neubergstr. 11
77955 Ettenheim
Telefon 07822/86 18 34, Fax 07822/86 18 33
E-Mail: info@gds-staudenfreunde.de

Impressum

Autor: Prof. Dr. Jürgen Matschke
Titel: Gentiana - Enziane und verwandte
Gattungen
1. Auflage

© für Gestaltung und Layout:
Kullmann & Partner GbR, Stuttgart
Königstr. 54b
70173 Stuttgart

© für Umschlaggestaltung:
Kullmann & Partner GbR, Stuttgart
Königstr. 54b
70173 Stuttgart
Fotos Vorderseite: oben links: Matschke, mitte
links: Jans, oben rechts: Matschke, unten: Mauri-
tius und mauritius images/RF Company/Alamy
Fotos Rückseite: links: Jans, Mitte: Zena, rechts:
Hadacek

Bibliografische Informationen der Deutschen
Nationalbibliothek
Die Deutsche Nationalbibliothek verzeichnet diese
Publikation in der Deutschen Nationalbibliografie;
detaillierte Informationen sind im Internet unter
http://dnb.ddb.de abrufbar

Gedruckt auf chlorfrei gebleichtem Papier

© 2009 Gesellschaft der Staudenfreunde e.V.
Neubergstr. 11
77955 Ettenheim
E-Mail: info@gds-staudenfreunde.de
ISBN: 978-3-9808902-3-6

Druck und Bindung: Longo SPA, Italien

Printed in Italy/Imprimé en Italy

Alle Angaben in diesem Buch sind sorgfältig ge-
prüft und geben den neuesten Wissensstand zum
Zeitpunkt der Veröffentlichung wieder. Da sich
aber das Wissen laufend in rascher Zeitfolge vergrößert und weiterentwickelt, muss jeder Anwen-
der prüfen, ob die Angaben noch korrekt oder
durch neuere Erkenntnisse überholt sind. Dazu
muss er zum Beispiel Anwendungsanleitungen
(Beipackzettel) von Dünge-, Pflanzenschutz- und
Pflanzenpflegmitteln genau lesen und exakt befolgen sowie Gebrauchsanweisungen und Gesetze
befolgen.